中国改革开放40年 | 研究丛书

上海出版资金项目
Shanghai Publishing Funds

中国改革开放40年 | 研究丛书
史正富 | 主编

中国收入分配演变40年

李实 万海远 ◎ 著

格致出版社 上海人民出版社

前　言

中国经济转型已有40年的历程，时间之长超出了人们的预期，可是人们一直以来也习惯了“改革仍在路上”的说法。这一说法看起来是一件好事，改革没有终止，中国仍在走向预期的改革目标，改革的前景仍是可以期盼的。但也不免会有些令人悲观，人们不禁要问改革还要多久才能完成？还需要另一个40年吗？

对于中国经济转型目标和进程的判断，关系到我们如何看待改革过程中中国收入分配的制度和格局。在改革之前，在平均主义意识形态的影响下，在计划经济体制和行政管制的双重压制下，收入差距很小，但是经济几乎丧失活力，出现了一种“共同贫困”的局面。这样一种经济体制以及由此带来的收入分配制度显然阻碍了经济发展和社会进步，经济转型也就由此启动。

中国早期经济转型的一个首要任务是如何激发经济活力，特别是各种生产要素的活力，增加劳动力的激励，“调动职工的生产积极性”。历史的经验表明，在各种激励手段中，最有效的还是经济激励，或者“物资刺激”。邓小平看到了这一点，顺势提出了“让一部分人先富起来”。当一部分人先富起来后，也就意味着收入差距开始扩大。从这个意义上讲，经济转型中收入差距的扩大是必然的，不可避免的。然而，收入差距的扩大会有很多种类型，而背后的原因又会千差万别。从社会公平的角度来看，收入差距的扩大可以是公平的，也可以是不公平的。在中国农村经济转型的初期，在土地承包制度和政府粮食收购价格上调的作用下，农民收入出现了快速增加，收入差距也随之有所扩大。这种收入差距的扩大是一种公平分配的结果，不存在不公平的问题。

随着平均主义的分配模式被打破以后，收入差距的扩大也就不可避免。可是，收入差距扩大到何种程度，持续多长时间，何种人是主要获益者，获益者的致富手段是什么，却是需要进一步回答的问题。我们现在所看到的收入分配现状并不一定是一种历史的必然。它与收入分配制度的演化路径有关，更与整个经济转型的模式有关，当然与政治体制的演进也脱不了干系。因此，对中国经济转型中40年收入分配制度和格局的演化过程，以及收入差距的变动过程加以描述和分析，并不是十分困难的事情。现有的收入分配方面的数据和现代的分析方法为这项研究工作提供了基础和支撑。然而，对40年收入分配体制变化的解释，对收入差距扩大的影响因素的解释，特别是从中国经济转型的大格局出发来解释中国收入分配变化的方方面面，这方面的研究文献和结果仍然无法令人满意。当然，中国经济转型具有复杂性，中国收入分配体制演变和收入差距变化也具有复杂性，已有的收入分配理论都难以提供令人满意的答案。这意味着这一领域的研究还将继续下去，还需做更加细致的研究工作。

本书试图对中国40年经济转型中收入分配制度演变及其引发的收入差距和收入分配不公的变化提供一个历史画卷。全书由李实负责框架设计，并撰写第1章、第3章、第4章、第6章、第9章，万海远负责撰写第2章、第5章、第7章、第8章、第10章和第11章，最后共同审阅修改了全书。但限于作者能力和研究积累的不足，本书的预期目标没有得到完全实现。这也是我们今后进一步努力的方向。

本书使用的部分数据和模型估算结果来自我们课题组的集体研究成果。在过去40年中，中国收入分配课题组聚集了国内外优秀的专家学者，对中国收入分配问题进行了长期、广泛、细致的研究，产生了大批高水平的研究成果，成为本书最主要的参考文献。赵人伟老师是这个课题组的奠基者和早期负责人，为当时和后来的课题研究做出了卓越贡献。本书得益于赵人伟老师提出的分析框架，从经济转型、经济发展和政府政策三个维度来解释中国收入分配的变迁过程。同时，我们非常感谢参加收入分配课题组的中外专家学者以及学生，他们在住户调查、数据收集、数据清理和分析方面贡献了力量，做出了贡献。

感谢格致出版社的钱敏编辑。在我们的写作过程中，她不断给予我们支持和鼓励，几次推迟我们的交稿时间。同样也感谢郑竹青编辑对本书出版做出的贡献。她们的耐心和宽容让我们感动不已。

李实　万海远

于2018年秋季的北京

目　录

第 1 章　当前我国的收入分配状况 / 001
1.1　近几年收入差距变动态势 / 001
1.2　目前的收入差距仍然过大 / 004
1.3　解释城乡之间过大的收入差距 / 006
1.4　未来收入差距的走向 / 009
1.5　解决收入分配问题的关键点 / 012
1.6　总结 / 015
第 2 章　收入定义、不平等测量与分析方法 / 016
2.1　不平等的测量 / 016
2.2　收入定义 / 019
2.3　测量指标 / 030
2.4　分解方法 / 038
第 3 章　收入分配格局的长期变化 / 046
3.1　收入分配格局的变化及其解释 / 049
3.2　收入分配差距的变化趋势 / 057
3.3　经济转型与收入分配 / 062
3.4　建立公平的收入分配制度 / 064
3.5　结论 / 069
第 4 章　经济转型初期的收入分配状况 / 071
4.1　农村早期经济转型与收入差距变化 / 072
4.2　城镇早期经济转型与收入差距 / 085
4.3　总结 / 099
第 5 章　收入分配制度改革的得与失 / 101
5.1　中国特色的收入分配改革方式 / 101
5.2　收入分配制度改革路径 / 107
5.3　我国收入分配制度改革的得与失 / 113
5.4　收入分配制度改革的成功经验 / 122
5.5　收入分配制度改革的失败教训 / 125

第 6 章　农村居民收入增长与收入分配 / 129
6.1　农民收入增长 / 130
6.2　农村收入差距及其影响因素 / 132
6.3　农村收入差距的最新变化 / 137
第 7 章　城镇居民收入分配格局变化 / 143
7.1　城镇居民收入差距的发展阶段 / 143
7.2　城镇收入增长与差距的变动趋势 / 146
7.3　所有制多样化与收入差距的变化 / 151
7.4　“库兹涅茨假说”与收入差距的关系 / 157
7.5　小结 / 161
第 8 章　城乡收入分配差距及其演变 / 163
8.1　中国特色的城乡二元分割 / 163
8.2　城乡收入差距的演变 / 168
8.3　城乡收入差距的再估计 / 172
8.4　城乡分割的歧视性影响 / 183
8.5　缩小城乡收入差距的着力点 / 193
第 9 章　地区之间收入分配格局演变 / 197
9.1　引言 / 197
9.2　定义和数据 / 198
9.3　地区之间收入差距 / 200
9.4　地区收入差距对全国收入差距的贡献 / 205
9.5　地区收入差距的决定因素 / 208
9.6　总结 / 214
第10章　主要政策的收入再分配效果 / 216
10.1　收入分配政策体系 / 216
10.2　主要再分配政策及其比较 / 220
10.3　财政政策的再分配效果评价 / 223
10.4　税收政策的收入分配效果评价 / 231
10.5　社会保障政策的再分配效果评价 / 242
第11章　建立公平的收入分配制度 / 257
11.1　收入分配改革紧迫性 / 257
11.2　收入分配改革未来展望 / 260
11.3　收入分配改革的总体思路 / 263
11.4　深化收入分配制度改革的配套措施 / 270
参考文献 / 277

第 1 章　当前我国的收入分配状况

中国经济转型已经有了 40 年的历史。中国经济转型有成功的经验，也有失败的教训。在改革开放 40 年之际，对过去经验和教训加以总结是必要的，以在未来经济转型道路上少走弯路，取得更大的成就。收入分配制度改革是中国经济转型的一部分，既有值得肯定的方面，也有需要吸取教训的方面。从总体上来看，收入分配制度改革滞后于其他经济改革，与一个公平合理的收入分配制度的目标还有距离，还需要加大推进力度。对于中国收入分配制度改革，既需要回顾过去的改革历程，总结经验，又需要对改革的现状做出准确的判断，以便为进一步改革寻求正确的方向，实现既定的改革目标。本章试图对当前我国收入分配领域中几个重要问题以及一些有争论的问题提供一些看法。

1.1　近几年收入差距变动态势

对于中国收入差距的长期变动趋势，可以分为两个阶段。第一个阶段是经济转型前 30 年，第二个阶段为经济转型后 10 年。相对来说，对于前 30 年收入差距的变动趋势，学术界的分歧不是很明显，基本判断是这一时期的收入差距是不断扩大的。然而，对于后 10 年收入差距的变化情况，学术界的看法差异较大。

在 2013 年之前，虽然国家统计局每年估计并公布城镇和农村各自的收入差距的基尼系数，但是没有公布全国收入差距的基尼系数。这样做的一个理由是城镇和农村居民的收入定义略有不同（可支配收入 vs.纯收入），不可以将城乡调查样本合并起来估计全国收入差距。实际上收入差距的基尼系数随着其不断上升而在社会上引发了一些争议，因为很多人认为基尼系数超过 0.4 代表了收入差距较大的现状，但实际上 20 世纪 90 年代以后，中国收入差距的基尼系数就已超过了 0.4。在这种情况下，一些民间研究机构利用不同来源的调查数据对全国收入差距的基尼系数作了估计，其结果自然有所不同。我们课题组从 1988 年开始收集住户收入数据，利用 1988 年、1995 年、2002 年和 2007 年调查数据分别对这些年份的全国收入差距的基尼系数进行了估计，得出的结果显示基尼系数是不断上升的，如 1988 年的基尼系数为 0.395，1995 年为 0.456，2002 年为 0.460，2007 年为 0.483（赵人伟、李实和李思勤，1999：49；Gustafsson，Li and Sicular，2008：19；Li，Sato and Sicular，2013：54）。这些估计结果被国内外学术界广泛地引用。

2013 年国家统计局公布了 2003—2012 年全国收入差距的基尼系数，而且在此以后进行了逐年公布。根据国家统计局的估计结果，2003—2008 年基尼系数是不断上升的，从 0.479 上升到 0.491。从 2008 年开始，基尼系数出现下降的势头，如到 2010 年为 0.481，2015 年为 0.462。但之后又有所上升，2016 年为 0.465，2017 年为 0.467。与此同时，一些民间研究机构也在试图估计全国收入差距，值得提及的是西南财经大学利用其财产调查数据估计了 2010 年全国收入差距的基尼系数（西南财经大学中国家庭金融调查与研究中心，2012）。由于其估计值非常高，基尼系数为 0.61，这一结果得到了媒体的广泛注意，但是它也受到了质疑。岳希明和李实（2013a，2013b）及李实和万海远（2013）指出其基尼系数存在严重高估的问题及其主要原因。造成其基尼系数高估的主要原因，一是抽样的偏差，二是收入定义的缺陷。[1]此

[1] 西南财大住户调查抽出的样本分为城镇样本和农村样本，城镇样本主要来自较为发达的城市，农村样本主要来自落后的农村地区，而处于中等收入地区的样本比例严重偏低。这显然会导致收入差距的高估。在进行住户收入调查时，该数据只有户主的收入，而家庭中其他成员的收入则没有包括进来。详见岳希明、李实（2013a）。

外，北京大学社会科学调查中心也在 2010 年、2012 年和 2014 年做了三轮住户抽样调查（中国家庭追踪调查，CFPS），收集了较为详细的收入信息。利用该调查数据，Xie 和 Zhou（2014）估计了 2010 年和 2012 年的全国收入差距的基尼系数，他们得出的结果为 2010 年为 0.53，2012 年略有下降。Kanbur，Wang 和 Zhang（2017）使用相同的数据，估计出 2012 年收入差距基尼系数比 2010 年下降近 3 个百分点，2014 年比 2012 年又下降近 1 个百分点，下降到 0.5 以下。这些结果显然与西南财大的估计结果有很大差别。相比而言，CFPS 的抽样方法和收入定义更加专业，其结果也比较可信。另一项独立的住户抽样调查是由中国人民大学与明尼苏达大学和香港科技大学合作进行的中国综合社会调查（CGSS）项目，利用该数据估算出来的 2010 年收入差距的基尼系数为0.545，而 2012 年有所下降。这些利用不同的调查数据对中国收入差距的基尼系数进行估算的结果见图 1.1。

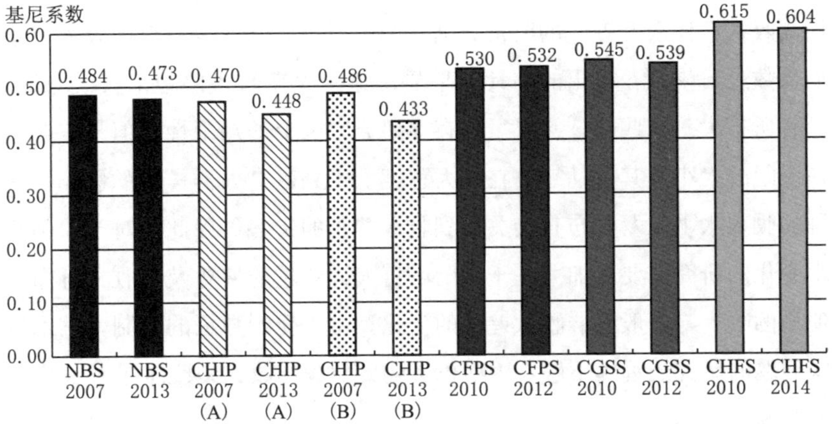

图 1.1　中国收入差距的不同估计结果（基尼系数）

资料来源：李实、岳希明、史泰丽、佐藤宏等（2017）。

注释：CHIP 估计结果（A）使用国家统计局收入定义（未调整国家统计局收入），（B）用 CHIP 收入定义，关于 CHIP 收入定义，见罗楚亮等（2017）。国家统计局（NBS）的估计结果来自中国国家统计局住户调查办公室（2016），http：//www.stats.gov.cn/ztjc/zdtjgz/yblh/zysj/201710/t20171010_1540710.html；CHIP 估计结果来自罗楚亮等（2017）；CFPS 和 CGSS 估计结果来自 Xie 和 Zhou（2014）；CHFS 估计结果来自 Gan（2017）。

图 1.1 显示了近几年可比年份的中国收入差距的基尼系数的不同估计结

果。由于 CHIP 使用国家统计局住户调查样本的子样本以及国家统计局家庭调查的收入数据计算收入，其估计结果与国家统计局发布的大体相同并不奇怪。CHIP 收入定义包括自有房屋的估算租金，以此估计的收入差距会有所不同。基于 CGSS 和 CFPS 调查数据估算的收入差距比国家统计局和 CHIP 数据估计的结果略高一些，其原因有很多。差异比较大的仍是根据西南财经大学的中国家庭财产调查（CHFS）数据估计的结果。

与一些民间研究机构的估计结果相比，国家统计局公布的全国收入差距的基尼系数会偏低一些，可以说存在一定程度的低估问题。主要是由于高收入样本偏低造成的。当然，这是各个国家所有住户抽样调查不得不面对的一个问题。为了解决这个问题，许多学者进行了各种尝试，试图修正由高收入群体样本偏差带来的收入差距低估问题。比如，李实、罗楚亮（2011）在估计 2007 年的全国收入差距的基尼系数时对高收入样本偏差进行了修正，得出修正后的基尼系数上升了 4—5 个百分点。又比如，罗楚亮等（2017：68）利用高收入群体公开曝光的财富数据对 2007 年和 2013 年的全国收入差距的基尼系数进行修正，得出的估计结果显示这一时期收入差距不仅没有缩小，反而有所扩大。这些估计结果虽然存在研究方法上的局限性，但却表明中国收入差距的大小及其变动趋势在很大程度上受到巨富人群样本的影响。这些人群的收入水平以及分布直接关系到收入差距的走势。因此，对于中国收入差距变化的研究需要更加关注于中国巨富人群数量的变化及其收入分布，以及他们的收入与一般人群收入差距的变化。由于受到数据的限制，学术界对这些问题的研究还远远不够，因而也影响到对我国收入差距水平及其变动趋势的判断。

1.2 目前的收入差距仍然过大

如前所述，除了国家统计局官方发布的近期每年全国收入差距的基尼系数之外，一些民间的研究机构也在利用非官方的调查数据来估计收入差距的基尼系数。官方和非官方的估计结果有所不同（见图 1.1），这是非常自然的。因为收入差距的估计结果都是依据住户收入调查数据计算的，自然会受到样本数量、抽样方法、调查方式、收入定义、估计方法等的影响。然而，从图 1.1 中可以看出，除了个别估计结果比较奇异外，基尼系数的大部分估计结果实际上相差并不十分明显，在 0.5 的 10%的偏差区间内。即使以官方的估计值为判断基准，中国收入差距是否仍然过大？为了回答这个问题，首先我们比较一下中国与世界其他国家的收入差距，看看中国的收入差距处于什么位置。世界银行的数据库收集了世界上不同国家收入差距的基尼系数[1]，其中有 72 个国家和地区（称为经济体）拥有 2013 年的基尼系数。这些经济体该年收入差距的基尼系数的平均值为 0.364，国家统计局公布的我国该年的基尼系数为 0.473（见图 1.1），比 72 个经济体的平均值高出 30%。在这些经济体中，基尼系数大于中国的有 8 个，中国排名第 9。换言之，中国属于收入分配差距最大的十个经济体之一。联合国开发署出版的《2016 年人类发展报告》列出了 137 个经济体 2010—2015 年中（最近一年）收入差距的基尼系数[2]，其平均值为 0.393，高出 0.473 的经济体为 21 个，中国处在收入差距最大的 15%之中。在这些经济体中，基尼系数超过 0.5 的有 15 个，超过 0.6 的有 5 个。

当然，判断我国收入差距是否过大仅仅进行这种国际比较是不够的，还是应该回到我们自身的收入差距问题上。对此，我们需要从三个方面来看待这个问题。第一，从长期趋势上看，在改革开放的前 30 年，我国的收入差距基本上在不断扩大。根据世界银行的估计，在 20 世纪 70 年代末和 80 年代初中国收入差距的基尼系数大致为 0.3 左右，到了 90 年代末超过了 0.4。2008 年，国家统计局估计的全国基尼系数则接近 0.5。这 30 年间收入差距的扩大速度是前所未有的。如前所述，最近 10 年我国收入差距的扩大趋势虽有所缓解，但是仍处于高位水平上。第二，从收入差距的结构来看，一些导致收入差距扩大的因素具有很大的不合理性。在我国收入差距结构中，城乡收入差距是非常重要的因素。在过去 40 年的经济转型过程中，我国的城乡收入差距也经历了缩小—扩大—再缩小的过程。改革开放初期，我国城乡收入差距一度有所缩小，其中重要的原因是农村经济改革激励了农民的生产积

[1] 见 https：//data.worldbank.org/Indicator/SI.POV.GINI?view=Chart。
[2] 见 http：//hdr.undp.org/Sites/Default/Files/Hdr_2016_Statistical_Annex.Pdf。

极性，农民收入增长超过了城市居民，导致城乡间收入差距缩小。然而，从20世纪80年代中期开始城乡收入差距不断扩大，一直持续到2009年。近几年城乡之间收入差距有所缩小，但是仍然高于改革开放初期的水平。2017年的数据显示，城乡居民收入之比仍高达2.71倍。[1]更重要的是城乡之间的差距不仅表现在收入上，还体现在其享受的公共服务上。如果把一些公共服务的市场价值折算为个人的实物性收入，那么城乡间的实际收入差距要高得多（李实、罗楚亮，2007）。因此，可以推断，全国收入差距也是过高的。第三，从导致收入差距的原因来看，过大收入差距背后是一些不公平、不合理的分配制度和机制。也就是说，如果收入分配制度改革能够实现其既定目标，公平与效率兼容的分配制度和再分配制度能够顺利建立起来的话，那么我们现有的收入差距会有一定幅度的下降。这些不公平的制度和机制包括城乡分割的户籍制度、劳动力市场中的各种歧视制度，以及与不同就业身份和职业挂钩的有差异的社会福利与保障制度，等等。这些不公平的分配制度都在直接或间接地扩大着收入差距。

总之，综合各种考虑，当前我国收入差距仍是过大的，仍需要加快收入分配制度改革来进一步缩小收入差距。

1.3 解释城乡之间过大的收入差距

关注中国收入差距不能不看到城乡之间巨大的收入差距。巨大的城乡差距是最具中国特色的一个问题。在一般的市场经济国家中，城乡收入差距也是存在的，但不会那么明显，甚至一些国家的城乡收入差距是反向的，即农村居民收入水平高于城市，而且城市的贫困发生率也高于农村。而中国城乡收入差距的演变过程正好相反。即使在计划经济时期，中国的城乡收入差距也是较为明显的。如在改革开放初期的1978年，城乡居民收入比率为2.57倍。按照市场配置资源的规律，市场化改革有助于缩小城乡收入差距，市场

[1] 2017年城乡居民人均可支配收入来自中华人民共和国国家统计局：《2017年经济运行稳中向好、好于预期》，http：//www.Stats.Gov.Cn/Tjsj/Zxfb/201801/T20180118_1574917.Html。

化程度越是发达的地方，城乡收入差距就会越小。而中国已实施近 40 年的市场化改革，为什么城乡收入差距总体上不仅没有缩小，反而扩大了呢？

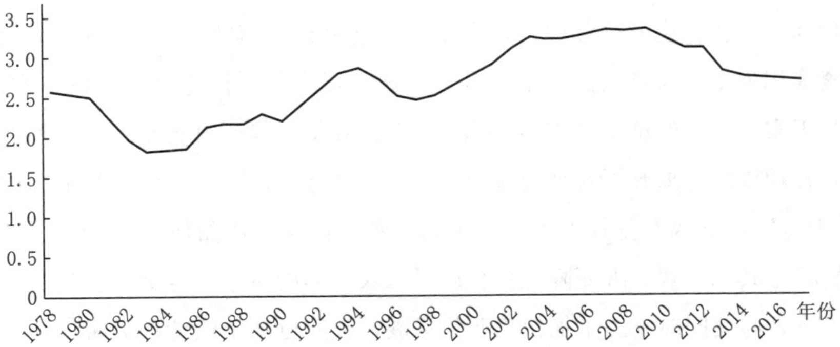

图 1.2　中国城乡居民收入比率（1978—2017）

资料来源：国家统计局官方网站的统计数据。

注：1978—2012 年的城乡居民收入比是按照城镇居民可支配收入和农村居民纯收入计算的，2013—2017 年的比率是按照城乡居民可支配收入计算。

一种解释是把城乡间收入差距的扩大归因于市场化改革。这种解释显然是片面的，它只是看到了城乡收入差距与市场化改革是同步发生的现象，或者二者之间的相关性，而没有看到它们之间的因果关系。从市场化改革与收入差距变化之间的关系来看，市场化改革会大大改变收入分配的格局，既可能扩大收入差距，也可能缩小收入差距。例如，收入决定机制的微观化和分权化会扩大收入差距，然而放松劳动力流动的限制会有助于缩小城乡之间和地区之间的收入差距。就城乡收入差距而言，市场化改革无疑是有助于缩小差距的。对于当前的城乡差距来说，真正具有积极影响作用的改革有两项，一是农村土地产权制度改革，二是城乡户籍制度改革。这两项制度改革是最能促进农民收入增长，实现其正当权益，增加其家庭财富，从而最有利于缩小城乡收入差距的。

中国城乡收入差距居高不下的背后原因值得深究。为什么在计划经济时期就存在着巨大的城乡收入差距？为什么在市场化转型中有利于农民收入提高的改革措施总是难以推进和落实？户籍制度改革会给农民带来好处和利益，但是为什么进展如此缓慢呢？把土地产权还给农民会带来巨大的利益，但是土地制度改革为何如此难以推进呢？这些问题需要认真研究，寻求其背后的逻辑，并给予合理的解释。

在计划经济时期，巨大的城乡收入差距的原因是经济发展需要从农民那里获得资本的原始积累（蔡昉、杨涛，2000）。中国在从一个农业大国向城市化和工业化转变的过程中，资本来源不能靠外部输入，只能靠内部积累，而资本积累主要来自农民的生产剩余。这主要依赖两种行政性手段来实现，一是工农业产品的价格“剪刀差”，二是限制农村劳动力流动。这两种手段是相辅相成的，离开了劳动力流动的限制，“剪刀差”是无法实行的。因为“剪刀差”会导致农业收入大大低于其劳动生产率，从而使农业劳动力从农业转移至其他产业，继而降低粮食产量和农产品的供给。这必然会打乱工业化进程。与此同时，为了加快工业化进展，政府也从工业劳动力身上获取资本积累，主要做法是压低其工资水平和延缓工资增长，导致其工资水平低于其劳动生产率。然而，为了保证工业化进程的稳定性，工业劳动力也需要一定的激励机制，相对于农业劳动力来说，较高的工资水平和福利待遇无疑是一种有效的激励手段。即使在工资水平不变的情况下，不断下降的农业劳动力收入水平，则意味着工业劳动力收入水平的相对上升，也会产生一种激励效应。特别是在一个封闭经济中，这种效应会更加明显。这在一定程度上解释了我国计划经济时期城乡收入差距的原因所在。

在经济转型时期，城乡收入差距并没有随着农村劳动力流向城市而出现缩小，而且在很长一段时期内是持续扩大的。这背后的原因仍与资本积累有关，包括物资资本积累和人力资本积累。从物资资本积累来说，城市化和工业化进程仍需要资本积累，虽然有外部资本（外资）进入，但是靠从农民工身上压取生产剩余是一种最经济的方式，而且也是最可行的。在对农村劳动力的流动实行长期控制之后，农村人口增长较快的情况下，农业生产剩余又转向了城市化和工业化用途，农村剩余劳动力的状况会变得越来越严重。大量剩余劳动力的存在对农业而言是一种糟糕的结果，然而对于城市化企业来说却是一大笔“红利”，因为这部分劳动力的成本可以压低到生存工资的水平。也就是说，城市企业只要支付农民略高于其农业收入水平的工资就可以获得大量可用劳动力。在农村劳动力处于无限供给的情况下，农村劳动力价格会长期处在一种低水平上。低工资劳动力并非意味着低劳动生产率，在劳动力无限供给的劳动力市场中，工资水平与劳动效率是脱节的，前者会大大低于后者。这会给企业带来额外的利润，特别是垄断企业求之不得的利益。从人力资本积累来说，中国城乡分割体制导致农村公共服务供给严重不足，农村教育发展严重落后，高水平师资严重缺乏，教育质量严重低下，而农民收入水平低，不可能依靠自身财力来增加人力资本的积累，从而形成一种“低收入—低人力资本投入—低收入”的低水平陷阱。而对于城市居民来说，却是另一种良性循环：高收入—高人力资本投入—高收入。在这种情况下，即使农村劳动力可以自由流动，在城市劳动力市场受到与城市劳动力一视同仁的待遇，他们的收入水平仍然会偏低。从一定意义上说，长期实行的城乡分割的制度，忽视农村发展和公共服务提供的发展战略是现在城乡收入差距居高不下的根本原因。

1.4　未来收入差距的走向

经济学的发展过程表明，经济学更适合解释过去，而不是预测未来。这也意味着对未来收入差距变动的预测存在一定的风险。好在影响收入差距的大多是一些长期因素，而这些因素的变化相对比较缓慢，依据这些因素对收入差距的未来变化趋势做出判断不至于成为天方夜谭。

从过去几年收入差距变化的趋势来看，缓解全国收入差距的主要因素是公共政策的调整。在实现城乡公共服务均等化的目标过程中，一些公共政策开始覆盖到农村，农民从中获得一定的好处，不同程度上提高了农民收入增长，缩小了城乡之间收入差距。从 2003 年开始，解决“三农”问题和“城乡统筹发展”成为政府发展战略的首要任务，从而陆续出台了一系列有助于提高农民收入的惠农政策和社会保障政策。这些政策措施经过几年的落实和完善，其效果慢慢呈现出来，最为明显的是带来了农民收入的快速增长。长期的统计数据显示，从 20 世纪 90 年代中期开始直到 2009 年，城镇居民收入增长一直快于农村居民，带来了城乡收入差距的持续扩大，2009 年则到达历史上的一个高点，城乡居民收入之比高达 3.4 倍（见图 1.2）。然而，从 2010 年开始农村居民收入增长超过了城镇居民，特别在 2010—2014 年期间，二者之间收入增长率之差更为明显（见图 1.3），从而导致了城乡收入差距的下降。

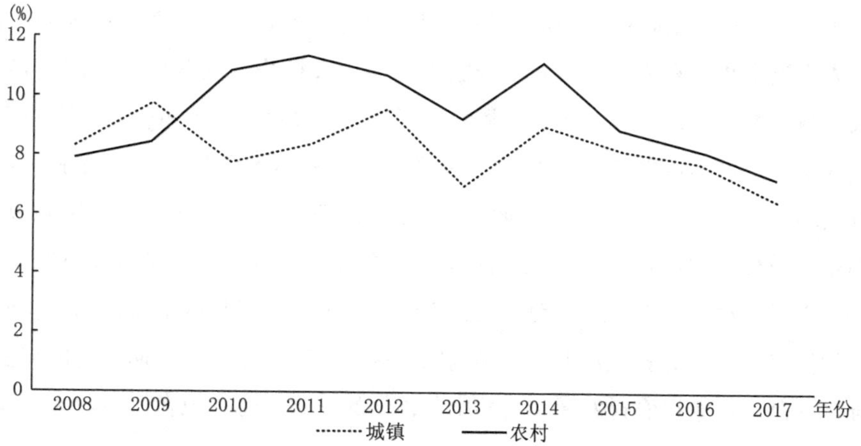

图 1.3 城乡居民人均收入增长率

资料来源：根据国家统计局相关年份城乡居民收入数据计算和绘图。

2015 年之后，农村居民收入增长仍然快于城镇居民，但二者收入增长率之差有所缩小。这意味着过去十多年实施的各种惠农政策的效应逐渐稀释，而新的惠农政策迟迟没有出台。于是，城乡收入差距的缩小幅度有所下降，它对缩小全国收入差距的影响作用也在减弱，其结果是国家统计局估算的全国收入差距的基尼系数在 2016 年出现了小幅度回升。[1]这表明过去几年全国收入差距的变化更多地受到包括收入分配政策在内的各种公共政策的影响。如果这些政策能够更多地惠及农村人口和低收入人群，那么就会对收入差距的扩大起到抑制作用，反之收入差距很有可能进一步反弹或回升。

更应该看到的是，在新形势下一些推动收入差距扩大的因素更多地显现出来。首先，高收入人群的规模快速扩大，收入水平和财富积累快速上升。即使抛开非法的高收入问题，合理合规的高收入人群也呈现一种快速增长的势头，而且其收入增长远远超过了中低收入人群。图 1.4 显示了福布斯中国富人榜列出的 2010 年和 2017 年前 50 名富人的财富额，从中可以看到其财富增长情况。一般的趋势是财富越多的人群，其财富增长越快。不难看出，在这 7 年中，前 50 名富豪的财富增长率大多超过了一倍，前 10 位富人的财

[1] 根据国家统计局估计，2015 年全国收入差距的基尼系数为 0.462，2016 年上升为 0.465（见统计局：《2016 年基尼系数为 0.465 较 2015 年有所上升》，来自 http：//www.chinanews.com/cj/2017/01-20/8130559.shtml）。

富增长率达到了 3—4 倍。这个人群及其财富的快速增长无疑起到了扩大收入差距的作用，而且这种作用随着其人群规模和财富的加速增加也在不断得到强化。不得不说它是当前扩大收入差距的一种新变量。其次，居民财产分配的不平等程度急剧上升。这也构成了调节收入分配的一个挑战。经济学理论告诉我们，居民的财产和收入是一种互动的关系，财产会带来收入，收入反过来会变为财产。这也意味着财产差距会影响收入差距，反之亦然。由于中国居民的财产积累的时间很短，在普遍贫穷的计划经济时期，几乎人人都是无产者，财产分配差距很小。即使到了 20 世纪 90 年代，中国居民的财产差距也要小于收入差距。[1]

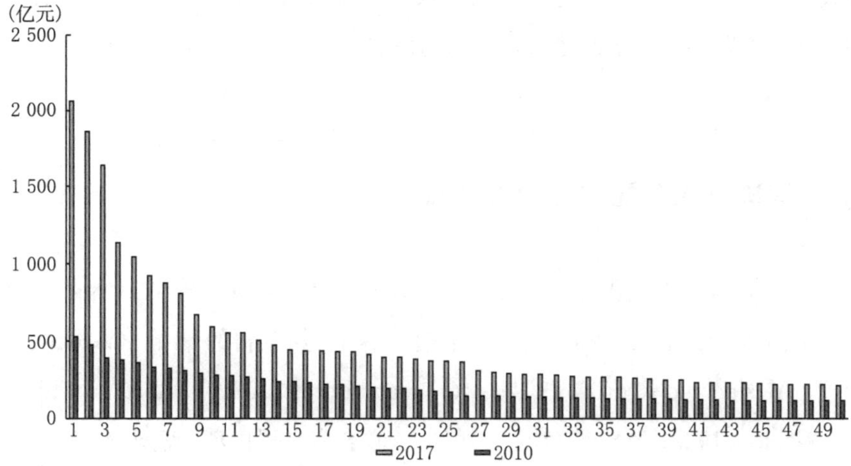

图 1.4　福布斯中国富人财富（前 50 名）

资料来源：福布斯网站。

然而，进入 21 世纪后，我国居民的财产分配差距急剧扩大，到了 2002 年已略大于收入差距，而到 2013 年已超过收入差距。[2]而且，从发展势头

[1] Brenner（2001）利用 1995 年 CHIP 调查数据，估计出该年全国居民财产差距的基尼系数为 0.40，而当年收入差距的基尼系数为 0.44。

[2] 根据北京师范大学收入分配研究院的课题研究，利用 CHIP 调查数据测算出来的全国居民财产分配差距的基尼系数，在 2002 年为 0.51，略高于当年收入差距的基尼系数（0.45），到了 2013 年财产分配差距的基尼系数上升为 0.63，大大高于当年收入差距的基尼系数（0.46）。而且，这里财产差距的基尼系数存在一定程度的低估，如果对低估问题加以修正，财产差距的基尼系数会超过 0.7。参见 Li 和 Wan（2015：264—287）。

上来看，短期内居民财产差距缩小的可能性是几乎不存在的。这是因为我国目前缺少有助于缩小财产差距的政策手段。众所周知，财产税和遗产税在一定程度上可以起到调节财产差距的作用，但是这些政策短期内还难以出台。最后，现行的收入分配政策的调节力度严重不足。北京师范大学收入分配研究院正在进行我国收入分配与再分配政策效果评估，其基本结论是我国税收政策和转移支付对收入差距的调节作用是有限的，而且一些社会保障项目不仅不能缩小收入差距，还在扩大收入差距。[1]这也部分地解释了我国收入差距为什么会出现高居不下的状况。

当然，在未来几年中，如果政府下定决心打破利益集团的阻碍，深入推进收入分配制度改革，把有助于低收入人群收入增长的政策措施落到实处，那么收入差距出现缩小的势头是可以期待的。

1.5 解决收入分配问题的关键点

大量的研究文献显示，过大的收入分配不平等，尤其是收入分配不公，对一个国家的经济发展和社会稳定会带来许多不利的影响（Acemoglu，1997；Alesina and Rodrik，1994；Alesina and Perotti，1996；Murphy，Shleifer and Vishny，1989；Perotti，1993；1996）。它会带来居民消费需求不足，从而导致经济增长动力不足；它会导致贫困人口和低收入人群无力积累人力资本，导致他们长期陷入贫困陷阱，带来社会阶层的固化；它会导致社会成员之间，难以建立起相互信任的社会关系，易于引发社会矛盾。更为重要的是，严重的收入分配不平等虽然表现为一种结果的不平等，但是它会导致公共政策和再分配政策失去作用（Vandemoortele，2013），从而难以建立一个机会公平的社会制度和分配机制。即收入差距是一种结果的不平等，但是它

[1] 有学者做了再分配前和再分配后的收入差距的国际比较，一些发达国家在再分配之前收入差距的基尼系数甚至达到0.5以上，而在再分配政策实施以后，基尼系数一下子就降到0.3左右，能够下降大约20个百分点。有学者对中国的再分配政策效应做了类似测算，收入再分配政策后的基尼系数下降不到5个百分点。这个幅度应该说是非常小的，说明我国的收入再分配政策的调节作用是有限的。参见李实、朱梦冰、詹鹏（2017）。

会带来机会的不平等，是影响一个社会机会平等目标实现的最主要的障碍。在一个分配结果严重不平等的社会中，空谈机会平等是毫无意义的，机会平等也是无法实现的。

解决当前的收入分配问题需要从全局出发，综合考虑，制定一套完整、有效的收入分配与再分配政策体系，及时出台一些有效的收入分配与再分配政策，以抑制收入差距扩大的趋势，从根本上消除收入分配不公问题。由于中国经济正处在一个关键的发展时期，在收入分配制度改革上要将消除收入分配不公作为中心内容。

解决收入分配问题，需要从初次分配和再分配两个方面发力。在初次分配领域，政府责无旁贷。首先，在推进市场化改革进程中，进一步完善市场体系，让市场机制在资源配置中起到决定性作用。中国的商品市场体系已基本建立起来并且发挥积极作用，但是生产要素市场仍是不完善的，存在着较为严重的行业垄断、市场扭曲和分割，以及过多的政府干预。这不仅导致了生产要素配置的低效率，而且会带来严重的收入分配不公。对于资本市场来说，特别是在金融部门中，国有大资本占据垄断地位，民间资本很难参与到金融活动中，而且在一些高盈利行业和领域仍然存在着国有资本的垄断和对民营资本的排斥与阻碍，导致垄断行业高管和从业人员收入高出市场工资水平及行业间收入差距过大的问题。中国的劳动力市场也是不完善的，存在着城乡劳动力市场分割（Démurger et al.，2006），就业中的户籍制度带来的身份歧视、性别歧视、“拼爹”现象、工资支付中的“同工不同酬”[1]问题仍然处处可见。这无疑带来了就业者之间不合理的收入差距。又如，中国还没有形成真正的土地市场，政府对土地的垄断与控制严重阻碍了土地市场的形成与发展。土地市场的形成是与农民利益密切相关的，有助于农民收入提高，也有利于改善农村内部收入分配，降低收入差距。建立有效的土地市场涉及土地制度改革、产权制度保护、土地交易市场的完善等一系列问题，这些问题只能由政府加以推动解决。

其次，在初次分配领域建立合理的收入分配秩序，这同样离不开政府的

[1] “同工不同酬”是指一些国有企业对不同身份的员工实行不同的工资标准，即使他们从事相同的工作。比如一些国有企业使用数量不少的派遣工，他们与企业正式员工干同样的工作，但其工资水平较低，缺少相应的社会保障待遇。

推动。一些发达国家的经验表明，工资收入的正常增长是与工资谈判机制分不开的。国内学者近几年也在积极呼吁建立工资谈判（协商）机制，但是进展不大。其中一个重要原因是我国缺少工资谈判（协商）机制所需要的制度环境，特别是工会制度不能保证工会具有独立性，不能充分代表工人的利益。工资谈判（协商）机制能够保障工资合理增长的前提是参与谈判的工人代表能够真正代表工人的利益，中国现有的工会制度还做不到这一点。因此，需要改革工会制度，让工会具有独立性，真正代表工人的切身利益。

最后，对于一些不利于收入分配公平的制度和政策也需要政府加以改革和调整。当前人们期待的户籍制度改革和养老制度改革是很好的例子。城乡分割的户籍制度，既是过去城乡之间收入差距的根源，又是当前城乡一体化发展的障碍。现今养老制度被认为存在不少问题，其中一个主要原因是不仅不利于缩小收入差距，而且还扩大了收入差距。这两项制度的改革，也是政府的责任。

相比来说，政府在再分配领域可以做更多的事情。中共十九大报告中也明确提出“履行好政府再分配调节职能”。而且，在过去十年中政府在再分配方面已经作出了不少努力，也取得了一定成绩（Li and Sicular，2014）。这主要表现为以下几个方面。首先，从 2003 年开始政府逐步建立起一个覆盖城乡居民的最低收入保障体系。到 2014 年底，全国享受最低收入保障项目救助的人数达到了 7 089 万，其中城镇为 1 880 万，农村为 5 209 万。[1]这对于缓解贫困，提高贫困人口的收入，缩小收入差距起到一定的作用。其次，各种惠农政策的实施，如种粮补贴、新型农村合作医疗制度和新型农村养老制度，对于增加农民的转移性收入，提高农民生活水平，缩小城乡间收入差距发挥着重要作用。最后，税收制度的改革与调整，主要是指减免农业税。从 2003 年开始的农业税减免政策，到 2007 年使农民的税费负担降低到微不足道的程度（Sato et al.，2008）。这在很大程度上增加了农民收入，同时有利于缩小农村内部以及城乡间收入差距。

---

[1] 见民政部：社会服务统计季报（2014 年第 4 季度），http：//files2.mca.gov.cn/cws/201501/20150129172531166.htm。

1.6　总结

当前中国收入分配格局是长期演化的一种结果。如果说中国经济增长是人类经济发展史上的一个成功案例，那么中国的收入分配则可以说是一个不那么成功的案例。成功的经济增长与不成功的收入分配都是中国经济转型和发展的结果，二者之间是否存在一定的联系值得研究。这也许与中国各级政府长期以来形成的“先增长，后分配”的发展观有关系，也许与“牺牲公平以换来效率”的发展战略的选择有关系，也许与“有选择性改革”的经济转型模式有关系。客观地讲，中国收入分配的格局之所以能够演变成这种状况，有历史原因，有发展战略定位的原因，有经济转型模式选择的原因，有利益集团干扰方面的原因，更有政府决策方面的原因。总之，中国收入分配现状形成的原因是多方面的，也是错综复杂的。

中国收入分配制度改革的复杂性与艰巨性并不能成为我们延缓改革步伐的理由，因为不改革带来的负面效应如果不断积累和持续发酵，会使得收入分配改革越来越难。因而，为实现中华民族伟大复兴，为使中国避免陷入中等收入陷阱，我们只能尽快、尽力推进收入分配制度改革。

第 2 章　收入定义、不平等测量与分析方法

在研究收入不平等的过程中，对于什么是不平等，包括哪些内容，及如何测量等，经常是导致对收入分配研究存在差异的重要原因。本章对研究收入分配中使用的不同的收入定义进行了比较，也介绍了几种测量收入差距的方法，包括基尼系数、泰尔指数等，还对收入差距的几种分解方法进行了比较。

2.1　不平等的测量

2.1.1　不平等

社会财富的增长和社会财富的公平分配是一个永久的社会话题，实现二者的高度统一也是一个国家追求的目标，但在社会现实中，财富的高速增长和社会财富的公平分配却并不容易同时实现。其中，关于公平或平等的理解就有多种，在哲学和政治学上，关于公平、正义、平等、均等的区别也有相当多的探讨，本书不再赘述。在收入分配领域中的社会公平并不意味着分配结果上的平均主义；反过来看，分配结果上的不平等，也不意味着社会正义就一定不公平。比如，在市场经济的分配过程中，存在劳动能力和天资禀赋

上的客观差异，人们也承认个人劳动、个人能力和天赋及各种生产要素的贡献，但是拒绝利用公共权力获得私利的行为，拒绝非法获利行为，拒绝腐败行为，所以这在一定程度上就是社会公平观念的体现。

总体看，本书侧重从平等相关的概念出发，主要从经济学的角度去分析市场和社会政策调节后个体或家庭收入数量上的比较问题，并探讨这种数量差距背后所蕴藏的分配过程和经济政策本身。虽然程序上的公平和结果上的平等存在区别，但是我们仍然侧重从收入结果上的平等问题开始，分析不同经济主体在市场和政府因素的作用下，其在收入或福利数量存在结果上的数量差别。除了收入或福利事实上的分配结果外，我们也特别关心造成这种分配结果差距的客观原因，关心这种数量差距背后的经济解释或政策逻辑。其中与公平问题紧密相关的就是机会不平等和起点不平等问题，如从住户角度看，他们各种市场和政府因素带来的低收入或低福利水平，有可能会继续以各种方式传递到下一代，进而造成下一代之间的分配结果不平等。而对于由上一代等因素带来的下一代分配结果上的不平等，很多人会把此归纳为过程的不公平。从这个角度看，平等与公平问题又是紧密相关的，而不能孤立地去看待。在过去 40 年中，我们的主要精力是发展经济和增加社会财富，而相对忽视了社会财富分配的公平性，轻视了收入分配制度中所存在的问题，其结果是收入差距的不断扩大，全国收入分配的基尼系数从改革初期的 0.3 左右上升到现在的 0.46 左右。不可否认，收入差距扩大过程中有合理的因素，如教育水平的分化和能力上的显著差异，但同样也有很多不合理甚至是不公平的因素，如交换权利的丧失和制度上的人群歧视等。

总体看，虽然本书侧重研究经济或收入上的不平等问题，但是其中的内容也会与教育、交换权利、权力的不平等有很大关系。比如过去关于贫困的研究，大部分学者认为贫困的原因是收入上的匮乏，政府应该给予贫困个体一些收入上的转移支付、福利救助和支持，更多的是要给予资金、资源和其他一些物资上的支持。但后来的研究证明，不平等是因为穷人丧失了对收入的基本权利所致，其中包括直接权利的失败和交换权利的丧失，而正是这种权利分配上的不平等才最终导致了收入结果上的不平等发生。从这个角度来说，收入分配结果上的平等或者不平等，最起码仍然要与机会上的平等、交换权利的平等及社会个体对平等的主观认知保持大体的一致。[1]

2.1.2 不平等的范围

正如前面所提，本书涉及的居民收入不平等概念，都是指住户或个体间的不平等问题，而不是指政府与企业间的分配，也不是指不同政府层级间的分配问题。关于居民间的不平等，经济学中主要区分为两个概念，一是特定时期范围内不断新增的流量，即指带有时间跨度或在一个时段上所累积变动的量，如工资和收入等；二是特定时点存量上的财富数量，是指在某一个时点上某一变量的量值，包括储蓄和财产等。[2]存量和流量是一对相互联系的概念，在一定情况下可以相互转化。收入分配总是表现为一定时期的收入流量，以及作为活动结果的财产存量，即从存量开始，经过收入流量，达到新的存量，形成周而复始的收入循环。可以说，本书就是从存量和流量两个方面，来对收入分配活动进行全面反映的，并将二者结合起来。如劳动者工资统计、可支配收入核算等是对流量的核算，储蓄和财产核算是对存量的核算，而存量核算与流量核算又是相互联系的。以2013年全国境内居民储蓄存款为例。居民2017年年末人均住户存款为46 312元，这是在2017年年末这个时点上的财产存量；假定2018年全年居民储蓄回报率为7.85%，则居民新增3 636元收入，这是一个流量；2017年年末的储蓄存款加上2018年一年的流量，就等于2018年年末时的49 948元储蓄存款，这又形成一个新的存量（国家发展和改革委员会就业和收入分配司等，2017）。

在关于不平等的研究中，我们最初从市场化的劳动工资这个流量开始，再加上从单位得到的实物产品折价、服务折价和实物福利报销所得，从而形成市场化的初始收入。在典型的三部门经济中，政府通过征缴个人所得税和

---

[1] 一般来说，一个社会合理有序的分配格局应该具备下列几个特点：第一是社会公平性。收入或福利结果上的分配原则应该与社会公平原则和正义原则一致，至少应该与社会中绝大多数人所认同的分配原则保持一致。第二是与市场经济法则的兼容性。市场经济法则强调的是平等的机会和公平的竞争，并不排斥分配结果的差别。第三是与社会制度追求的目标保持一致性，比如说，现在我们所提倡的按劳分配、按能力分配、按贡献分配的原则应该在收入的初次分配中得到充分的体现，我们追求的共同富裕的目标应该在收入再分配中得到体现。见李实：《让社会财富分配更加公平》，《中国教育报》2007年11月20日。

[2] 在主要的经济指标中，产值类、产量类、收入、需求和供给类指标一般都是流量，资产负债类指标、保有量、人口数等都是存量。

各种社会保障费，并对部分群体进行社会救济和补助（如最低生活保障）、政策性生活补贴、惠农性惠农补贴、其他经常转移收入等，从而形成政府调节之后的居民收入水平。在此基础上，居民通过婚丧嫁娶礼金等方式进行再分配，从而得到居民内部再调节之后的居民可支配收入水平。当然，前面劳动工资和居民可支配收入水平都是流量上的概念，每个月居民在扣除一定的消费之后，就会形成实际上的储蓄，居民本月新增的储蓄水平加上前期积累的所有储蓄总和，就会得到年末最终的储蓄财产。这样，关于不平等的度量范围就包括劳动工资不平等、居民可支配收入不平等和财产不平等。一般来说，这三者相互影响而且密切相关。

当然，除了工资、收入和财产分配的研究外，经济学还会从多种角度来衡量不平等问题，包括消费、福利、公共服务、健康、教育的不平等。如通过居民实际消费的数量及其结构测算居民各种消费类型数量上的差距等，就可以描绘居民间消费的不平等；同样，计算居民实际享受的公共服务水平差异（包括政府提供的基本医疗和环境保护支出等），就可以得到社会全体居民间的公共服务差距；最后，调查每个居民的实际受教育阶段、正规受教育年数、身高/体重指数等，也可以计算出个体或家庭间教育与健康水平的差距程度。而且，除了经济学常用的工资、收入、财产、消费、公共服务、健康、教育的不平等之外，还存在居民间政治权力的分配和科技使用的数字鸿沟问题。不管是哪种方法，都能在一定程度上测算居民间的不平等指数。然而，在最广泛的意义上，收入仍然被视为一种最终的结果。无论是工资、教育、健康还是公共服务，无论是科技数字鸿沟还是政治权力分配程度上的差异，其最终结果都要反映到收入指标上来，因此在一般的研究中，最为常用的衡量不平等的指标仍然是居民可支配收入。

2.2 收入定义

2.2.1 收入指标

关于居民收入，它的构成比较复杂，其主要包括两种来源，即宏观加总的收入和微观住户调查的收入（见表 2.1）。在中国的统计体系中，宏观加总收入主要是指国家统计局利用国民经济核算和政府部门间提供的资料，来核算总体国民收入及其在各个部门、产业和领域的年末新增收入状况，并根据人口统计资料，来核算各个地区、城乡和不同产业或行业的居民人均收入数据。比较来看，微观收入是指政府统计或民间调查机构，利用一定的统计

表 2.1　关于收入指标的定义

总收入	住户和住户成员从各种来源渠道得到的收入总和。按收入的性质划分为工资性收入、家庭经营收入、财产性收入和转移性收入，不包括出售财物和借贷收入。
工资性收入	农村中，指住户成员受雇于单位或个人，靠出卖劳动而获得的收入，包括在非企业组织中劳动得到的收入，在本地劳动得到的收入，常住人口外出从业得到的收入。城镇中，是指就业人员通过各种途径得到的全部劳动报酬，包括从事主要职业的工资以及从事第二职业、其他兼职和零星劳动得到的其他劳动收入。
家庭经营收入	住户以家庭为生产经营单位进行生产筹划和管理而获得的收入。是全部生产经营收入中扣除生产成本和税金后所得的收入。
财产性收入	指金融资产或有形非生产性资产的所有者向其他机构单位提供资金或将有形非生产性资产供其支配，作为回报而从中获得的收入。
转移性收入	指住户和住户成员无须付出任何对应物而获得的货物、服务、资金或资产所有权等，不包括无偿提供的用于固定资本形成的资金。一般指国家、单位、社会团体对居民家庭的各种转移支付和居民家庭间的收入转移。
总支出	住户用于生产、生活和再分配的全部支出。家庭经营费用支出、购置生产性固定资产支出、生产性固定资产折旧、税费支出、生活消费支出、财产性支出和转移性支出。
农村居民家庭人均纯收入	指住户当年从各个来源得到的总收入相应地扣除所发生的费用后的收入总和。纯收入主要用于再生产投入和当年生活消费支出，也可用于储蓄和各种非义务性支出。计算方法：纯收入＝总收入－家庭经营费用支出－税费支出－生产性固定资产折旧－赠送农村内部亲友支出。
居民家庭人均可支配收入	指调查户可用于最终消费支出和其他非义务性支出以及储蓄的总和，即居民家庭可以用来自由支配的收入。它是家庭总收入扣除经营性支出、交纳的个人所得税、个人交纳的社会保障费以及调查户的记账补贴后的收入。
现金收入	指农村住户和住户成员在调查期内得到的以现金形态表现的收入。按来源分成工资性收入、家庭经营现金收入、财产性收入、转移性收入。
非收入所得	指住户和成员得到的不具收入特性的款项。非收入所得也可用于住户和成员的消费支出，包括支取的储蓄存款、出卖财产得到的款项、借款、贷款和其他款项。

资料来源：国家发改委收入分配司等（2017）。

调查方法，来抽取全国有代表性的住户并进行入户调查或访谈，从而获得代表性住户的详细收入调查数据。在本书中，关于收入的数据基本都是指微观住户层面调查的可支配收入。理论上，居民可支配收入是指居民个体或家庭获得且可以用来支配的收入，即居民工资收入中扣除个人所得税收和五险一金等剩下的那部分可以随意支配的收入，它包括家庭成员所从事主要职业的工资收入，以及从事第二职业、其他兼职和偶尔劳动得到的劳动报酬、从事生产经营活动所获得的净收入、家庭资产所获得的收入和政府或单位对个人收入的转移等。

在定义中国居民的收入时，这里存在一个中国特色的情况，那就是由于巨大的城乡二元分割，城乡居民的收入来源和收入结构都有很大的差别；特别是农村居民中相当一部分是自收自支的部分，且由于农村市场化程度相对较低，导致农民收入无法简单地计算更偏市场化的可支配收入概念，而且过去农村主要收入来源仍然是农林牧渔业的经营，涉及各种家庭经营费用支出和生产性固定资产折旧等，因此在 2012 年以前国家统计局都是分别统计城镇居民的可支配收入和农村居民的纯收入。不过值得注意的是，从 2013 年之后国家统计局合并了城镇和农村住户调查队，协调了城镇和农村居民的调查问卷，统一了城乡居民的可支配收入定义，因此统一后的城乡居民一体化调查，就基本实现了城乡居民可支配收入指标的完全一致性。

在定义城乡居民可支配收入的过程中，我们按照收付实现制原则，对发生收支时，以是否收到现金或实物为标准来填写。如赊购赊销和工资拖欠部分，不算作本期工资，而如果居民收到下期预发或上期补发的工资，则需要按照实际发生的金额定义为本期收入。在定义过程中，可能还会涉及另外几组概念：(1) 货币收入和实物收入。如企业单位向员工支付的现金工资是货币收入，而单位发放柴米油盐、鸡蛋或电影票等就是实物收入；(2) 税前收入和税后收入。居民在获得兼职收入或稿费报酬过程中，扣除个人所得税后的收入再加上其他收入就是税后的收入；(3) 初次和再次分配后收入。通常初次分配收入，即在没有政府和个体再转移支付前，而完全通过市场化报酬获得的收入就算是初次分配收入，相对应的就是，在政府和社会个体通过再转移之后，居民所获得的收入就是再分配后收入。

在定义收入的过程中，还有几组变量关系值得讨论。首先，就是要明晰收入和财产的关系。理论上讲收入是在居民财产存量保持不变的情况下可支配收入的最大值，如果个体通过转让房产的方式来获得收入的增加，那么这种损耗财产存量的收入就不应该算作居民本期可支配收入，而应该被定义为非收入所得，如一次性赔偿、收入馈赠和存款取出等也都属于非收入所得的范畴。其次，是收入与消费。在住户实际中，还会碰到隐性消费、在职消费的情况，如果在职消费（如享受免费的公车）没有明确到职工合同中，也无法准确计算市场价值，那么这种情况我们就简单地不计入收入；而对于企业以消费实物的形式给员工发放工资，或者企业额外给员工购买商业保险的费用等，这部分的实物补贴或实物消费部分，就应该被定义为收入；同时，由单位代缴代扣的个人所得税、个人缴纳的社会保障支出和住房公积金是工资的一部分，因此也要计入工资收入。再次，消费与储蓄。个人收入一般包括个人的消费和储蓄这两个部分。如果储蓄是为了将来消费，个人收入又可以被看作一定时期内获得（或占有）的用于个人或家庭现在与将来消费的资源的市场价值，在这种情况下储蓄部分仍然要被计算为将来的消费。

2.2.2 收入构成

就居民收入的定义而言，中国也许是收入构成最复杂的国家之一。作为一个发展中国家和转型国家，中国居民的收入构成带有发展和转型的特点。从发展角度看，由于中国城乡居民之间的收入构成存在着巨大差异（李实、罗楚亮，2007），比如城镇居民的收入主要是货币收入，而农村居民收入中的很大一部分则仍是自产自用的实物性收入。就转型的特点而言，居民收入来源多元化，收入形成机制缺乏充分的透明度。如计划经济时期遗留下来的各种补贴，有明补也有暗补，它在城镇居民收入中仍占有相当高的比重。即使是国家公务人员，实际收入也有多种形式的构成来源，有国家规定的工资和补贴部分，有地区补贴部分，也有单位发放的或明或暗的收入，同时有实物性收入和表现为暗补的公共福利项目，如公有住房、住房公积金、公费医疗、养老保障、失业保险等，而这些补贴或福利项目却是其他许多居民所不能获得的，其市场价值通常也难以有效地估算，甚至在收入统计中被严重忽略。中国居民收入构成的这些特点使得人们在全面理解收入的定义上存在一定的困难，因而也就会产生一定的分歧。例如有些人只是认为现金收入才是收入，往往忽视实物性收入和补贴，这种对收入定义的片面性认识，就会使得对于全体居民收入差距水平的估计存在一些争议。如当前一个普遍的现象是，在没有明确界定收入定义的情况下，不加甄别地对城乡之间收入差距进行比较，对全国收入差距加以估计，这难免会出现各种各样的估计偏差（李实，2003）。

1. 从国际视角看收入

（1）自产自消部分。在经验研究中，关于居民可支配收入的定义要复杂得多，其中牵涉到大量关于不同收入种类的划分标准问题。按照一般的收入定义，个人或住户的收入是指其在一定时期内在保持其资产价值不变的条件下可以获取的实际消费能力，因而在对收入进行估价时不能不考虑其所具有的实际消费量。实际消费量又分为私人消费和公共消费两部分。显然，后面部分的消费估价就是一个非常困难的问题。在私人消费中，既有货币购买的部分，又有自我生产的部分。对于前一部分，如果所购买的商品和服务是补贴性的，那么如何计算补贴的货币价值就是一个重要的问题。对于自我生产部分，何种产品和服务应该计入收入，何种产品和服务不应该计入收入，同样是一个悬而未决的问题。在本书中，我们遵循了通常的做法，即忽略了公共消费部分；在自产自消的产品和服务中，只考虑了食物部分。在自我生产的消费中，即使我们解决了何种产品和劳务应该计入收入这一问题，但是还会碰到如何对这些产品和劳务估价的问题。以农民自产自消的粮食为例，是按照市场价格还是按照国家收购价格估计其价值，因为按照不同的价值进行估计也会直接影响到收入的估计值（李实、罗楚亮，2011）。另外，即使同一种产品也会有很大的质量差异，这种质量差异如何在估价上得到体现也是一个问题。私人消费自产自消部分的估价问题在中国这个农村人口规模较大，且自给自足经济仍很普遍的社会中会变得更为复杂，所以我们设计的住户问卷中还特别询问了农村居民对自产自消部分的主观估计价值。

（2）自有住房折算租金。是指现住房产权为自有住房（含自建住房、自购商品房、自购房改住房、自购保障性住房、拆迁安置房、继承或获赠住房）的住户为自身消费提供住房服务的折算价值扣除缴纳的各项税费后得到的净租金。按照卡恩（Khan）的收入定义，该收入定义是在国家统计局收入定义基础上增加了公有住房的实物性租金补贴，也包括私有住房的折算租金，当然还有各种实物收入（如单位发放的食品、日用品等实物和有价证券）的市场价值[1]。关于自有住房折算净租金的计算方法，国家统计局提出用自有住房的市场价估值减去购买时的原值，然后按照50年折算，即每年的自有住房折算净租金为现住房市场估值与原值差价的1/50。但这种估算方法遭到了很多质疑，所以中国住户收入调查团队根据国际通常用的标准并结合中国数据的可获得性，提出了一个更加综合的估算方法（岳希明、Terry Sicular，2017），即基于市场租金法对城乡居民自有住房折算净租金进行估算，认为住户报告的市场租金收入 R^M（如果自有住房在市场出租时能够得到租金额，为包含维修成本和房贷利息的总租金额），扣除掉维修成本 C 和按揭贷款利息支出 I，即为自有住房折算净租金，其公式为 $R=R^M-C-I$。而对于少数没有给出自估市场租金的农村住户，则利用估算公式：$R=i(V-M)-C-D-I$，其中 V 是自有住房的市场价值；M 是住房贷款余额；i 是长期借贷利率（可以使用30年国债利率）；C 是维修成本，D 为房产折旧。

(3) 福祉的定义。它是在卡恩的住户收入定义上，增加了给城乡居民带来实际福祉的社会保障和社会福利的市场价值。如果考虑到居民收入所具有的实际福祉，那么收入不仅要包含所有能够反映个人福祉差异的收入项目，以保证其内涵在不同人群中的一致性，而且要求货币收入应当具有相同的实物支配能力，即城乡之间和地区之间要具有可比性，亦即不同人群所获得的单位收入应该具有相同的购买力。一般认为，城镇居民所享有的各种社会保障和社会福利要远高于农村居民，因此没有考虑福利收入所估算的城乡差距肯定会被低估。另外，城镇地区的生活费用也要高于农村地区，城乡之间生活费用的这种差异也会导致收入比较时会低估农村居民收入而高估城镇居民收入水平，因此如果没有进行地区生活费用指数调整，城乡居民收入差距的

---

[1] 中国收入分配课题组（CHIP）从20世纪80年代末开始估计中国收入差距，大部分论文都使用了卡恩的收入定义，相关研究成果可见赵人伟等（1994）、赵人伟等（1999）、李实等（2008）。

估计结果可能会是上偏的。综合这两方面结果，李实、罗楚亮（2007）先估算了城乡居民所获得的隐性补贴，并在此基础上根据地区生活费用差异进行了收入调整，从中发现城镇居民所获得的各类隐性补贴远远高于农村居民，总体上将导致城乡居民收入差距进一步扩大。

另外，在同一个年度的不同区域内部，城乡之间、地区之间的生活费用可能存在很大不同，同一收入水平在不同地区间的实际购买力差异较大。如果不做调整而简单地计算，那么就必然会高估城乡收入差距，因为生活在城市的人群在具有高收入的同时，也具有显著更高的生活成本。所以，我们也利用地区生活支出价格指数来对收入进行第三次调整，即采用 Brandt 和 Holz（2006）的购买力平价方法来纠正地区间、省份间、城乡间的生活成本差异。总体来看，尽管对地区价格差异的调整会引起城乡差距的缩小，但经过价格指数调整的城乡居民收入差距水平依然非常之高（李实、罗楚亮，2007）。

2. 收入来源构成

按照我国目前的收入划分方法，收入主要由工资性收入、经营性收入、财产性收入、转移性收入和自有住房折算租金构成。

（1）工资性收入。是指就业人员通过各种途径得到的全部劳动报酬和各种福利，包括受雇于单位或个人、从事各种自由职业、兼职和零星劳动得到的全部劳动报酬和福利。[1]它既包括定期发放的计时计件劳动报酬、奖金、住房补贴、交通补贴、车改补贴、通讯补贴、冬季取暖费和防暑降温费等，也包括过节费、相当于现金的通用购物卡、加班工资或专门津贴、出国津贴、其他津贴；还包括在国外工作的出国津贴等；根据激励制度，与企业整体业绩挂钩而给付的专项奖金或现金奖励；以及在工作岗位上获得的佣金、赏金或小费。当然，工资按照收付实现制计算，只要是在调查期内实际得到的工资，无论该工资是补发还是预发，都应归为本期得到的工资收入；而本调查期内应得，但因拖欠等原因未得到的工资则不应计入。

---

［1］另外，工资应包括各种扣款，如工作单位代扣的应由个人承担的五险一金；以及单位在工资中代扣的房租、水费、电费、托儿费、医疗费、借款等，同时把所扣除的各项费用分别计入相应的消费支出或转移性支出中。工资不包括因员工或员工家属大病、意外伤害、意外死亡等原因支付给员工或其遗属的抚恤金和困难补助金，应该将其列入转移性收入中的社会救济和补助收入。

（2）经营性收入。是指经营毛收入扣除经营费用、生产性固定资产折旧、生产税净额（生产税－生产补贴），它可划分为农业经营性收入和非农业经营性收入。其中农业经营性收入，不仅包括传统粮食种植产品生产和销售获得的收入，也包括从渔业和畜牧业养殖所获得的收入。关于非农业经营性收入，它包括公司运营、城市商贩和农村店铺经营等获得的收入。值得注意的是，关于自有住房的出租收入究竟是该被定义为经营性收入还是财产性收入，过去一直存在一定的理论和实际争议，但国家统计局自 2012 年城乡住户一体化调查以来，统一把它归类为经营性收入，中国住户收入调查课题组也根据国家统计局的定义作了相应调整（见表 2.2）。因此，目前我国经营性收入中，既包括居民住户以营利为目的出租自有房产（住房、生产经营用房和办公用房等），也包括居民住户以营利为目的出租机械设备、汽车、各类文娱用品、专利、商标、版权、著作权等活动而获得的收入。

表 2.2　住户一体化改革前后农民收入定义变化

改革前	纯收入＝工资性收入＋经营净收入＋财产性收入＋转移性收入－税费支出－赠送农村亲友支出 人均纯收入＝纯收入/（农村居住时间超过半年人口＋住户中外出半年以上农民工）
改革后	可支配收入＝工资性收入＋经营净收入＋财产净收入＋转移净收入 人均可支配收入＝可支配收入/农村居住时间超过半年人口
改革前后差异	分母：不再包括住户中外出半年以上农民工 分子：（1）惠农补贴不再计入转移性收入，而是作为负的生产税计入经营净收入 （2）财产净收入中不再包括土地征地补偿 （3）转移净收入中扣除个人所得税、社会保障费、赡养支出等转移性支出 （4）调整了外出农民工寄带回收入的归类，只将农村外出从业人员寄回和带回的收入计入转移性收入

资料来源：许宪春（2015）。

（3）财产净收入。是指住户或住户成员将其所拥有的金融资产和自然资源交由其他机构单位、住户或个人支配而获得的回报并扣除相关的费用之后得到的净收入。财产净收入是由财产带来的收入，包括利息净收入、红利收入、储蓄性保险净收益和转让承包土地经营权租金净收入等。其中，根据前面叙述的标准，财产净收入不应包括将非金融资产（如住房、生产经营用房、机械设备、专利、专有技术、商标商誉等）交由其他机构单位、住户或个人支配而获得的回报，因为它应该计入经营净收入。财产净收入也不包括转让资产所有权的溢价所得，这应该计入“非收入所得”。随着居民收入水平的提高和财富积累的增加，财产性收入占居民收入的比重会越来越高。居民收入来源的多元化已成为当前社会的一种发展趋势，居民收入不仅来自其劳动收入，也越来越多地来自财产性收入。随着资本市场的进一步改革和开放，更多的老百姓有机会参与投资过程，因此住户自有的金融资产就能够获得更多的投资收益，其闲置的不动产也能获得更高的租赁收入，从而财产性收入在总体收入中的占比也在逐渐增加。

（4）转移性收入。是指国家、单位、社会团体对住户的各种经常性转移支付和住户之间的经常性收入转移。包括政府、非行政事业单位、社会团体对居民转移的养老金或退休金、社会救济和补助、政策性生活补贴、救灾款、经常性捐赠和赔偿以及报销医疗费等。住户之间的赡养收入、经常性捐赠和赔偿以及农村地区（村委会）在外（含国外）工作的本住户非常住成员寄回和带回的收入等也应算作是家庭转移性收入；住户与住户之间的现金馈赠也应被计入转移性收入，但是他们之间的实物馈赠则一般不纳入。另外，在转移性收入中，不包括行政事业单位人员未缴纳任何社会保险费而获得的离退休金和报销医疗费，也不包括国家为扶持农业进行的相关生产补贴等，如粮食直补、购置和更新大型农机具补贴、良种补贴、购买生产资料综合补贴、退耕还林还草补贴、畜牧业补贴等，这应视为第一产业经营活动中的生产补贴，即一种负的生产税，应被纳入经营性收入的估算中。

（5）自有住房折算租金。前面已经叙述过自有住房折算租金的计算过程，它是指自有住房的住户为自身消费提供住房服务的折算价值扣除缴纳的各项税费后得到的净租金。过去国家统计局一直没有把自有住房折算租金纳入居民可支配收入的定义，但从 2012 年住户一体化调查改革之后，国家统计局开始对城镇住户（包括流动人口住户）估计了自有住房折算净租金，并反映在这些住户的可支配收入之中。另外，在 2012 年以前，根据国家统计局的要求，土地征地补偿被统计成农户的收入，然而在 2012 年住户调查一体化之后，这部分又不被界定为农户收入（许宪春，2015）。

2.2.3　收入调整

在现有文献中，由于对收入的定义和界定标准不一，又由于采用的数据和分析方法不同，从而测算出的我国居民收入增长、居民收入分配差距及其变化趋势就有很大差异，相互之间也没有可比性，其中主要原因在于很多研究中都没有对家庭人均可支配收入进行一定的调整。从研究的角度考虑，只有明确了收入的界定标准，进行了合乎逻辑的收入定义调整，才能用来分析我国居民收入的规模、特征和增长，以及我国收入分配差距来源现状及其变化原因等相关问题。

1. 收入估算单位

在各种收入来源中，如工资性收入主要是以个体为单位，但是经营性收入、财产性收入和转移性收入通常以家庭为单位，因此在计算个体收入的时候，就会牵涉到家庭成员共同经营所获得的收入如何在个体间进行划分的问题。当然，在研究实践中，单纯研究个体总收入的情况并不多，大多数还是基于个体和家庭的各种收入来源进行加总，从而获得家庭总的可支配收入。但是，总收入如何进一步分配给每位成员又是一个问题，是简单平均分配还是按照消费能力等来分配，另外总收入固定的三口之家与六口之家所面临的生活境遇是不一样的，两者不能等同看待。为了简便，现有文献里基本上都是加总家庭所有成员的全部收入来源，从而得到家庭总的可支配收入概念。

2. 等值收入调整

如果要进一步计算家庭人均可支配收入，这里就会涉及家庭规模估算的问题。这里首先是关于家庭成员的界定问题，经济学一般把与家庭成员内部共享收入和支出的个体当作家庭成员，当个体因各种原因不再与家庭共享收支时则通常不被定义为家庭成员。在确定家庭规模之后，如何计算家庭人均收入又会遇到问题，一种算法是用家庭收入除以一个家户的实际人口数，从而得出户人均可支配收入，另一类算法不是用户收入除以一个家户的实际人口数，而是除以权重调整后的人口数。西方发达国家通常用等值算子（equivalencescale）来区分不同人口的实际收入和消费权重。比如欧盟统计局的做法是，把家户的第一个成年人赋权重为1，第二个及其他成年人赋权重为0.5，14岁及以下的儿童赋权重为0.3（Fiona et al.，1992）。当然不管是用哪种方法来计算，采用的都是家庭人均收入而不是个体收入来定义中等收入者，这是大家都认同的做法。

3. 估算周期

由于收入是流量，它存在按年、月或周为统计周期的区分，也即可支配收入可以按照实际工作时期，来计算年、月或周的家庭人均可支配收入。由于各国统计制度和监测系统的明显差异，往往会采用不同的估算周期，如美国就可以计算每一周层面的家庭人均可支配收入，但这在我国目前还做不到，最大程度上只能计算到月均层面的家庭人均收入。而且在中国的经验研究中，一般我们关心住户或家庭的月可支配收入，这也符合家庭收支的调查统计习惯，因此在实际研究中使用家庭月均可支配收入的应用最为广泛。当然，在一个更长的研究周期内，比如研究 1988—2018 年跨期 30 年的居民收入结构的变化趋势时，我们就会关注年均可支配收入的问题，而不会把收入调整为月均收入水平。

4. 物价因素

在使用较长时期数据或比较不同年份的收入增长和收入差距时，考虑到不同年份的收入购买力存在很大不同，因此大多数研究都需要根据物价水平对收入水平再次进行调整。即把所有其他年份的收入数据，都按国家统计局公布的居民消费价格指数（CPI）数据统一折算为某一年的收入，从而消除物价因素对收入的干扰，这样不同年份间的收入水平就更具比较性。在具体折算过程中，既可以使用一个简单的消费价格指数，也可以进一步区分为不同地区、不同城乡的消费价格指数，从而得到更为准确的收入估计。同样，如果要对同一年份在不同国家的收入数据进行比较，这可能还会涉及汇率价格的调整问题，这里既可以使用世界银行公布的购买力评价指数（PPP），也可以使用国际元把不同国家特定年份的收入数据统一调整为按美元计价的收入水平。

5. 权重调整

由于一般住户调查样本都不可能是全样本的调查，因此所抽取的样本还存在一个对全国样本的代表性问题。尤其是，通常民间的住户调查数据都不是在全国范围所有城区或县乡的调查，而只是选择了一些城市和农村样本做调查，所以需要对样本进行权重调整从而让它具有全国代表性。如 Song 等（2011）就采用了 3 级权重指标（地区、省份、城乡）来对收入变量进行调整，但是其总结认为利用中国住户收入数据（CHIP）进行估算时，是否加权并不会明显改变收入不平等的计算结果；但是也有研究利用中国家庭追踪调查（CFPS）数据发现是否调整权重对收入分配差距的估算结果具有显著影响（谢宇等，2014）。

2.3 测量指标

2.3.1 指标比较

测量收入不平等的指数主要分为四大类：收入分组、基尼系数、基于社会福利函数的不平等指数、基于信息理论的不平等指数等。

1. 收入分组

可以说，最为简单且直观的测量方法就是收入分组法，它把所有样本的收入水平根据大小进行排序，并按照研究需要分成两等分组、四等分组、五等分组、十等分组、百等分组等不同的形式。如在应用二值虚拟模拟进行微观计量的研究中，通常会把人群按照收入分为高收入和低收入人群，这时候就需要使用中位数点把样本进行两等分组；但在实践中两等分组通常过于简单，因此一些研究把人群按同样方法分为四等分组，如高收入、中高收入、中低收入及低收入组；但四等分组最大的问题是，偶数分组方法无法寻找到一个比较合适的参照对象，因此国家统计局一般把样本划分为五等分组，从而可以把最高或最低20%组与中间20%组进行比较，并由此分析收入分配结构的变化原因。米兰诺维奇在研究世界微观收入分配时，就把各国收入人群分成五等分组并计算了高低收入组与中间20%组的比率变化关系，发现全球收入分配差距的扩大，主要是富人收入过高而不是穷人收入太低所导致的。在微观计量研究中，由于样本量相对较大，因此研究人员可以进一步把每一年的样本分成十等分组，从而可以把不同年份的同一组进行连结，并由此获得每一组在不同年份的份额及其变化趋势。Gustafsson和Wan（2018）就利用十等分组把不同年份的截面数据重新调整，而获得了每一组在不同年份的对应准面板数据，由此进一步分解了收入差距的动态变化趋势及其原因。当然，最为细致的划分就是百等分组，这种方法通常只存在于微观大样本中，侧重分析高收入样本缺失或低估对收入不平等计算所带来的敏感性问题。如 Knight 等（2017）在对住户调查数据中常有的高收入样本缺失和收入数据低报所带来真实收入差距的再估算中，就侧重增加最高 1%和 5%的收入样本，由此模拟极端高收入样本对社会真实不平等水平的影响问题。

2. 基尼系数

从目前研究实践看，基尼系数是国际上最为通用的来衡量一个国家居民收入差距的常用指标，其计算方法为：$G=\sum_{j=1}^{n}\sum_{i=1}^{n}|y_i-y_j|/2n^2\mu$。其中，$n$ 为样本量，μ 为收入的均值，$|y_i-y_j|$ 为任何一对收入样本差的绝对值。一般来说，基尼系数介于 0—1 之间，基尼系数越大，表示不平等程度越高，它通常有几何图形和算术数字两种表达形式（图 2.1 展示了 1988—2013 年城镇工资差距的变化）。不管以哪种形式来呈现，基尼系数都因其客观性和科学性等特征成为全球各国研究收入分配时所共同认可的测量指标，尤其是基尼系数具备很多良好的特征，使得一个国家在不同时期可以比较，同时同一时期在不同国家之间也同样具有较好的可比较性。[1]

根据基尼系数的计算方式，会发现基尼系数的增长具有明显的非线性累积效应，即越往上增长就越难。虽然很多研究并没有发现基尼系数提高与社会稳定之间的负相关性证据，但是从世界银行对全球各国的观察来看，确实显现了一个关于收入差距与社会稳定的拇指法则，即基尼系数越大，则社会各种潜在不稳定性因素会明显增加，因此国际上也认为存在着基尼系数的社会警戒线问题。一般认为，基尼系数如果低于 0.2，则收入对社会成员的激

---

[1] 近年来，关于中国基尼系数的测量问题已引起了大量讨论。当然，如果回顾近年来关于基尼系数的所有争议，最核心的争论还在于中国的基尼系数是否得到准确测量的问题，而对于“基尼系数本身能否刻画收入差距”这一问题并没有任何质疑。正如标准差能够刻画离差这一事实一样，大家没有任何的怀疑，只是重点关注中国基尼系数的测算过程，比如是否考虑住房补贴和实物消费、名义价格是否调整等等。从这个角度来说，要挑战国家统计局的估算结果，应该从样本抽样、数据处理、变量定义等方面进行质疑，而不是重新创造或发明一个新的测量方法，因为这种做法不仅没有必要，而且难以有明显的学术价值增值。另外需要说明的是，大家热议基尼系数不在于否定基尼系数能够刻画收入差距本身，而是考虑怎样才能进一步改善它的应用范围。比如泰尔指数就具有完美的可分性，而基尼系数则没有，这就限制了基尼系数的使用范围，但这不是说基尼系数本身在刻画收入差距方面存在问题。

励不够，因此社会发展的动力就不足；如果高于 0.4，则属于收入分配差距过大范畴，因为大于这一数值容易出现社会动荡，因此普遍认为基尼系数在 0.3—0.4 之间是一个既能考虑社会激励又能考虑社会稳定的最优差距水平。从世界银行 WDI 数据库中发现，欧洲与中亚地区的收入差距平均基尼系数仅为0.306，大洋洲和西亚地区平均基尼系数为 0.326 和 0.334，而水平最高的是拉丁美洲，其平均基尼系数达到 0.485，同样较高的还有撒哈拉以南的非洲、东南亚和北美地区，其基尼系数分别为 0.446、0.422 和 0.406。另外，中国 2016 年的基尼系数为 0.465，属于收入差距很大的国家，已经成为世界上少数收入差距超过 0.4 国际警戒线水平的国家之一（万海远、袁畅，2015）。

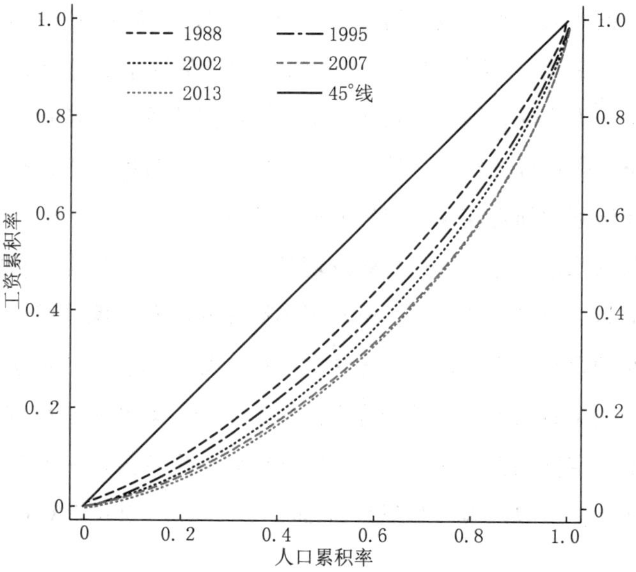

图 2.1　不同年份城镇工资的洛伦茨曲线

3. 阿特金森指数

阿特金森指数，是基于社会福利函数测度收入分配不公平的一种不平等指数，它是通过将社会的各个方面进行排序，从而展现社会的福利状况，并计算出人群间收入分布的差距。具体来看，它首先计算出一个等价敏感平均收入 y_ε（定义为如果每个人享受到了这样一个等价敏感收入时的社会总福利，相当于收入实际分布时具有的社会总福利值），ε 为不平等厌恶参数，取值范围是（0，+∞）。随着 ε 的增加，低收入人群的权重就越大，因此指数对于收入较低人群的变化比较敏感。阿特金森指数的计算公式为：$AT_{\varepsilon}=1-\frac{y_{\varepsilon}}{\mu}$，$y_{\varepsilon}=\left(\sum_{i=1}^{n}f(y_i)\cdot y_i^{1-\varepsilon}\right)^{\frac{1}{1-\varepsilon}}$；其中 μ 为平均收入，y_i 为第 i 人或组的实际收入或总收入，f（y_i）为第 i 人或组占总人口比例的密度函数；ε 为不平等厌恶参数（王薇，2013）。根据该参数的特征，则指数的取值范围在 0—1 之间，当社会收入分配越公平，则 y_{ε} 就越接近 μ，阿特金森指数就越小；反过来看，若阿特金森指数越大，则社会分配就越不公平。

4. 泰尔指数和泰尔零阶（MLD）指数

信息理论在于测量一件事情发生的不同可能性所带来的信息量，由此可以得出一件事情发生的平均期望信息量，也称之为熵。广义熵指数（Shorrocks，1980）的计算公式为：$GE(\alpha)=\frac{1}{\alpha^2-\alpha}\left(\frac{1}{n}\sum_{i=1}^{n}\left(\frac{y_i}{\mu}\right)^{\alpha}-1\right)$。其中，$n$ 为样本中个体的数量，y_i 为个体 i 的收入，参数 α 为给予收入不同组之间收入差距的权重，泰尔指数和 MLD 指数分别是广义熵指数中 $\alpha=1$ 和 $\alpha=0$ 的特殊值（刘志伟，2003）。即当 $\alpha=1$ 时的广义熵指数也称为泰尔指数（Theil，1967），计算公式为 $T=GE(1)=\frac{1}{n}\sum_{i=1}^{n}\frac{y_i}{\mu}\ln\left(\frac{y_i}{\mu}\right)$。泰尔指数是以人口份额为权重对居民平均收入与居民个体收入比值的对数求期望值，所以它一个重要的特征就是能很容易地在不同人群间进行分解（龙莹、谢静文，2015：47—53）。另外，当 $\alpha=0$ 时，则广义熵指数也称为 MLD 指数，或泰尔零阶指数、平均对数离差，计算公式为 $MLD=GE(0)=\frac{1}{n}\sum_{i=1}^{n}\ln\left(\frac{\mu}{y_i}\right)$。

5. 收入流动性指数

在收入分配的研究中，收入流动性关注的是个体从一个时期到另一个时期收入状态的变化。在收入流动性的研究中，转换矩阵的应用非常普遍，由此可以衍生出加权平均移动率、惯性率、亚惯性率和开方指数等 4 个基于收入转换矩阵的收入流动性指数。在收入转换矩阵中，元素 p_{ij} 表示初期处于第 i 收入组的人，在末期位于第 j 收入组的概率。一般根据样本会将收入由低到高划分为 n 等分组，标出每个样本在初期和末期所处的位置，计算出初

期每一收入组人数中，在末期位于各收入组的人数比重，从而得到收入转换矩阵。根据定义，$\sum_{j=1}^{n} p_{ij}=1$。基于收入转换矩阵，Shorrocks（1978）提出了矩阵迹指数：$M(P)=[n-\text{trace}(P)]/(n-1)$，其中 n 为分组数，trace（P）代表收入转换矩阵 P 的迹，即转换矩阵对角线元素之和。除了关注转换矩阵对角线上的元素，Atkinson 等（1991）提出流动性指数还应考虑与对角线相邻的元素，度量位置相对稳定人群所占比重，即收入位置维持不变或移动一层的比例，即为 $\frac{1}{n}\sum_{i=1}^{n}\sum_{j=i-1}^{i+1} p_{ij}$，这一指数侧重的是不流动性的程度；为了充分考虑其他远离对角线的元素，Atkinson 等（1991）还提出了平均移动率，以移动的幅度为权重对移动概率进行加权平均，即 Average Jump $=\frac{1}{n}\sum_{i=1}^{n}\sum_{j=i-1}^{i+1} |j-i|\times p_{ij}$，其中 i 表示初始年的收入组，j 表示终止年的收入组（杨穗、李实，2016）。以此为基础，由此可以计算加权平均移动率以移动的幅度为权重对移动概率进行加权平均：$\frac{1}{n}\sum_{i=1}^{n}\sum_{j=1}^{n} |j-i|\times p_{ij}$；惯性率度量位置不变的人所占的比重，是收入转换矩阵对角线上元素的算数平均值：$\frac{1}{n}\sum_{j=1}^{n} p_{jj}$；亚惯性率度量位置相对稳定的人所占的比重，即收入位置维持不动或移动一层（向上或向下）的比例：$\frac{1}{n}\sum_{i=1}^{n}\sum_{j=i-1}^{i+1} p_{ij}$。总的来看，矩阵迹指数和平均移动率的数值越大，度量的收入流动性越高。而且，加权平均移动率越大，惯性率、亚惯性率和开方指数就越小，收入流动性就越高（尹恒、李实、邓曲恒，2016）。

2.3.2 指标应用

1. 不同指标的比较

在常用的收入差距测量指标中，包括基尼系数，收入最高的 20%群体与最低 20%群体的收入比最为常用，因此也经常被用来测量一国收入差距水平，或比较收入差距水平变化及进行国际比较。但除了这几个指标外，还有如泰尔指数、收入流动性指数等也可以作为替代指标来验证收入分配差距水平及其变化趋势。另外，如贫困发生率、居民收入增速、财产性与工资性收入比及洛伦茨曲线等也可以用来辅助判断居民收入分配格局的变化。

一般来说，收入分组的方法最为简单实用，而且对所有不具备专业知识的社会公众也都具有完全的可理解性；同时在行政部门的统计中，也具有较大的参考价值，只要计算不同分位组之间的比率关系，就能判断收入差距扩大的原因主要来自高收入过高还是低收入过低。在我国几十年的政策实践中，以“调高、扩中、提低”为核心的收入再分配政策体系中，简单的收入分组法能够直接给出政策的着力方向，因此具有显著的直接应用价值。

在相对较为专业的指标中，基尼系数应该最为常用。它具有容易理解且表达直观的优点，而且基尼系数背后与洛伦茨曲线直接相关，可以用直观的图形来判断基尼系数大小及其变化趋势；它还有一个显著的优点，即可以对不同收入来源的差距进行分解，并分析收入差距扩大的成因，因此基尼系数成为测量不平等程度应用最广泛的指数。然而其缺点在于，收入分布不同部分的变化对基尼系数的影响有差别，而且基尼系数分解法无法对不同人群进行分解。如收入差距较小的群体，其收入之间的转移变化引起基尼系数的增减差异，要大于收入差距比较大群体之间的收入转移，这就使得富人收入转移到中间阶层所引起的基尼系数的下降，将大于富人收入转移到穷人中所引起的基尼系数下降，而在实践中，后者才是社会收入分配更加公平的表现。

作为一种补充，泰尔指数比基尼系数具有以下几个更好的特征。如泰尔指数具备完美的可分解性，能够把所有的收入分配差距水平分解到不同人群上去，能够对组内和组间差距进行完美分解。比如在中国的应用中，由于城乡差距一直是我国收入差距的最主要来源，而城镇内部、农村内部的各自差距占比为多少，城乡之间差距占比又为多少，就成为关注的焦点；在这一点上，泰尔指数就能够简单地进行分解测算；另外，泰尔指数比基尼系数更大的一个优点是，它对高收入群体的收入变化更加敏感，因此在由高收入群体收入过高而导致收入差距偏大的地区会更加适用。比较来看，泰尔指数赋予高收入阶层较大的比重，对于高收入阶层的收入变化比较敏感；相对来看，MLD 指数则给予低收入组较大的权重，因此对低收入阶层的收入变化会比较敏感。当然，除了这些指数外，还有方差指数 CV，它是衡量各观测值变异程度的另一个统计量，它等于收入的标准差除以收入平均值，因此又称变异系数或标准差率。当收入平均值相等时，则可以直接利用标准差来进行比较。从定义可以看出，CV指数比较适合反映单位均值上的离散程度，常用在两个总体收入均值不等的离散程度的比较上。

总的来看，因为不同指标都有其各自的优缺点，而且又不能为其他指标所完全替代，因此在收入分配差距的研究实践中，这几个指标会同时使用。在表2.3中，Gustafsson和Wan（2018）对中国城镇居民工资收入差距的变迁进行了估算，也提供了不同指标下不同年份的估算结果。从结果来看，如果把收入分成百等分组，那么最高90与最低10分位组的工资倍数关系，会从1988年的2.807倍持续上升到2013年的6.218倍，说明工资差距水平在持续扩大。同样，如果把测算指标换成更加综合性的基尼系数，也会发现基本一致的结论，即基尼系数会从1988年的0.230持续稳定地提高到2013年的0.384。当然，用泰尔指数、平均对数离差或方差指数，也会得到同样类似的结果，即我国城镇居民的工资差距水平在持续扩大。

表2.3 工资不平等的变化趋势（1988—2013年）

指　数	1988年	1995年	2002年	2007年	2013年
P90/P10	2.807	3.881	5.013	6.113	6.218
GINI	0.230	0.301	0.345	0.379	0.384
Theil	0.098	0.190	0.202	0.245	0.263
MLD	0.102	0.167	0.213	0.250	0.282
CV	0.500	0.640	0.702	0.788	0.871

注：使用加权样本。
资料来源：作者基于CHIP调查计算；Gustafsson和Wan（2018）。

2. 不同指标的分化

近年来，关于我国收入差距变化趋势的判断出现了若干争议，这使得社会政策导向的主张也出现了很大分歧。在2009年以前，衡量收入差距的不同指标都说明我国收入差距呈现出持续扩大的趋势，然而从2009年以后，衡量收入差距的不同指标之间却出现了明显分化，不同的研究结果之间甚至相互矛盾。判断收入分配变化至少应该包括这几个指标：居民收入增速、收入最高和最低10%人群的收入比、财产性与工资性收入比、劳动收入占比、基尼系数、收入流动性等，涉及工资差距、收入差距和财产差距三个方面（见表2.4）。在过去，这6个指标在三大方面都呈现一致的发展态势，因此关于我国收入分配发展趋势的判断也就相对简单。然而，从2009年以来，这几个指标在收入分配领域却出现了完全相反的走势，对我国收入分配发展趋势的判断因而出现了争议。从收入差距的基尼系数指标来看，从 2008 年的 0.491 开始连续 7 年下降到 2015 年0.462。[1]然而，从农村居民高低收入组间比率来看，我国收入差距水平从 2010 年的 7.51 持续提高至 2015 年的 8.43（国家发改委就业分配司、北京师范大学中国收入分配研究院，2016）。另外，从财产性与工资性收入比率等指标来看，由于居民财产存量的高速增长，使得财产性收入快速提高，全国财产性收入占比也从 2009 年的 2.3%提高至 2015 年的 7.9%（国家发改委就业分配司、北京师范大学中国收入分配研究院，2017），由此近年来的财产性与工资性收入比率持续提高。另外，从收入差距的阶层流动性、代际相关性等指标来看，我国近年来分配差距水平也有一定的扩大趋势。在当前的经济现实下，低收入群体翻身加入高收入阶层的可能性在降低，故收入流动性在下降。有研究表明，2010 年和 2012 年家庭收入地位对子代收入地位的影响相比 2008 年均显著上升，居民收入的代际相关系数从 2009 年的 0.46 提升至 2013 年的 0.51 和 2015 年的0.52（阳义南、连玉君，2015）。这说明社会上层封闭性增强，社会下层向上流动的机会日趋减少。

表 2.4　2009 年以来我国分配领域不同指标的分化

		分配指标或角度	工资差距	收入差距	财产差距
6 大分项指标趋势	1	居民不同群体增速趋势	略缩小	缩小	显著扩大
	2	最高和最低 10%收入比趋势	扩大	扩大	显著扩大
	3	财产性与工资性收入比率	—	扩大	—
	4	劳动报酬占比趋势	略提高	提高	—
	5	基尼系数趋势	略扩大	略缩小	显著扩大
	6	阶层流动性趋势	缩小	缩小	缩小
2 个综合判断	1	当前存量水平	中	高	高
	2	综合近年走向	基本稳定	高位徘徊	显著提高

注：在对“当前存量水平”的判断中，分配差距高是指差距水平在全球排在最高的 10%之列，而“中”是指差距水平排全球所有国家中的 50%左右。

[1] 国家统计局：《2003—2016 年全国居民人均可支配收入基尼系数》，http：//www.stats.gov.cn/ztjc/zdtjgz/yblh/zysj/201710/t20171010_1540710.html。

近年来我国农村居民收入增速高于城镇居民，城乡差距进一步缩小，这在很大程度上导致我国收入差距水平出现缓和的趋势。然而，并不能由此简单判断我国未来的收入差距水平会稳定下降。当前在收入分配领域，只有“收入差距基尼系数下降”与“劳动收入占比上升”这2个指标出现好转，而其余4个指标则不但没有出现改善，反而在很大程度上出现了恶化趋势，包括“居民收入增速稳步下滑”“高低收入比逐渐增加”“财产性与工资性收入比明显上升”和“收入流动性快速下降”，甚至收入分配前端和后端的“工资差距”和“财产差距”都存在显著提高的趋势。综合来看，虽然基尼系数出现缩小倾向，但不能简单认为我国收入分配差距会持续降低。

2.4 分解方法

2.4.1 按收入来源分解

1. 按收入来源和收入构成

Lerman和Yitzhaki（1985）提供的方法认为，对于以基尼系数来衡量的收入差距水平可以把整体差距分解到不同收入来源上去，根据前面基尼系数的计算公式，可以把基尼系数分解为$G_t=\sum_{j=1}^{J}\theta_j C_j$，其中$\theta_j$为单项收入来源占总收入的份额，而$C_j$为单项收入的基尼系数。根据这一分解公式，我们可以把家庭总体收入分配差距，分解到不同收入来源的不平等上。如Stark等（1986）就首次利用这种方法，把家庭人均总收入分解到工资性收入、财产性收入、经营性收入、转移性收入中，并特别把外出务工成员的汇款作为家庭收入来源，由此考察了汇款在收入差距中的重要贡献。同样Gustafsson和Wan（2018）利用1988—2013年的数据，分解了城镇职工所有劳动报酬中，属于与政策相关的“五险一金”政策对职工劳动收入差距的影响程度。而表2.5则提供了2013年城镇职工劳动报酬差距的来源分解，发现基础工资差距是总劳动报酬差距的主要原因，而这主要是由于基础工资在整体劳动报酬中的份额占比偏高所带来的。

表 2.5　2013 年城镇职工所有劳动报酬差距来源分解

劳动报酬来源	单项收入占总收入的份额	单项收入的基尼系数	单项收入与总项收入排序的相关性	单项收入不均等占总收入不均等的份额	单项收入变化1%带来总项收入差距的影响（%）
基础工资	0.811 5	0.380 3	0.969 3	0.779 3	−0.032 3
企业代缴养老金	0.098 6	0.604 3	0.757 4	0.117 6	0.019 0
企业代缴健康保险	0.039 1	0.622 7	0.665 6	0.042 2	0.003 1
企业代缴失业保险	0.005 5	0.770 6	0.664 8	0.007 3	0.001 8
企业代缴其他保险	0.002 0	0.927 4	0.609 2	0.002 9	0.000 9
企业代缴公积金	0.044 6	0.604 6	0.732 7	0.051 5	0.006 9
总劳动报酬		0.383 9			

2. *方差分解*

估计解释性因素对收入所采用的计量方法，大多为回归分析、相关分析等，从中可以发现决定收入的显著变量，但不能估计这些变量对收入差距贡献的比重，而因变量方差分解法则可以用来估计自变量对因变量方差的贡献，从而分解各个因素对收入差距的贡献占比（Ohtake and Saito，1998），具体的估算方程为：$\mathrm{var}(y_1+y_2)=\mathrm{var}(y_1)+\mathrm{var}(y_2)+2\mathrm{cov}(y_1,\ y_2)$。其中，曲兆鹏、赵忠（2008）采用 CHIP 1988 年、1995 年和 2002 年三年的微观数据，利用方差分解和回归分解方法，具体分析了老龄化对不平等变化的影响，从而将我国农村总的收入不平等分解为出生组间不平等、出生组内不平等和老龄化效应。表 2.6 的结果发现，出生组内不平等是总体不平等变化的主要原因，因为与组内效应相比，两个时期的组间效应都很小。这说明我国农村不平等在 1988—2002 年的变化，主要表现为在同一出生组内部老年人和年轻人之间差距的拉大（曲兆鹏、赵忠，2008）。

表 2.6　使用方差分解来分析收入不平等

收入对数方差	1988—1995 年	1995—2002 年	1988—2002 年
总体变化	0.070 7	0.041 4	0.112 2
人口效应	0.001 5	0.000 7	0.001 0
组内效应	0.068 9	0.042 4	0.105 1
组间效应	0.002 2	0.001 7	0.003 3

资料来源：曲兆鹏、赵忠（2008）。

2.4.2 按人群组分解

1. 泰尔指数或 MLD 指数分解

除了把收入不平等归因于不同的收入来源渠道，还可以把整体收入差距分解为不同的人群，如城乡之间、地区之间、行业之间、男女之间和不同的文化程度之间，从而把整体收入差距分解为两方面，即组内差距和组间差距。以比较常见的泰尔指数为例，它可以表述为：

$$T=\frac{1}{n}\sum_{i=1}^{n}\frac{y_i}{\bar{y}}\log\left(\frac{y_i}{\bar{y}}\right) \tag{2.1}$$

其中 T 为收入差距程度的测度泰尔指数，y_i 与 $\bar{y}$ 分别代表第 i 个体的收入和所有个体的平均收入。泰尔指数作为收入不平等程度的测度指标具备良好的可分解性质，即将样本分为多个群组时，泰尔指数可以分别衡量组内差距与组间差距对总差距的贡献。假设包含 n 个个体的样本被分为 K 个群组，每组分别为 $g_k(k=1,\ 2,\ \cdots,\ K)$，第 k 组 g_k 中的个体数目为 n_k，则有 $\sum_{k=1}^{K}n_k=n$，y_i 与 y_k 分别表示某个体 i 的收入份额与某群组 k 的收入总份额，记 T_b 与 T_w 分别为群组间差距和群组内差距，则可以将泰尔指数分解如下：

$$T=GE(1)=T_b+T_w=\sum_{k=1}^{K}y_k\log\frac{y_k}{n_k/n}+\sum_{k=1}^{K}y_k\left(\sum_{i\in g_k}\frac{y_i}{y_k}\log\frac{y_i/y_k}{1/n_k}\right) \tag{2.2}$$

从式（2.2）可以知道，泰尔指数的分解结果非常干净，仅保留为组内 T_w 和组间差距 T_b 这两项。同样，对于 MLD 指数来说，它也可以分解为：

$$\begin{aligned}MLD=GE(0)&=\frac{1}{n}\sum_{i=1}^{n}\log\left(\frac{\mu}{y_i}\right)\\&=I_w+I_b=\sum_{g=1}^{G}\frac{N_g}{N}\left[\sum_{i\in s_g}^{n}\frac{1}{N_g}\log\frac{\bar{y}_g}{y_i}\right]+\sum_{g=1}^{G}\left[\frac{N_g}{N}\log\frac{\bar{y}}{y_g}\right]\end{aligned} \tag{2.3}$$

其中 n 为在样本中个体的数量，N_g 为 g 组的人口数，且有 $N=\sum_{g=1}^{G}N_g$；$\bar{y}_g$ 为 g 组的人均收入，y_i 为第 i 个样本的收入，参数 α 代表给予收入分配不同组之间收入的差距的权重。利用泰尔指数或 MLD 进行人群分解的文献比较常见，如李实等（2008）就对城乡和地区间的差距进行了分解，表 2.7 的结果发现城乡之间不平等能够解释整体收入差距的 50%左右，而且在 1988 年至 2002 年间持续提高。

表 2.7　按城乡分解的收入不平等结果（按平均对数偏差；单位：%）

	1988	1995	2002
农村内不平等	53.8	43.7	36.1
城镇内不平等	9.7	15.3	17.8
城乡之间不平等	36.5	41.0	46.1
合　计	100	100	100
全国平均对数偏差	0.274 2	0.363 6	0.376 5

资料来源：李实、史泰丽、古斯塔夫森（2008）。

2. Oaxaca-Blinder *分解方法*

国际上对于组间工资差距的分析主要采用的方法有 Oaxaca（1973）分解和 Brown 等（1980）分解两种。其中，Oaxaca 分解旨在将组间差距分解为可以解释的和不可解释的两部分。根据该方法，首先需要分性别估计工资决定机制，把决定机制中系数差异带来的工资差距称为不可解释的，并一般认为是歧视作用的结果。Brown 分解则先把组间差距分为部门之间分布差异所带来的和部门内部带来的差异，并将其分别分解为可以解释的和不可解释的差异。Oaxaca 方法的原理可以表述如下：男性劳动力的平均工资记为 $\bar{Y}_m$，女性劳动力的平均工资记为 $\bar{Y}_f$，那么性别之间的工资差距为 $\bar{Y}_m - \bar{Y}_f$，其中，X 是工资方程中所有解释变量的向量，β 是这些解释变量的估计系数组成的向量，下标 m 和 f 分别表示男性组和女性组。此时，性别工资差异 $\bar{Y}_m - \bar{Y}_f$ 可以被分解成两个部分：$\bar{Y}_m - \bar{Y}_f = \widehat{\beta}\bar{X}_m - \widehat{\beta}\bar{X}_f = \widehat{\beta}_m(\bar{X}_m - \bar{X}_f) + \bar{X}_f(\widehat{\beta}_m - \widehat{\beta}_f)$，其中 $\widehat{\beta}_m(\bar{X}_m - \bar{X}_f)$ 是两个性别组之间的个人或就业特征差异带来的工资差异，通常被称为可以“解释的成分”或“非歧视成分”，$\bar{X}_f(\widehat{\beta}_m - \widehat{\beta}_f)$ 或是两个性别组工资方程或收入方程的系数差异带来的工资差异，通常被称为“不可解释的成分”或“歧视成分”（李实、宋锦、刘小川，2014）。在实际使用 Oaxaca 方法估算时，通常使用最小二乘法（OLS）来估计工资函数方程，并得到每个可解释和不可解释部分的大小。表 2.8 中，李实、宋锦、刘小川等（2014）就分解了不同时期个体或市场禀赋特征即可解释因素，在解释总体工资差距变化中的作用，发现禀赋因素可以解释2002—2013年工资差距变化的17.9%，其中主要来自教育的扩张和劳动力市场中的所有制结构变迁等。

表2.8 使用Oaxaca方法分解工资差距（%）

年份	1988—1995	1995—2002	2002—2007	2007—2013	2002—2013
性别	0.06	0.29	−0.11	0.39	0.16
教育	0.70	3.79	7.57	0.25	13.67
工作经验	4.50	1.39	−0.59	−2.19	−3.08
婚姻	3.61	0.05	−0.06	−0.24	−0.30
民族	0.06	0.01	−0.00	0.02	0.06
政治面貌	0.02	0.56	20.46	30.09	−0.37
省份地区	8.27	4.60	−3.52	1.88	−0.53
所有制	1.19	1.98	0.52	−3.37	7.97
行业	0.59	4.16	−0.01	−0.20	0.74
职业	6.62	−0.06	0.07	−1.05	−0.40
总体禀赋	25.62	16.78	24.31	25.58	17.90

注：(1)因变量为工资对数，并调整至2013年，也加权至全国；(2)上表仅为工资差距的禀赋特征解释程度。

资料来源：李实、宋锦、刘小川等（2014）。

2.4.3 按解释要素分解

1. 基于回归分解

传统意义上，对收入差距的分解是按照人群组或收入分项来源进行的，这里通常存在两个问题。第一，研究者只能根据离散变量（如性别、地区、行业）来分解收入差距，而很难对连续变量进行分解。第二，如果自变量和因变量存在相关关系，则不可能对收入差距进行分解。基于回归模型的分解技术则解决了这个问题（Shorrocks，1999；Morduch and Sicular，2002；Wan，2004）。该方法的基本思想是首先获得回归方程中一个自变量的平均值，然后把该自变量的平均值和其他自变量的实际数据一起放进回归方程中进行回归，从而估计出收入变量并计算相应的收入差距指标。因为采用这样的方法所计算出的收入差距指标并不包含该变量对收入差距的影响，因此计算出的收入差距指标与根据实际数据计算的收入差距指标的差值就是该变量对整体收入差距的贡献。[1]

万海远和李实（2014）通过基于回归方程的沙普利（Shapley）值分解方法（见表 2.9），估计了社会关系网因素对农村收入差距的贡献率，发现关系网络能够解释整体收入不平等程度的 11%，贡献程度列第 4 位，排在资产、家庭特征与村庄固定效应之后。基于同样的方法，也有研究估计了各个因素对城镇职工工资差距的贡献程度，发现个体工作经验和受教育程度能够解释整体工资差距的 65%左右（Gustafsson and Wan，2018）。

表 2.9　基于回归的工资差距分解

	1988	1995	2002	2007	2013
性　别	6.43	10.00	6.18	13.74	9.46
教　育	8.68	19.93	24.98	35.65	38.55
经　验	36.59	22.18	4.99	2.71	4.50
经验平方	20.95	14.41	3.12	2.54	3.88
婚　姻	0.00	8.90	3.57	3.11	2.45
民　族	0.04	0.60	0.08	0.25	0.12
政治面貌	10.62	8.10	9.93	0.00	6.22
所有制	7.04	0.68	4.75	15.06	12.10
职　业	8.51	13.04	35.14	19.91	13.75
行　业	0.68	1.55	7.03	3.11	1.26
省份地区	0.48	0.62	0.23	3.91	7.71
总　体	100.0	100.0	100.0	100.0	100.0

注：(1) 因变量为工资对数，并调整至 2013 年，也加权至全国；(2) 表中采用基于回归的分解方法；(3) 由于 1988 年婚姻指标和 2007 年政治面貌指标缺失，因此贡献率为 0。

资料来源：万海远、李实（2013）。

2. 基于残差分解

残差收入指的是工资回归方程的残差，它是劳动者收入中无法由可观测的劳动者个体特征（如受教育程度、工作经验等）解释的部分。虽然目前对收入不平等的研究非常丰富，但大部分文献都忽略了残差收入中所蕴含的大量信息，在一定程度上将回归残差看作一个“黑匣子”，而没有进一步加以

[1] 该方法的好处是它适用于任何形式的收入函数和测量收入差距的任何指标，而不像大多数传统研究那样需要依赖线性收入函数和基尼系数指标。更重要的是，沙普利值法可以有效地解决常数项和残差项对收入差距的贡献问题，而且也能有效地解决连续变量的分解问题。

剖析。与收入不平等相对应，“残差收入不平等”指的是残差收入在不同劳动者间分布的均匀程度。残差收入不平等有时也被称为“组内收入不平等”，它衡量了具有相同可观测个体特征的劳动者的收入不平等状况（徐舒、朱南苗，2011）。

李实等（2017）为了分析残差不平等，首先用工资对教育、性别、工作经验以及各个变量的交互项和地区虚拟变量进行 OLS 回归，得到残差值。表 2.10 展示了工资残差不平等的总体情况，由不同群体内部工资差距加权而得。从结果可以发现，在去除不同群体之间的工资差距后，工资不平等程度仍然严重，并且在 1995—2013 年间不断加剧。残差工资差异约占工资总差异的三分之二（用方差来衡量）（李实、吴珊珊、邢春冰，2017）。同样，Gustafsson 和 Wan（2018）采用残差分解的方法，计算了组内不平等对总体收入不平等贡献的变化情况，从图 2.2 可以发现收入水平越高的群体，则组内不平等的贡献率就越大。

表 2.10　1995—2013 年对数工资的均值、各分位点、方差以及残差

	1995	2002	2007	2013
均值	8.952	9.513	9.995	10.371
中位数	8.995	9.570	10.017	10.440
P10	8.279	8.722	9.095	9.477
P90	9.576	10.273	10.874	11.305
P50—10	0.716	0.848	0.921	0.963
P90—50	0.581	0.703	0.858	0.866
P90—10	1.297	1.550	1.779	1.829
方差	0.326	0.443	0.491	0.722
残差不平等				
P50—10	0.549	0.705	0.714	0.785
P90—50	0.496	0.592	0.654	0.682
P90—10	1.045	1.297	1.367	1.467
方差	0.224	0.330	0.322	0.528

注：表中把住户对数工资从低到高进行排序并进行一百组等分，其中 P10 是指较低的第 10 分位组对应的对数工资水平，以此类推得到 P50、P90 等。其中，P90—50 就是指第 90 分位的对数工资与第 50 分位的对数工资之比，以此类推得到其他比例值。

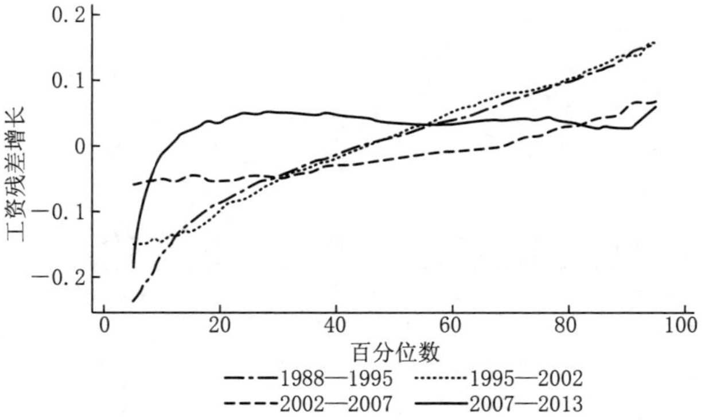

图 2.2　工资残差的增长与分配

资料来源：Gustafsson 和 Wan（2018）。

注：(1) 因变量为工资对数，并调整至 2013 年，也加权至全国；(2) 以对数工资为因变量进行回归，并预测了不能被解释变量所解释的部分，且将其定义为残差。

第 3 章　收入分配格局的长期变化

中国经济转型经历了 40 年，至今仍是进行时。中国经济转型的 40 年是经济快速发展的 40 年，也是中国经济发生翻天覆地变化的 40 年。在此期间，中国从一个人均收入不足 200 美元的低收入经济体成长为一个人均收入超过 8 000 美元的经济体。这在人类历史上是不多见的。中国经济增长的奇迹，以及由此引发的“中国道路”“中国模式”，成为国内外学者研究的一个热门课题。

中国经济的高速增长带来了居民收入水平的普遍提高，两者可以说是同步提高的。与改革开放前 30 年相比，这是一个主要的特点。在 1949—1978 年期间，经济增长率大大高于居民收入增长率，说明老百姓并没有从经济增长中获得相应的好处。根据国家统计局的数据，1952—1978 年期间中国经济的年均增长率为 6.7%，而居民人均收入的年均增长率不足 2%。即使扣除人口增长的因素，居民收入增长也比经济增长低 3—4 个百分点。而在改革开放的 40 年中，GDP 的年均增长率为 10%左右，居民收入增长率则在 11%左右，要略高于经济增长率。从这个意义上讲，改革前 30 年的经济增长是一种非包容性的增长模式，是一种不顾及民生的增长模式。这也说明了中国经济转型的必然性。

中国长期的经济转型和发展同时带来了收入分配格局的巨大变化。一方面表现为收入差距的扩大，城乡收入差距、地区收入差距、行业收入差距、职业收入差距、不同人群之间收入差距都有着明显的扩大；另一方面，收入分配的规范和原则发生了变化，收入分配的机制发生了变化。这些变化既有积极的方面，也有消极的方面。应该看到，收入差距的扩大具有一定的必然性，它是经济转型的一种必然结果。在传统的计划经济体制中，收入分配制度受制于所有制结构、产业结构、就业结构和劳动人事制度。实行平均主义的分配方式既是实行计划经济的需要，也是保证计划经济运行的必要条件之一。平均主义的分配模式只是一种形式上的平均分配，而实质上是一种不公平分配，因为它是通过一种行政强制的方式将“多劳者”的成果转移给“少劳者”或“不劳者”。

在经济转型过程中，随着工资和收入分配不再由政府统一控制，收入分配的机制更加分散化、企业化、个体化，或者说更加市场化，收入差距也就出现了不断扩大的过程。应该看到，收入分配制度的变迁产生了一定的激励作用，激发了各类人群参与经济活动的积极性，致富的热情空前高涨，构成了经济长期高速增长的微观基础。不可否认，在不断扩大的收入差距中，由于社会普遍认为的不公平和不合理的因素也在发挥着作用，收入分配不公问题变得日益凸显，引发了社会不满。中共十九大报告提出了我国新时期的主要矛盾是“人民日益增长的美好生活需要和不平衡不充分的发展之间的矛盾”。“不平衡”包含很多方面的不平衡，其中之一是收入差距过大问题。而且，十九大报告对当前的收入分配状况给予一种基本判断，认为“城乡区域发展和收入分配差距依然较大”。这一判断反映了过去和当前中国收入分配的基本状况。这也意味着解决收入差距过大的问题仍将是未来党中央的重要任务之一。

放在国际背景下来看，收入差距扩大并不是中国所特有的现象，在过去几十年中世界上大多数国家都出现了不同程度的收入差距扩大问题。经合组织（OECD，2011）近期出版了一份研究报告：《我们处于分裂之中：为什么收入差距持续上升？》（*Divided We Stand*：*Why Inequality Keeps Rising*），对15个OECD国家的收入差距变化进行了分析，其结果显示，在20世纪80年代中期至90年代中期，14个国家的家庭可支配收入的基尼系数出现了上升，平均上升幅度为14%；从20世纪90年代中期至2005年前后，15个国家中有9个国家的家庭可支配收入的基尼系数出现了上升，只是上升幅度有所减缓。当然，这并不意味着中国收入差距的扩大及收入分配不公问题具有必然性和正当性。我们应该看到，中国收入分配的不平等程度不是世界上最高的，但是其收入差距的扩大速度却是惊人的。可以说，中国在 40 年时间内从一个平均主义的社会转变成了高度不平等的社会。而现在的主要任务是降低收入分配差距，实现社会公平的发展目标。对此，中共十九大报告提出了明确的要求。

从收入差距的变化来看，2008 年可以看作一个分界点。在此之前，收入差距基本上处于一个不断扩大的趋势。对此，学术界是毫无争议的。包括官方数据在内的一些相关研究都认为在经济转型的前 30 年是收入差距扩大的时期。[1]对于这一时期收入差距变化的特点及其背后的原因，本书会专门加以论述。在 2008 年之后，收入差距出现了什么变化，学术界并没有形成统一的认识。而且，在对收入差距的估计上也存在着很大的差异。不同学者估计出来的收入差距的基尼系数相差甚大，有的甚至超过了 10 个百分点。我们对 2008 年后收入差距变化的判断是这样的：收入差距处于一个相对稳定期，在此期间收入差距会出现短期的波动，既不可能出现长期持续的下降，也不会出现长期持续的扩大。出现这种情况与经济发展的阶段和政府公共政策的作用分不开。特别是，2003 年以来，中国政府在抑制收入差距扩大方面做出不少努力，出台了各种相关的政策，在收入分配制度改革方面也做了一些尝试。这对于扭转收入差距上升的势头起到了一定的作用。

影响收入分配格局变化的因素有很多。既有经济转型方面的因素，又有经济发展方面的因素，也有经济和社会政策方面的因素，还有人口和家庭结构变化方面的因素。在不同时期，几个方面因素的影响有所不同，它们的相对重要性也有所不同。本章试图从以上几个方面对中国收入分配格局的 40 年变迁做出解释，由于这是一个十分复杂的问题，在解释上难免会挂一漏万。即便如此，做出一定的尝试也是必要的。

我们看到，中国收入分配格局的长期变化有其特点。首先，收入差距扩大过程中没有出现两极分化的现象。虽然出现了高收入人群的收入越来越高

---

[1] 有关这一时期的研究见赵人伟、格里芬（1994）；赵人伟、李实、李思勤（1999）；李实、史泰丽、古斯塔夫森（2008）；李实、佐藤宏、史泰丽（2013）。

的状况，但是没有出现低收入人群收入越来越低的情况。也就是说，收入差距的扩大是因为高收入人群收入增长快于低收入人群，而低收入人群收入的增长幅度相对较小。过去40年中，中国农村贫困人口大幅度减少的事实也证明了这一点。这一点很重要。在经济增长的过程中保持低收入人群的收入增加，有助于提高低收入人群对经济发展成果的获得感，以及对收入差距扩大的容忍度。这进一步说明了，中国在收入差距扩大过程中能够保持一种相对的社会稳定与这种收入分配格局变化的特点有很大关系。其次，中国的就业优先政策对于缓解收入差距和贫困具有重要的作用。就业是民生之本，也是稳定收入之道，更是消除贫困之策。21世纪以来，中国政府坚持实施就业优先的发展战略无疑起到了抑制收入差距扩大的作用。最后，政府的公共社会政策起到了缓解收入分配中的一些矛盾的作用。特别是过去10多年中不断推出的带有普惠特点的社会保障政策，针对贫困家庭和低收入群体的社会救助政策，针对落后区域的地区发展政策和惠农政策。这些政策的收入再分配效果已经发生了作用，在未来阶段随着政策的完善还将起到更大的作用。

3.1 收入分配格局的变化及其解释

解释中国收入分配格局的变化需要从收入差距的变化和收入分配公平性两个角度出发。前一个角度是实证性分析，通过对收入差距的测量来描述其变化，并且对其变化的背后原因加以分析；后一个角度是通过价值判断来发现一些不公平的分配制度、政策，以及分配过程和分配结果。对于收入分配格局的变化，人们首先会关心收入差距的大小，以及自身收入与其他人群（特别是可比人群）收入之间的差距。在实际生活中，人们既会重视绝对差距，也会重视相对差距。我们举例来说明绝对差距与相对差距的不同意义。如个人A的年收入为2万元，个人B的年收入为20万元，他们两人的绝对差距为18万元，相对差距为10倍。第二年两人的收入都上升了20%，他们之间的绝对差距扩大为21.6万元，但是他们之间的相对差距没有变化，仍是10倍。由此可见，对于收入差距变化的判断，根据的是绝对差距还是相对差距，得出的结论往往是不同的。在收入分配的研究文献中，收入差距基本上都是相对的标准，如基尼系数。对于学者们总是倾向于使用相对差距而不是绝对差距的理由并不是十分明确，也许是相对差距具有时间和空间上的可比性。人们除了关心收入差距的大小之外，更会关心收入差距的合理性和公平性。这来自人们对收入分配现状的一种价值判断。这种判断的基础是一种价值观，而人们价值观的形成受到很多因素的影响，既有价值和文化理念，又有社会习惯和伦理，还会受到主流意识形态的影响。一个社会的主流价值观是在变化的，会随着上述影响因素的变化而发生变化。以中国为例，在经济转型之前，人们受到平均主义的意识形态的影响，认为收入差距越小越好，而且把平均主义的分配结果作为社会发展的目标之一。在经济转型之后，人们逐步放弃了平均主义的价值理念，取而代之的是“发财致富”的价值观。于是，一些被认为合理的收入差距慢慢被人们所接受。但是，一些不合理的收入差距，或者一些严重违背共同价值观的收入差距仍然受到社会的批评与谴责。对于收入分配公平性的判断，人们不仅要看分配的结果，也会看分配的过程和原则。

3.1.1 改革前收入差距状况

在新中国成立初期，收入差距是很大的。根据一项相关的研究，在 1953 年中国收入差距的基尼系数为 0.558 。[1]在新政府接手国家经济的开始阶段，国民经济格局基本上是旧中国经济格局的延续，这个时期的收入分配格局和收入差距也是旧中国的模式的延续。如此之高的收入差距是可以理解的。随着经济社会制度转型，计划经济体制具有了雏形，特别是第一、第二个五年计划实施之后，居民收入差距出现了急剧下降，在“文革”前的 1965 年，全国收入差距的基尼系数降低为 0.3 左右；而在“文革”期间，居民收入分配差距继续下降，1975 年基尼系数大约为 0.27（Dowling and Soo, 1983）。为何计划经济时期中国居民收入差距处于一种低水平不难解释。一是行业和企业所有制结构的不断国有化和集体化，到了 20 世纪 50 年代基本上消除了私营和个体经济，城市中实现了国有企业和集体企业占主导地位的局面，农村实行了人民公社制度；二是城市中的计划经济体制对工资决定和

[1] 这个数字来自 uniu-Wider 的全球收入分配数据库（Wiid）。

分配实行了越来越严格的控制，从上至下的集权分配体制，实施了分门别类的工资制度。虽然工资标准是“金字塔”形，但是最低工资标准与最高工资标准之间的差异不大；三是平均主义的意识形态的不断强化。这主要体现在“文革”前几次调整工资上，不同工资等级的差别变得越来越小。

计划经济体制下较小的收入差距并不意味着收入分配的公平，收入分配不公问题以不同的形式表现出来。即使按照按劳分配的原则，平均主义的分配制度也是严重违背了这个原则的。平均主义的分配模式失去了激励作用，按劳分配基本原则得不到贯彻执行，实际上对劳动贡献大、个人禀赋高的劳动者而言是不公平的。而且这个时期官僚体制内实行了严格的等级分配制度，等级之间除了工资收入差别外，非工作性的福利制度和实物分配制度实际上是一种隐蔽的收入分配不平等。同时权力不时地参与分配过程，一部分特权阶层获得更多的利益，带来更大的收入分配不公。在改革开放初期，学术界对计划经济体制下分配制度有过严厉的批判，认为它最大的弊病是损害效率。细细分析起来，它带来的不良后果不仅在效率损失上，而且还带来新的收入分配不公。特别是为了缩小收入差距，长期实行了工资冻结政策，实际上产生了代际之间的不平等（赵人伟、格里芬，1994）。

应该指出的是，虽然在改革开放前主流的意识形态是主张缩小城乡之间的收入差距，但是这一差距仍是很大的。比如在改革开放初期的 1978 年，城乡之间居民收入差距仍为 2.56 倍。如果算上城市职工享受的各种社会保障和福利，城乡之间的实际收入差距要大得多。这一结果与城乡户籍制度带来的城乡分割的管理体制分不开，也与当时采取的通过压榨农民获得原始资本积累的发展战略分不开。从这个意义上说，发展战略成了政府优先考虑的要务。

3.1.2　转型期农村收入差距演变

农村经济改革初期是收入增长和收入差距缩小同时发生的“美好时代”，是一个兼顾公平与效率的年代。在 20 世纪 70 年代末 80 年代初，农村经济改革既带来了农民收入的快速增长，也缩小了农村内部的收入差距（见图 3.1）。1978—1984 年的农村居民人均实际收入的年均增长率高达 16.4%，这是中国历史上极为罕见的“增长奇迹”，不但在改革开放的前 30 年中没有出现过，而且在此之后的 40 年中也没有出现过。对这一时期农民收入的快速增长有许多解释，归结起来有两大类，一是改革效应，二是价格效应。所谓“改革效应”是指土地承包经营激发了农民生产积极性，大大提高了农产品的产出量。同时，改革也给予了农民更多的土地经营自主权，提高了土地的配置效率。此外，改革允许农村劳动力从事非农经营活动，提高了农村劳动力的配置效率。所谓“价格效应”是指在这一期间政府几次提高农产品收购价格，由此带来的农民收入的提高。[1]更为重要的是，在这期间农村内部收入差距没有出现明显的上升。根据国家统计局的住户调查数据的估计结果，1979—1984 年农村内部收入差距的基尼系数在 0.24—0.26 之间波动。由此可见，收入分配不平等程度还是较低的，而且变化幅度很小。

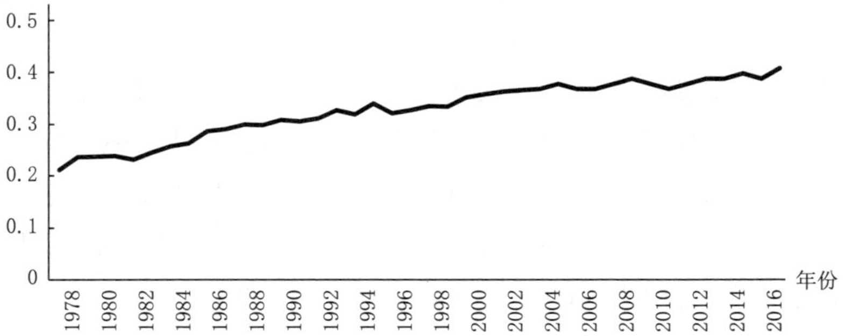

图 3.1　农村居民收入差距的基尼系数（1978—2017 年）

资料来源：来自国家统计局历年《中国农村住户调查年鉴》，2012—2017 年农村及 2011—2017 年城镇内部数据来自省份加权计算结果。

相对于农村改革来说，中国城镇改革起步较晚。在 20 世纪 80 年代初期，城镇还是保持着原有的分配制度，没有发生重大变化。虽然这段时期城镇居民的工资增长快于“文革”时期，但是仍大大低于农民收入增长幅度。[2]在这种情况下，城乡之间收入差距出现了快速下降，城镇居民与农村居民收入比率由 1978 年的 2.6 倍下降为 1983 年的 1.82 倍。这也是中国经济转型以来城乡之间收入差距处于最低水平的一个时期。

---

［1］ 在 1979—1981 年期间，每年农产品生产价格分别提高了 22%，7%和 6%（见国家统计局网上数据，http：//Data.Stats.Gov.Cn/Easyquery.Htm?Cn=C01）。这意味着三年农产品生产价格总计提高近 40%。

［2］ 1978—1984 年期间的城镇居民人均实际收入的年均增长率为 8%，大大低于农村居民 16%的收入增长率。

然而，这一时期是短暂的。随着农村改革红利的逐步消失，农民收入增长进入低速化。从 20 世纪 80 年代中期开始，在很长时间内农民收入增长一直处于低迷状态。1985—1995 年十年间的农民人均实际收入的年均增长率仅为 3.6%。而且随着农村工业化的出现和发展，非农就业机会的出现，农村内部收入差距开始逐步扩大。根据国家统计局的估算，农村内部收入差距的基尼系数由 1985 年的 0.26 上升到 1995 年的 0.34，上升幅度非常明显。另外，根据中国收入分配课题组的住户调查数据（CHIP）估算出来的 1988—1995 年农村内部收入差距的基尼系数也出现了明显的上升，由 0.34 上升为0.40。[1]

这一时期农村内部收入差距快速扩大的主要原因是非农产业的出现，农村工业化为农村劳动力从农业转向工业提供了机会。然而，农村工业化的发展出现了地区的不平衡。在东部沿海地区的乡镇企业处于如火如荼的发展势头之时，西部农村地区农民的收入仍然主要来源于土地经营。农村非农就业不仅给农民带来了新的就业机会，也改变着农民的收入结构。工资性收入成为农民收入的一种来源。而当非农就业机会和工资性收入只有少部分人可以获得时，它会带来收入差距的扩大。与 1988 年相比，1995 年农村住户收入中工资性收入所占比重上升了近 14 个百分点，超过了 22%，家庭非农经营收入占比达到 6%。更值得注意的是工资性收入和家庭非农经营收入的分配极为不平等，前者的集中率为 0.74，后者的集中率为 0.54，都大大高于农村居民收入差距的基尼系数（卡恩、李思勤，1999）。

到 20 世纪 90 年代后期，农村劳动力开始向城镇转移，这引起了农村居民收入结构的进一步变化，工资收入和家庭非农经营收入占比进一步提高。到了 2002 年，农村住户收入中的工资性收入占比已接近 30%，比 1995 年上升了 8 个百分点；家庭非农经营收入占比达到 12%。然而，这一时期工资收入分配的差距虽有所下降，但仍高于农村居民总收入的基尼系数，具有扩大收入差距的作用。家庭非农经营收入的分配依然很不平等，其集中率比总收

[1] 利用 CHIP 数据估算出来的基尼系数与国家统计局估计结果有所不同，一个主要原因是收入定义的不同。前者使用的住户收入概念不仅包括了货币收入，还包括了实物性收入，更重要的是包括了自有住房的估算租金（imputed rent of private housing）。对两者收入定义差异的细致解释参见赵人伟、格里芬（1994）。

入的基尼系数高出 18 个百分点，具有更大的扩大收入差距的作用。这个过程一直持续到 21 世纪初期。

在过去十多年中，农村内部收入差距处于相对稳定状态。虽然收入差距仍在缓慢地扩大，但是其扩大速度与 20 世纪 90 年代已不可同日而语。比如，根据 CHIP 调查数据计算的结果，2013 年农村居民收入差距的基尼系数较 2002 年上升不到 2 个百分点。这种变化是与一系列农村发展政策分不开的。农村社会保障制度的建立和完善，惠农政策的实施，扶贫政策力度的加大，对于落后地区农民收入的提高，贫困人口和低收入人群生活水平的改善起到了重要的作用。

3.1.3 转型期城镇收入差距的变化

在经济转型的初期，中国城市内部居民收入差距是很小的。根据国家统计局城镇住户调查数据计算出来的收入差距的基尼系数仅为 0.16 左右（见图 3.2）。由于城市经济改革滞后于农村，20 世纪 80 年代出台的一些城市改革基本上是围绕着激活国有企业效率展开的，为此对企业内部的薪酬制度做了一些小调整。这些改革并没有对城市内部收入差距变化带来很大的影响。这一时期城市内部收入差距有所扩大，但不是非常明显。在改革开放后的近 10 年中，城市内部收入差距的基尼系数仍在 0.2 以下。在 80 年代后期，城市内部收入差距扩大的主要原因是城市中私营个体经济的出现，以及价格“双轨制”带来的暴利机会。从收入差距变化来看，1985—1992 年间基尼系数有了很大的提升，上升了约 9 个百分点。进入 90 年代后期，城市改革开始进入实质阶段，改变城市企业的所有制结构成了改革的主旋律。为了实现企业转制，推动国有企业和集体企业减员增效，大批国有和集体企业员工下岗失业，同时民营和个体企业快速发展，导致收入差距进一步扩大。如图 3.2 所示，1995—2002 年城镇内部居民收入差距的基尼系数又上升了 7—8 个百分点。从居民收入结构的变化上也可以看到这一时期经济转型带来的影响，其中工资性收入所占比重下降了近 2 个百分点，而退休金收入上升了 3 个百分点，家庭经营性收入上升了 2 个百分点（李实、史泰丽、古斯塔夫森等，2008）。这一方面反映了失业压力下提前退休人员的增加，另一方面反映了私营个体经营活动带来收入的增加。

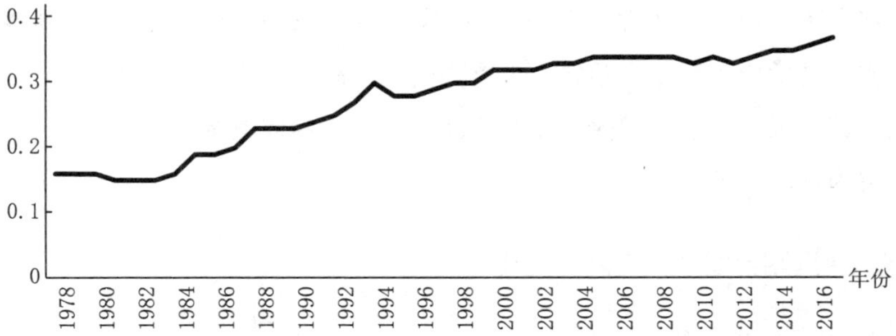

图 3.2　城市居民收入差距的基尼系数（1978—2017 年）

资料来源：同图 3.1。

进入 21 世纪后，城市内部收入差距持续扩大，也许是加速扩大。从人们的感受来看，过去 10 年中城镇内部收入差距的扩大幅度要超过农村，但是一些相关的统计数据却显示了不同的结果。例如，根据国家统计局的估计（见图 3.2），在 21 世纪的开始三年，城镇内部收入差距基本上没有变化，基尼系数为 0.32；2002—2005 年，基尼系数上升到 0.34，之后几年都在这个水平上徘徊；2009 年基尼系数开始下降，城镇居民收入差距的基尼系数仅从 0.34 下降为 0.33。这一结果受到了一些学者的批评，认为城镇收入差距的基尼系数存在着低估问题。由于国家统计局住户抽样调查中抽取到高收入住户样本变得越来越困难，因此住户调查中高收入样本比例严重偏低，造成了城镇居民收入差距的低估（李实、罗楚亮、史泰丽，2013）。当然这个样本偏差问题也造成了城乡之间收入差距的低估和全国收入差距的低估。根据相关研究，如果对调查样本偏差加以修正后，现在城镇内部收入差距的基尼系数也许超过了 0.4（李实、罗楚亮，2011），要大于农村内部收入差距的基尼系数。

由于农民工不断向城镇流入，改变了城镇劳动力的就业结构。虽然农民工大多属于低学历、非技术劳动力，但是他们能够吃苦耐劳，易于管理，属于企业青睐的高“性价比”员工。一方面，城镇低端制造业、建筑业和低端服务业雇佣大批农民工，由此也得到了大发展。另一方面，农民工的进入对城镇户籍的低学历员工的就业带来了竞争压力，也导致了他们的工资水平处于一种缓慢增长（Cai and Du，2011）。与此同时，产业升级和科技发展对高学历和高技术员工带来了旺盛的需求，从而引发了他们工资更快速度的上升。加上新兴产业和新就业形态的出现，都会引发工资分配更加向高能力、高素质、高学历的劳动力倾斜。更重要的是，高收入人群正以更大比例不断增加，其结果是城镇内部收入差距不断上升。这些因素都在很大程度上扩大着城市内部收入差距。

3.1.4 转型期全国收入差距的变化

在进入 21 世纪的几年中，全国收入差距的扩大达到了半个多世纪以来的最高水平。按照国家统计局的估计，从 2000 年至 2008 年，全国收入差距一直处于扩大趋势，基尼系数从 0.44 上升到 0.49 以上。[1]近几年收入差距出现了缓慢下降的势头，例如根据国家统计局的估计结果，全国的基尼系数从 2008 年的 0.49 下降到 2014 年的0.47。[2]另外，Kanbur，Wang 和 Zhang（2017）利用 CHIP 和 CFPS 数据证明，2012 年以后，中国收入差距有缩小的势头。还有 Piketty，Yang 和 Sucman（2017）利用国家统计局的分组数据以及国民收入分配数据表明，高收入人群与低收入人群之间的财富差距有所缩小。

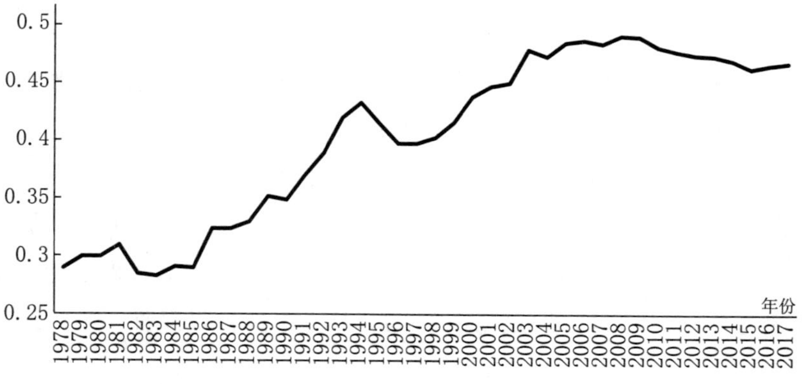

图 3.3 全国收入差距的基尼系数的变动趋势（1978—2017 年）

资料来源：1978—1980 年全国基尼系数来自省份加权并调整的结果。1995—2001 年的基尼系数来自 Ravallion 和 Chen（2007）；2003—2015 年的基尼系数来自国家统计局近几年发布会；2002 年的基尼系数来自 Gustafsson，Li 和 Sicular（2008）。

---

［1］ 见马建堂就 2012 年国民经济运行情况答记者问，http：//www.stats.gov.cn/tjdt/gjtjdt/t20130118_402867315.htm。

［2］ 见国家统计局，http：//www.stats.gov.cn/ztjc/zdtjgz/yblh/zysj/201710/t20171010_1540710.html。

由于全国基尼系数下降的幅度很小，这样一种下降的势头是否会演变成一种长期状态仍有待于进一步观察。鉴于住户抽样调查中存在高收入群体样本偏差问题，全国收入差距也会存在一定程度的低估，而低估的基尼系数是否能反映收入差距变化的真实趋势也是一个问题。[1]而且，罗楚亮、史泰丽、李实（2017）利用CHIP最新的调查数据，对2007—2013年全国收入差距的变化做估计，其结果显示只是利用住户调查数据，得出的收入差距的基尼系数在两年之间是下降，然而如果对高收入人群样本偏差问题加以修正，得出的收入差距基尼系数是上升的。更重要的是，我们不可以过度解读短时期内出现的收入差距小幅度下降的现象，更不可以把它理解为是一种长期趋势的开始。综合各种因素来看，当前全国收入差距仍处于一个很高的水平上，它已超越了过去60年中的任何时期。考虑到低估的一些因素，中国全国收入差距的基尼系数应该不低于0.5。[2]

3.2　收入分配差距的变化趋势

3.2.1　收入差距的短期变化

从2009年以后，国家统计局的观点认为，我国居民的收入差距水平逐渐降低，基尼系数水平从2008年的0.491逐渐下降到2014年的0.469和2015年的0.462，基尼系数水平呈现一个稳定的下降过程。然而，杨耀武和杨澄宇（2015）的研究却认为，虽然2009年后的收入差距基尼系数确实有了略微下降，但这个变化微乎其微，根本谈不上说我国的收入差距水平出现了趋势上的倒转。在短期内，中国的收入差距水平究竟是持续降低，还是稳步上升？

---

[1] 根据李实、罗楚亮（2011）的估算，城镇高收入样本偏低造成了全国收入差距的基尼系数低估了5个百分点左右。

[2] 如果认同这样一个结果，那么，从国际比较的角度来看，中国已可以算作高度收入不平等的国家之一。在联合国开发署出版的2011年《人类发展报告》中，列出了111个国家近期的基尼系数，其中基尼系数超过0.5的国家有17个，占全部样本国家的15%。

1. 未来收入差距不可能显著扩大

首先，公共政策的收入分配调节作用已初步显现。根据国家统计局数据，全国居民收入差距基尼系数从 2009 年起，已连续 5 年下降，由 2008 年的 0.491 下降到 2017 年的 0.465[1]。从我国近年来的收入差距走向来看，2009 年之后由于各种惠农政策和对低收入群体的保护，收入差距水平逐年缩小，这表明过去一系列"提低、扩中和调高"的政策措施有效地干预了收入分配状况，成为扭转收入差距扩大的重要原因。尤其是，新型城镇化、低保扶持和减贫政策，更是有效增加了低收入群体的收入水平，从而有助于缩小收入分配差距水平。其次，再分配政策的调节还有很大空间。政府在过去几年出台了多项收入再分配政策，这在某种程度上缓解了收入差距。然而相比其他国家来说，我国收入再分配政策的力度仍显不足。国家统计局的数据显示，低保、税收和社会保障等各种公共政策只减少了初次分配差距的 12%左右，也就是说基尼系数由于再分配政策只能降低 12%。和 OECD 国家相比，它们的再分配政策可以有效缩小收入差距的 40%左右，两者存在很大差距（万海远，2016）。同样，医疗保障政策、个人所得税政策、住房公积金政策甚至还在某种程度上起到逆向再分配的作用（万海远、李实、孟凡强等，2018），这意味着我国收入再分配政策的调节力度仍有待进一步提高。再次，未来公共政策将更加偏向民生领域。从党的十八大启动 336 项改革措施以来，涉及收入分配领域的约 50 项改革正在逐渐实施，如国有企业高管限薪、对政府非法所得的反腐败行动等都对"调高"起到有效作用。同时，提高最低工资标准、提高低收入人群的低保标准等政策也会起到"提低"的作用。而且，在已落实的改革措施已经显现调节作用的基础上，根据各部门的工作安排，在未来几年还会有一系列的调控政策出台。政府支出也更加偏向于教育、医疗、卫生和社会保障等民生领域，民生支出占财政支出比重进一步超过 75%以上，这有助于进一步加强再分配政策的调节效果。因此，可以预见到未来收入分配差距难以呈现显著的上升态势。

---

[1] 国家统计局，2003—2016 年全国居民人均可支配收入基尼系数，http：//www.stats.gov.cn/ztjc/zdtjgz/yblh/zysj/201710/t20171010_1540710.html。

2. 居民收入差距很难大幅度显著下降

首先，财政对收入差距的调节能力开始下降。在现行税制体系下，60%以上的税收收入来自间接税，这决定了我国税收收入受经济增速影响很大。如果经济速度下行过快、幅度过大，势必会影响到财政收入的税收基础。因此，在财政收入增速放缓的新常态下，以税收和社会保障为主要手段的再分配调节机制将面临挑战，通过对弱势人群的转移支付来调节收入差距的能力也就会进一步下降。其次，财产差距将进一步固化收入差距。在过去几十年中，中国的财产差距扩大速度要远远超过收入差距扩大速度。财产差距的基尼系数也从 2002 年的 0.54 上升到 2012 年的 0.74，在不到十年的时间内上升了 20 个百分点（万海远，2017）。而财产差距急剧扩大反过来会固化收入差距。财产差距实际是长期收入差距的累积性结果，同时也是未来收入差距的主要成因。尤其是，随着近年来财产性收入占比的持续提高，财产性收入差距对总体收入差距的贡献率也在不断加大，从而收入差距和财产差距的关联性进一步增强，这会显著增加收入差距的调节难度。再次，过去有效的调节政策在经济新常态下面临很大的挑战。在过去，政府出台了各种调控收入差距的政策措施，归纳起来主要是“提低”“扩中”和“调高”。虽然这些政策在过去一定程度上改善了收入分配，但在未来几年却面临很大的挑战。一是“提低”的效应逐渐减弱。在过去几年中，最低工资政策在保护低收入群体并提高弱势群体工资水平方面，起着一定的作用。然而，目前最低工资标准已经到了一个新的阶段，进一步提高有可能会影响到部分劳动密集型企业的人工成本，进而损害到企业的竞争力。所以，在未来几年中，进一步大幅度提高最低工资水平的可能性并不大。二是“扩中”的效应需要一个长期渐进的过程。一般来说，中产阶级扩张至少需要具备两个条件，包括整个经济结构的变化（保持一定比例的高端服务业和制造业）和高等教育的发展（即高等教育人群比例需要达到 50%以上）。而目前，我国的高端服务业和制造业的占比只有 13%，而劳动力结构中受高等教育的比例也低于 15%（李培林、朱迪，2015）。因此说，扩大中产阶层是一个缓慢的过程，短期内很难达到。三是“调高”的手段还比较欠缺。在当前，综合与分类相结合的个人所得税制尚未建立，还缺少有力的手段来调节高收入人群。虽然目前正在尝试建立对自然人的税收征管制度，但在收入来源多样化、收入监管不透明的大背景下，仍然难以保证短期内对高收入的有效征管。所以，短期内交税的人仍可能是以工薪阶层为主，而对于高收入人群却没有有效的手段来进行调节。最后，收入分配不公仍然是未来改革的难点所在。在收入分配领域当中，除了差距在不断扩大之外，同样还存在着分配不公的问题，这主要包括以下几个方面，即城乡之间的制度分割、垄断与竞争行业之间的差距，以及市场领域中存在各种各样的灰色收入和腐败收入等。解决收入分配不公需要打破垄断，由此缩小垄断行业和竞争行业的收入差别；需要改革财政制度，使得更多的支出偏向于民生和低收入人群；还需要限制政府权力，消除各种非法收入来源，从而杜绝腐败。然而，通过梳理当前的政策现状，发现这些都难以在短期内得到根本解决，同时也是未来改革的重点和难点所在。

3. 未来收入差距基尼系数可能保持在0.45—0.50之间

首先，从居民收入增速、收入最高和最低10%人群的收入比、财产性与工资性收入比、劳动收入占比、基尼系数、收入流动性等6个指标来看，我们判断中国收入分配差距水平并不会出现持续、显著降低的态势。而从另一个方面来看，虽然收入差距出现缓和，但工资差距逐渐提高、财产差距持续显著增强，这反过来会恶化收入差距问题。一般来说，收入差距、工资差距以及财产差距并不是一回事，但三者之间相互影响、密切联系。在经济高速增长、财富快速积累和金融显著市场化的背景下，工资、收入和财产的转化频率和规模都急剧增长。根据Li和Wan（2015）的研究，财产差距通常是长期中收入差距的累计性结果，同时也可能成为新的导致收入差距的基础性原因；财产差距与收入差距之间是一种存量与流量的关系，二者之间存在着相互转换的可能。财产差距的直接后果首先是财产性收入的差距。有证据表明，财产以及财产分布差距已经成为推动收入差距的重要因素（谢宇、靳永爱，2014）。由于之前财产性收入占比较小，因此还不足以让财产差距恶化收入分配问题；但是在鼓励居民拥有更多财产性收入的政策导向下，财产性收入的比重在未来会得到显著提高，收入差距和财产差距的关联性会明显增强。从这个角度来说，工资差距和财产差距的持续扩大也会固化收入分配差距问题，因而我们认为我国未来的分配差距水平仍将在高位持续运行。其次，从过去几年的政策实践来看，虽然一些惠农政策和保护弱势群体的政策在一定程度上缩小了整体收入差距，但是这个作用还是比较有限。在未来，惠农政策和对弱势群体的倾斜都具有短期性，收入再分配的政策基础尚未得到根本巩固。影响收入差距最大的几个因素中，包括行业差距、地区差距等仍没有出现有效扭转的局面。特别是，影响我国收入差距的体制、机制性因素和障碍没有从根本上消除，甚至在某些领域还有强化的趋势。综合上面的情况来看，我国收入差距既不可能出现逆势向上，并呈现显著上升的态势，也不可能在短期内出现大幅度下降，收入差距基尼系数要降低到 0.40 以下既没必要也不可能。综合来看，目前收入差距的缩小过程并不是方向性和趋势性的巨大转变，未来的收入差距可能还会处在一个高位徘徊的状态，基尼系数也会稳定地保持在当前的 0.47 左右。在收入再分配政策相对有效的时候，收入差距水平会略有下降，否则收入差距又会有所扩大。据此我们认为，经济新常态下我国居民收入差距的基尼系数可能会保持在 0.45—0.50 之间。

3.2.2　收入差距的长期趋势

综合所有指标来看，我们认为，在长期我国的分配差距并不会显著稳步地下降，而是仍将在高位徘徊；近两年城乡一体化带来收入分配的结构性改善，仍然无法改变我国分配差距总量较大的事实。在较长的时期内，我国仍然会属于分配差距较大的国家之一。虽然我国收入差距出现了结构性改善，但我们也要清醒地看到，未来我国的收入分配差距水平仍然会接近 0.47 这一“危险”状态的数值。

虽然一定程度的收入差距与经济发展阶段相适应，我们不必强求居民收入差距水平的大幅度下降。尤其是，随着我国经济的强劲发展，政府也逐步放开了对资本的管制，此后资本的活力得以充分展现，从而资本的扩张性和缺乏限制性等特点也再次迸发，由此再一次铸就了新时代下的收入分配畸形问题，收入代际流动性也再次下降。特别是在全球化、市场化和城镇化的大背景下，我国在 2008 年金融危机以来采取了比较宽松的货币政策，以至于资本价格飞速扩张，资本回报率不仅没有呈现边际递减的趋势，甚至在持续提高，这构成我国收入差距保持高位运行的重要原因。因此说，当前高位运行的收入差距水平，是与我国经济发展方式紧密联系的。大量文献表明，引起收入差距变动的不是经济增长速度，而是增长方式，即是包容性增长还是非包容性增长。即使在低速增长时期，如果贫困和低收入人群能够参与经济增长过程，更多地分享到经济增长的成果，那么收入差距也仍会缩小。

当前我国收入差距水平较高，处在跨越中等收入陷阱、缓解社会矛盾的关键时期，过高的收入差距水平会带来一系列的后果。因此，降低收入分配差距存在很大的必要性，但大幅度降低收入差距的现实基础并不牢固，尤其是资本回报率会超过经济增长率，更超过劳动收入增长率，这使得以资本性收入为主的高收入群体，其收入会存在一个加速增长趋势，而以劳动要素为主要收入来源的中低收入群的收入增长率则相对较慢，这会进一步扩大已有的收入差距水平。在更为强大的资本劳动关系上面，通过市场化的方式，就天然决定了资本所得越来越高，而劳动所得越来越低；同样，市场天然决定过了高收入群体的收入份额会持续提高，而低收入群体的收入份额则会重新掉到 19 世纪初期的极低水平。简单的再分配政策显然不可能改变这种趋势。相对于初次分配的规模，再分配政策所能控制或调节的总量是非常小的，指望靠再分配政策来完全颠覆或改变初次分配的结果是不可能的。因此，大幅度降低收入差距的现实基础并不牢固，未来要合理引导社会预期，重点解决收入分配不公问题，而不是设置不现实、不合理的收入差距调整目标。

3.3 经济转型与收入分配

中国经济转型对收入分配格局变化产生很大的影响。这种影响既体现在收入分配过程中分配体制和机制的变化，也表现在收入分配的结果上。经济转型可以归结为以下几个方面：第一，计划经济向市场经济转变，收入分配制度由高度统一的分配模式向分散化的分配模式转变。第二，经济单位的所有制结构变化带来收入分配格局的变化。所有制结构多元化既会带来不同所有制部门之间收入差距的变化，也会带来同一所有制部门内部不同经济单位内部收入差距的变化。这些都是由于不同所有制部门采取了不同的收入决定机制和分配制度。第三，对外开放产生的收入分配效应、对外贸易、引进外资都在不同程度影响收入差距的变化。特别是外资企业和合资企业为了吸引高技术人才、高层管理人员，采用高薪引人和高薪留人的做法，同时也拉大了外资企业与国内企业的工资差距和收入差距。第四，公共部门内部工资收入分配制度改革也影响着收入分配的变化，特别是国有企业为了提高效率，增加激励机制，不仅不断拉大管理层与一般员工之间的收入差距，也扩大了员工之间的收入差距。

市场化的分配机制主要表现为每个生产单位具有充分的分配自主权，每个就业者的收入是由市场和用人单位共同决定的。市场的供求关系决定了相同素质和技能的人群的平均收入水平（均衡工资），而用人单位根据就业者的实际劳动贡献决定其实际收入。一个就业者的实际收入与其市场中的均衡工资之间的差异由许多因素决定，最重要的是其劳动贡献的大小。市场化的分配机制还对劳动要素之外的其他生产要素给予收入回报，实物资本、人力资本、管理才能、创新观念和创新能力都会通过微观的分配机制获得应有的报酬。同时市场化分配机制还允许给予风险和运气获得收入回报。由于收入决定主体的多元化，收入决定因素的多样化、微观化，收入决定机制发生了根本性的变化，收入差距的扩大也就不可避免。

所有制结构由单一化向多样化转变不仅带来了收入分配机制的变化，也带来了收入差距的扩大。如果国有企业改革到位，所有制结构的变化只是导致一个部门内部收入差距扩大，而错位的改革不仅会导致一个部门内部收入差距的扩大，而且会导致不同所有制部门之间收入差距扩大。在国企改革的过程中，国有企业规模在缩小、就业人数在减少的同时，大国企的垄断地位在不断强化，由此带来的垄断利润转化为员工和高管的超额工资报酬，不仅带来了部门之间工资收入差距的上升，也导致了收入分配的不公（赵人伟、李实、李思勤，1999）。

对外开放是中国经济增长的动力源泉。它最直接的影响是就业增加，吸收了大量剩余劳动力，尤其是农村剩余劳动力。这个过程有助于提高农村居民的收入水平，有助于缩小城乡之间的收入差距。另一方面，外资企业对技能员工和高学历劳动力有着更大的需求，无疑会拉高人力资本的回报。因此，在农村剩余劳动力存在的情况下，外资进入会产生扩大收入的效应。外贸、外资所产生的综合效应需要做细致的分析。

中国的公共部门有着庞大的就业群体，其收入分配机制和分配结果直接或间接地影响到总体的收入分配格局。公共部门既包括政府机关、事业单位，也包括国有企业，因此公共部门的分配机制，一方面显现出分散化的特点，另一方面则呈现不同程度的集中控制。前者在很大程度上导致收入差距的扩大，后者也带来了某些方面的收入分配不公问题。

3.4 建立公平的收入分配制度

中国长期存在几种突出的收入分配不公现象，而这些现象在很长一段时期内没有得到有效的解决和缓解。近几年在政府再分配政策力度和反腐强度不断加大的情况下，收入分配不公的状态有了好转，出现了一些积极的变化。

首先，城乡之间收入差距处在高位徘徊水平。根据国家统计局的调查数据，城乡之间收入差距在2000—2009年出现了明显扩大，城乡居民收入比率从2.78倍上升到3.33倍，2009年为历史上的最高水平（见图3.4）。随后，城乡之间收入差距出现了小幅度的缩小，这一过程持续了8年，2013年降为3倍，到了2016出现了进一步下降。[1]但是，相对于改革初期，现在城乡之间的收入差距还是偏高的。为什么城乡间收入差距是一种收入分配不公呢？这是因为巨大的城乡收入差距既有历史的原因，也有现存体制和政策方面的原因。在计划经济时期，中国政府为了追求快速工业化进程，对城乡采取了截然不同的社会经济管理模式和政策措施，基本上是通过牺牲农民利益来实现工业发展的资金需要（林毅夫、蔡昉、李周，1999）。城乡分割的发展模式导致了农村发展长期滞后于城市发展，农村社会保障和公共服务长期落后于城市，农民收入增长长期低于城镇居民收入增长（蔡昉、杨涛，2000）。改革开放以后，计划经济时期遗留下来的城乡分割体制并没有及时加以改变，阻碍农村劳动力和人口流动的户籍制度被保留下来，农村社会经济发展相对落后的局面也就延续下来了。从这个意义上来说，现今巨大的城乡收入差距是一种不公平的经济发展战略带来的，是一种不公平的社会经济

[1] 国家统计局在2013年调整了城乡居民户的收入定义，在此之前农村居民收入为“纯收入”，而在2013年之后改为“可支配收入”，收入的统计口径有所变化。因此，在比较城乡收入差距时，2013年前后具有一定的不可比性。因而，在本章图3.4中没有列出2013年后的城乡收入差距。

体制所带来的，是多种不公平的公共服务政策所带来的，因此是一种严重的收入分配不公现象。

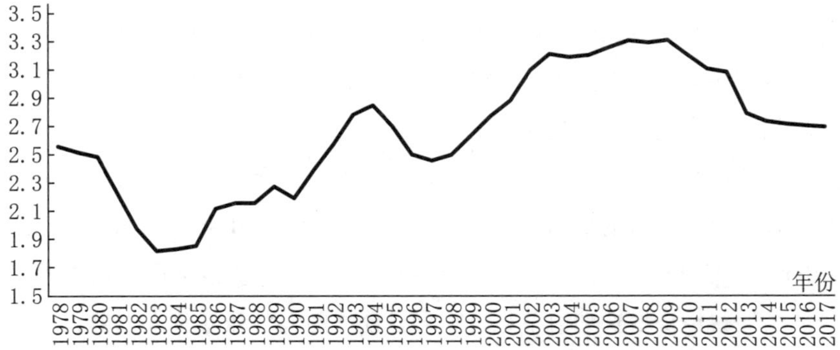

图 3.4　中国城乡之间收入差距的变动

资料来源：相关年份的《中国统计年鉴》。

其次，垄断行业收入过高的问题。在 20 世纪 90 年代初期，行业之间的收入差距并不是很明显，工资最高行业的平均工资仅比全社会平均工资高出 30%—40%。然而从 21 世纪开始，一些垄断行业的工资水平出现了快速增长，现在它们的平均工资水平大大高出了全社会平均工资。比如，2011 年金融业平均工资收入比城镇就业人员平均工资高出 94%；而在北京，金融业平均工资收入是城镇就业人员平均工资的 2.3 倍，是制造业平均工资的 3 倍以上，一些相关研究显示，这些高收入行业主要是垄断行业，而这些行业的高收入很大一部分来自这些行业的垄断利润（岳希明、李实、史泰丽，2010）。还应该看到，一些垄断行业的高收入是与该行业高管收入的过快增加分不开的。根据对 197 家大型国有企业高管薪酬的调查，2011 年企业三位主要高管的平均薪酬在 50 万—100 万元之间的企业占 35%，在 100 万—150 万元之间的企业占 8.12%，在 150 万—200 万元之间的企业占 5.58%，超过 200 万元的企业占总样本的 13.7%（北京师范大学收入分配研究院，2012）。

最后，腐败及腐败带来的分配不公问题仍是我国社会的一个痛病。可喜的是近几年腐败蔓延的势头得到了很大遏制。在有效的反腐制度没有建立之前，较大范围的腐败问题仍是一个巨大的挑战。从腐败影响收入差距的机制来看，腐败大多是发生在有权势的人群身上，而他们基本上属于中高收入者，额外的腐败收入无疑会拉大社会的收入差距。另外，腐败也滋生了寻租现象，产生了大量的寻租者，同时也是一批非法的高收入者，并带来收入差距的扩大。一些相关的经验研究也验证了这一点。[1]更重要的是腐败破坏了社会分配规则，带来了社会分配不公，引起了民愤，导致了社会信任危机，增加了社会发生危机的风险。

大量的研究文献显示，过大的收入分配不平等会给一个国家的经济发展和社会稳定带来许多的负面影响（Acemoglu，1997；Alesina，1994；Murphy，Shleifer and Vishny，1989；Perotti，1993，1996）。它会带来居民消费需求不足，从而导致经济增长动力不足；它会导致贫困人口和低收入人群无力积累人力资本，使他们长期陷入贫困陷阱，带来社会阶层的固化；它会导致社会成员之间难以建立起相互信任的社会关系，易于引发社会矛盾。更为重要的是，严重的收入分配不平等虽然表现为一种结果的不平等，但是它会导致公共政策和再分配政策失去作用（Vandemoortele，2013），从而难以建立一个机会公平的社会制度和分配机制。

在过去很长一段时期内，中国经济社会之所以能够在收入差距不断扩大的同时，保持相对稳定的状态，主要有赖于经济的高速增长和低失业水平。一方面，收入差距在扩大，另一方面低收入人群的收入在增长，贫困人口数量在减少。然而，现在中国经济进入新常态，经济增长的降速已不可避免。如果经济增长出现下滑或出现经济长期衰退、失业增加的局面，过大的收入差距和收入分配不公对社会不稳定的影响就会更加凸显出来。

解决当前的收入分配问题需要从全局出发，综合考虑，制定一套完整、有效的收入分配与再分配政策体系，及时出台一些有效的收入分配与再分配政策，以抑制收入差距扩大的趋势，从根本上消除收入分配不公问题。由于中国经济正处在一个关键的发展时期，在收入分配制度改革上要将消除收入分配不公作为中心。

更应该看到，在初次分配过程中，在一段时期内国民收入中劳动报酬份

[1] 例如，陈宗胜、周云波（2001）尝试从数量上估计了腐败收入对收入差距的影响程度，在20世纪90年代官员腐败会使得全国的基尼系数上升大约1.7%，其他非法收入会使得基尼系数上升3.6%。

额出现了持续下降的趋势，特别在 1998—2007 年的 10 年间，劳动报酬份额从 53%下降到不足 40%。即使在后续的几年中劳动报酬份额有所回升，仍处于较低水平。[1]在劳动报酬份额偏低的情况下，政府在调节收入分配方面会遇到更大的挑战。

相对于其他国家来说，中国政府还需要进一步加大收入再分配政策的调节力度，进一步“履行好政府再分配调节职能”。有学者做了再分配前和再分配后的收入差距的国际比较，一些发达国家在再分配之前收入差距的基尼系数甚至达到 0.5 以上，而在再分配政策实施以后，基尼系数就一下降到 0.3 左右，能够下降大约 20 个百分点。李实等（2017）对我国的再分配政策效应做了类似测算，发现我国收入再分配政策后的基尼系数下降不到 5 个百分点。表 3.1 同样发现个人所得税虽然改善了收入分配，但这个效应非常小，这说明我国税收政策的收入再分配作用是有限的。综合来看，在收入再分配方面，需要从以下几个方面作出努力。

表 3.1　中国城镇个人所得税的分配效应

年份	税前基尼系数	税后基尼系数	税收前后基尼系数变化(%)
1997	0.301	0.296	−1.70
1998	0.301	0.295	−2.00
1999	0.297	0.292	−1.70
2000	0.323	0.317	−1.90
2001	0.324	0.316	−2.50
2002	0.325	0.318	−2.20
2003	0.344	0.336	−2.30
2004	0.345	0.335	−2.90
2005	0.352	0.342	−2.80
2006	0.347	0.337	−2.90
2007	0.345	0.332	−3.80
2008	0.363	0.351	−3.30
2009	0.347	0.335	−3.50

资料来源：Xu，Ma 和 Li（2012）。

第一，提高税收对收入分配的调节力度。现在我国的税收对收入分配的调节力度是非常有限的，主要原因有两点：(1) 税收结构不合理。其中主要

[1] 从 2007 年至 2012 年，劳动报酬份额从 39%回升到 46%，仍明显低于上世纪 90 年代中期的水平。见国家发改委就业分配司、北京师范大学中国收入分配研究院（2017）。

表现为直接税，如个人所得税比重过低，而间接税如增值税比重过高。前者有助于缩小收入差距，后者却扩大了收入差距（聂海峰、岳希明，2012）；（2）个人所得税只是一种工薪税，实际上是对工薪阶层的征税，而对于那些拥有其他收入来源的人群收入起不到有效的调节作用。如表 3.1 所示，从 2005 年以后个人所得税对于缩小城镇居民的收入差距的作用有所增大，但是其程度仍是偏低的，2009 年个人所得税只是使得城镇居民收入差距的基尼系数下降大约 1 个百分点。因此，若要提高税收在收入分配中的调节力度需要对税收结构加以调整，增加一些有助于调节收入分配的税种，同时减少间接税的比重。可引入的调节收入分配的税收有许多，其中房产税和遗产税值得考虑。实施财产税，一方面可以增加直接税的比重，政府可以进一步减免部分间接税，让企业更有活力，另一方面可以更加有效地调节高收入群体的收入。

第二，增加对低收入和贫困人口的转移支付力度。中国已经建立了一个覆盖城乡的庞大的最低生活保障制度（低保），再分配的效果不明显（李实、杨穗，2009）。根据国家民政部的统计数据，2016 年底享有低保资助的人数超过了 6 000 万，其中农村获益人口约 4 700 万，即使在低保救助的情况下，农村仍有贫困人口大约 5 000 万。这意味着低保的覆盖面仍有待于进一步扩大，且一些贫困地区的保障水平还是偏低的，仍需进一步提高。特别在农村地区，一些财政困难的地区受到自身财力的限制，将保障标准定得很低，使得低保制度不能起到应有的作用。因此，不断提高低保标准并实现“应保尽保”的宗旨将是低保制度的一项主要改革内容。此外，中国的转移支付的种类是偏少的。例如，在一些国家普遍实行的儿童教育补贴（如墨西哥的儿童教育补贴项目“PROGRESA program”）、老年人津贴（如南非的老人津贴“Older Person’s Grant”）被认为是重要调节收入分配的手段，而在我国却没有被提到政府的议事日程上。因此，在转移支付方面，政府可以不断增加针对特殊人群和弱势人群的福利项目，以缩小他们与其他社会成员的收入差距。

第三，完善社会保障制度，缩小保障水平的差距。迄今为止，中国已初步建立了覆盖全社会的养老保障制度和医疗保障制度。然而这两种保障制度都有一个共同的问题，即不同人群享有不同制度，制度之间有着明显的保障水平的差异（李实、赵人伟、高霞，2013）。在养老制度方面，有公务员退休保障制度、事业单位人员养老制度、企业职工养老制度、农村居民养老保障制度，而且几种养老制度的养老金水平相差很大。在医疗保障制度方面，有公务员和事业单位人员的公费医疗制度、企业职工医疗保险制度、农村地区的新型农村合作医疗制度。这些不同制度提供的保障水平相差也很大。从长期来看，一种保障制度分为不同类别和等级，而类别之间存在较大的待遇差别，显然是不可持续的。这个问题的解决只能依靠政府。

第四，努力落实公共服务均等化的目标。虽然这个目标已得到了全社会的认可，但是现实情况还相差甚远。在公共服务提供方面，仅靠市场机制是不够的，政府的作用应该更大。特别是在实现公共服务均等化的过程中，离开了政府更是不可想象的。

第五，加大扶贫力度，让穷人看到希望。改革开放以来，中国在扶贫方面取得了举世闻名的成就，但是仍有不少的贫困人口。在缓解贫困方面，中国政府投入了大量的资金，但扶贫效果尚不能令人满意，部分原因是扶贫资金没有有效地得以使用，没有准确地瞄准最贫困的人群。而且这部分人群在很大程度上被排斥在发展过程之外，长期陷入贫困陷阱而不能自拔。因此，解决脱贫问题，使扶贫政策更加有效，扶贫资金更为合理地使用，应是政府的主要任务。

3.5　结论

40年的经济转型改变了中国的方方面面，特别是改变了居民的收入分配格局。前30年在效率优先的发展战略指导下，中国社会的收入差距出现了全方位的扩大。城乡之间、城镇内部和农村内部收入差距都在扩大；地区之间和行业之间，不同人群组之间的收入差距也出现不同程度的扩大。高收入人群与低收入人群之间的收入差距扩大得更加明显。然而，相对于其他国家来说，中国收入差距的扩大并不是一种两极分化，即没有出现“穷者更穷，富者更富”的情况。低收入人群的收入也在增加，只是其收入增长的幅度小于高收入人群而已，而且在高速经济增长的带动下贫困人口的数量不断减少。这也是中国在收入差距不断扩大的背景下能够保持一定的社会稳定的原因所在。

在过去近 10 年中，中国收入差距的扩大趋势得到了初步抑制。一些可比的数据显示，居民收入差距处于相对稳定甚至下降的情况。这种情况主要是产生于城乡之间收入差距的缩小，特别是 2010 年以来，农村居民收入增长超过了城镇居民收入的增长。但是，城镇内部和农村内部的收入差距仍处于扩大状态中。影响城乡之间收入差距走势的原因有很多，其中一个重要的原因是过去十多年政府大力支持农村发展并实施了一系列惠农政策。

虽然中国收入差距扩大的趋势得到了初步遏制，但是收入差距的水平仍是偏高的，仍需在缩小收入差距上继续努力。更为重要的是要消除收入分配不公问题。而缩小收入差距和消除收入分配不公仍需进一步推动收入分配制度改革。

第4章　经济转型初期的收入分配状况

改革开放以来，中国收入分配格局发生了很大变化。这些变化可以由三大因素加以解释，一是经济发展过程引发收入分配格局的变化，二是经济转型过程引发的变化，三是政府收入分配和再分配政策引发的变化（赵人伟、李实、李思勤，1999)。本章将主要讨论经济转型初期的收入分配格局变化。

改革开放前，中国实行计划经济体制，是一种具有中国特色的计划经济体制。该体制的主要特征之一是在城市实行全面的公有经济，即国有经济和集体经济。私有和个体经济经过“文化大革命”以后已基本上消失殆尽。在全面公有经济体制下，政府可以对城市经济实行全面的控制，大多是以计划的名义，更多地是采取行政手段。政府不仅给企业下达指标规定生产什么，而且下达用人指标规定招用多少工人。这意味着城市的就业是由政府的计划和相关政策决定的，而且所有劳动力的就业和工作由政府的劳动管理部门“有计划”地安排和配置。甚至就业职工跨企业、跨行业和跨地区的工作流动都必须得到有关劳动管理部门的批准。城镇就业的“计划化”只是计划经济体制的一个方面，另一方面是对全社会工资的“计划化”，实际上是用行政手段控制工资水平和差别。计划体制下的工资制度分为两大类，一类是干部工资系列，另一类是工人工资系列。这两个系列涵盖了城市中几乎所有的就业人员。干部系列包括工资类别和工资级差，每一位干部根据其职位和资历对应一个工资类别。[1]工人的工资系列大同小异，除了类别仅为 8 级，级差也小一些。

除了工资的“计划化”管制之外，城镇就业人员工资外的其他收入少之又少。个别的作家会有一点稿酬，画家有点卖画收入，绝大部分就业人员，不管是干部还是工人，其收入来源都是工资。

计划经济体制在农村没有太多的实质性内容，更多的是对农村经济实现严格的行政控制。这种控制主要表现在对农村劳动力的配置上。从经济上看，农村的公社制度类似于一种多层级的农场，公社之下是生产大队，然后是生产（小）队。生产队是一个自负盈亏的生产组织，也是最底层的分农场。由于绝大多数生产队主要从事农业生产，更准确地说是粮食生产，所以生产队的主要任务是在现有生产要素（劳动力、土地、生产工具等）条件下获得最大的农业（粮食）产量。事实上，生产队的劳动效率都是低下的，实际的农业（粮食）产量都在生产边际线以内。在生产队内部，劳动力用工由生产队统一配置，每个农户从生产队分配到的粮食和现金取决于三方面因素：一是生产队的总产量；二是上交给国家的部分；三是本户投入的劳动用工量。生产队为了激励劳动力生产积极性，采取了工分制。生产队根据每个农户一年的工分进行报酬分配。对于没有劳动能力的家庭，即通常说的“五保户”，生产队有义务给予最低标准的生活救济。

4.1 农村早期经济转型与收入差距变化

中国农村经济转型主要发生在 20 世纪 70 年代末与 80 年代初。在 1978 年中共十一届三中全会的推动下，中国农村广泛推行了家庭联产承包责任制。这项改革是一种土地制度改革，或者说是土地使用制度改革。在新的土地使用制度下，农民拥有更多的生产自由，他们可以自由决定生产什么，如何生产，如何投入劳动时间，以及投入多少生产资料和成本。在这种情况

[1] “文化大革命”之前干部的行政级别为 23 级，第一级与最后一级的工资差别大约在 10 倍左右。

下，农业的劳动生产率和生产效率迅速提高。在每个农户承包的土地面积既定的情况下，劳动生产率的提高即意味着剩余劳动力的出现。当然这种剩余劳动力在公社制度下就存在了，只是被低效率所掩盖，成为一种不充分就业。

随着农村剩余劳动力更加显性化，劳动力的转移就业就成为一种必然的趋势。这种转移就业最初发生在当地的农业劳动力向非农就业的转移过程中，其为乡镇企业发展提供了劳动力资源，也诱致了乡村工业的发展。20 世纪 80 年代以乡镇企业为代表的农村工业迅速成长，乡镇企业就业人数不断增加，特别是 1985 年以后，乡镇企业出现了快速发展，吸收了大量农村剩余劳动力（见图 4.1）。农村非农就业机会的增加提高了农户收入水平，特别是非农就业收入，工资性收入快速增长。同时农户收入结构也相应地发生了变化，工资收入占比上升，而农业收入占比下降。

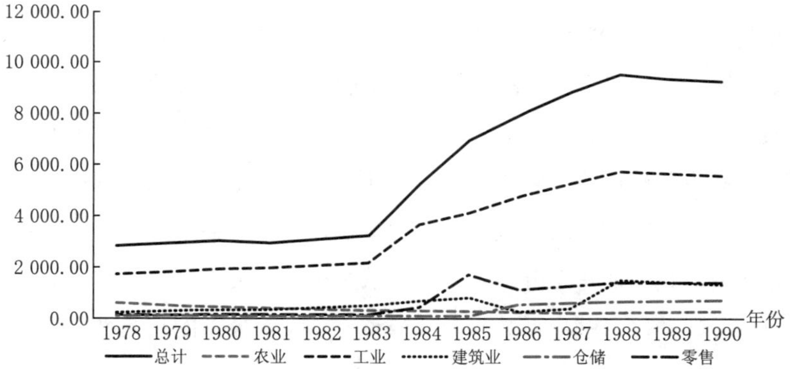

图 4.1 中国乡镇企业就业人数（1978—1990 年）

注：本图来自《2006 年中国劳动统计年鉴》。

20 世纪 80 年代非农就业发展有着明显的地区不平衡性，先是出现在东部长三角和珠三角地区，后来扩展到整个东部地区，而中西部地区仍是相对滞后发展的。这种地区发展的不平衡导致了地区之间较大的工资性收入差距，进一步带来了农村内部收入差距的扩大。

80 年代住户收入调查数据显示，农村收入分配的不均等程度高于城镇地区。例如，利用 1988 年 CHIP 调查数据计算出来的农村居民收入的基尼系数为 0.34，比城镇收入差距的基尼系数高出约 50%。对农村收入不均等的决定因素的分析，我们可以从两个角度展开。第一，考察农村居民人均总收入的不均等程度及其与各项收入不均等程度的关系，从而可以看出各项收入对总收入不均等程度产生的不同效应：既有扩大收入差距的效应，也有缩小收入差距的效应。这样一种根据收入来源进行分解的分析方法，有助于我们理解经济结构的演变和收入结构的变化对居民总收入不均等程度的影响。第二，进行多变量回归分析。在回归模型中选择一些理论上有助于解释收入差距的主要区域、社区变量和居民特征变量，来解释居民总收入的差异。从各个变量的系数估计值上，可以看出它们对收入决定和收入差距的影响作用。

4.1.1 影响收入差距的各项收入来源分析

农村住户的总收入，可以分解为不同的分项收入。在我们的研究中，总收入包括以下几项收入：（1）家庭生产经营收入，包括现金收入和自产自消（费）产品的市场价值；（2）个人工资性收入；（3）自有住房估算租金；（4）从集体和企业获得非工资收入；（5）财产性收入；（6）净补贴；（7）其他收入（如私人转移收入）。总收入和各项收入的份额和分配均等程度可见表 4.1。

表 4.1 中给出的结果是建立在一套分解方法基础上的，该分解方法在本书第 2 章有专门的说明。它是基于农户人均总收入差距的基尼系数的分解，可分解为各个分项收入对总收入差距的贡献，计算出各个分项收入解释总收入差距的百分比。而每个分项收入的贡献大小又取决于其占总收入的份额及其自身的分布差距（基尼系数）和其分布与总收入分布的相关性。后面两项的乘积被称为集中率（concentration ratio）。

20 世纪 80 年代后期，农村经济转型已有了近十年的历史。农户收入多样化的特点开始显现，收入差距出现了扩大的势头。如上一章图 3.1 所示，农村内部收入差距的基尼系数已从 1980 年的 0.23 上升到 1988 年的 0.30 左右。为了对这一时期收入差距的扩大过程进行分析，我们对 1988 年的农村住户调查进行了分析，其结果见表 4.1。从中可以看出，家庭生产经营收入构成了农村居民总收入的主要部分，所占比例为 74.21%。这意味着这一时期农村居民收入主要来源仍是农业收入。表 4.1 还显示，家庭生产经营收入的分配较为均等，集中率为 0.282，比总收入的基尼系数（0.338）低约 20%。然而，家庭生产经营收入由两部分构成：现金收入和自产自消（费）

部分，二者的分配不均等程度却是不同的。农产品销售后的现金收入表现出较高的不均等程度，集中率为 0.436，高出总收入基尼系数约 29％；而自产自消（费）产品估算的收入分配的不均等程度很低，集中率仅为 0.159。由于家庭生产经营收入作为一个整体具有较低的不均等程度，因此它对总收入不均等程度的解释力为 61.8％，低于其在总收入中所占的比例（74.21％）。

1988 年，农村非农产业虽然有了一定规模，但就全部农村而言，农村劳动力能够参与非农就业的机会还是相对有限的，更多地局限在沿海地区。在这种情况下，工资性收入占农户总收入的比重不会很高。如表 4.1 所示，农户的个人工资性收入在总收入中所占的比例仅为 8.73％，但是它的分配不均等程度相当高，集中率为 0.710，因而它对总收入不均等程度的解释力为 18.3％，远高出其在总收入中所占的比例。

表 4.1　1988 年农村住户总收入及分项收入的份额与分配

总收入及其构成	① 份额(％)	② 基尼系数/集中率	③＝①×②	④＝③/总收入基尼系数(％)
1. 家庭生产经营收入	74.21	0.282	0.209	61.8
其中:(1) 现金收入	(33.08)	(0.436)	(0.144)	(42.6)
(2) 自产自消(费)产品	(41.13)	(0.159)	(0.065)	(19.2)
2. 工资性收入	8.73	0.710	0.062	18.3
3. 自有住房估算租金	9.67	0.281	0.027	8.0
4. 来自集体/企业非工资收入	2.40	0.487	0.012	3.6
5. 财产性收入	0.17	0.484	0.001	0.3
6. 净补贴	－1.90	0.052	－0.001	－0.3
7. 其他收入(转移收入等)	6.71	0.418	0.028	8.3
总收入	100	0.338	0.338	100

如果进一步将农户的生产经营收入划分为农业生产经营收入和非农收入，并分别对其集中率进行测算，那么可以看到后者的不均等程度（集中率为 0.398）明显地高于前者（集中率为 0.242）。结合个人工资性收入的较高不均等化，不难作出以下判断：农户的非农经济活动是导致农村收入分配趋于不均等化的一个主要原因。然而，这样一种收入不均等化的过程，一方面反映了中国农村产业结构的演变，另一方面也反映了地区经济发展的不平衡性。更重要的是，农村非农就业机会增加是与非农产业的发展分不开的，与农村经济的一系列改革和制度转型分不开，特别是与农民获得了更多的生产

经营自由分不开的。没有20世纪70年代末和80年代初的家庭联产承包制改革及其引发的后续改革，80年代后期农民就业的多样化、收入的多样化、工资性收入和非农经营收入的快速增长都是不可能出现的。当然，农村经济转型也带来了收入差距的扩大。然而，这一时期农村内部收入差距扩大并没有产生负面的影响，也没有带来明显的收入分配不公的问题。

80年代农村内部收入差距的扩大不是一种两极分化的现象。不同收入组人群的收入都有了不同程度的提高，只是高收入组收入增长率超过了低收入组，并没有出现穷人越来越穷的问题。例如，这一时期农村的贫困发生率出现了大幅度下降，贫困人口大量减少。根据中国政府早期制定的贫困标准[1]，农村贫困人口规模从1978年的2.5亿人下降到1988年9 100万人，贫困发生率从30%下降到11%。

4.1.2 收入决定的多变量回归分析

用来解释农村收入增长和差距的另一种方法是使用回归模型分析。从分析结果中可以看出农村早期经济转型对农民收入增长和收入差距的影响。在回归模型中，农村家庭收入被设定为被解释变量，家庭拥有的劳动力和其他生产资料为解释变量，同时再引入家庭特征和其他有助于引发收入差异的变量。表4.2是利用1988年CHIP农村住户调查数据，估计农村收入函数的回归分析结果。模型中的被解释变量分别为农户总收入，解释变量既有虚拟变量，也有连续变量。[2]虚拟变量有户主的职业种类、党员身份、居住地省份，连续变量有家庭中男性劳动力比率、受教育年限、生产性固定资产价值、土地面积、其他资产价值、化肥施用量、兼营率（diversification ratio）

[1] 1978年的农村贫困标准是每年每人100元，它相当于农村人均纯收入（133元）的75%。

[2] 回归模型中的被解释变量也可以是家庭人均收入，得出的结果大致相同。我们的课题组曾利用1988年的CHIP农户调查数据做了家庭人均收入的回归模型，其结果显示劳动力比率对农户人均收入的影响是十分显著的。在一个五口之家中，每增加一个劳动力可使农户总收入增加357元。劳动力中工资收入者比率的上升也同样会以更大幅度提高农户总收入。例如，在拥有三个劳动力的农户中，每增加一个工资收入者，可使农户人均收入增加226元。这在某种程度上反映了就业于乡镇企业的农民收入与从事农业经营活动的农民收入之间有明显差异。还有，水浇地的比率也是影响农户收入的一个重要变量。水浇地比率每提高10个百分点可使农户人均收入提高约22元。

和商品率（marketing ratio）。[1]从模型估计的结果来看，如下几点是有意义的。

第一，农户劳动力的平均文化程度对总收入的影响是显著的。农户成员平均受教育年限每提高 1 年，可使农户总收入提高 34.97 元。这意味着农村劳动力的受教育水平对家庭收入的影响是正向的，有助于提高农民收入。但是这种影响是通过职业选择，即通过提高非农就业的机会，以及通过提高个人的劳动力生产率来实现的，单纯从该回归模型的估计结果中是难以回答的。对这几种传递机制的进一步识别还需要深入研究。

表 4.2　农村家庭收入的回归分析（1988 年）

解释变量	（1）无省份虚拟变量		（2）有省份虚拟变量	
	回归系数	*t*-值	回归系数	*t*-值
官　员	25.24	0.20	90.50	0.74
干　部	696.35	6.39	785.69	7.53
私营企业主/经理	668.16	5.92	568.23	5.24
技术工人	1 219.46	5.75	1 215.13	6.00
乡镇企业工人	866.23	14.39	848.30	13.92
农　民	40.56	1.42	65.48	2.34
普通工/临时工	1 079.09	15.74	962.8	14.53
性别比率	130.25	1.08	148.22	1.28
受教育年限	33.41	3.65	34.97	3.85
党　员	300.18	4.85	284.43	4.80
生产资本	0.04	3.09	0.06	4.79
土地(亩)	−0.51	−0.91	0.83	1.53
其他资产值	0.19	42.08	0.16	33.99
化　肥	0.25	9.45	0.22	8.39
兼营率	1.71	1.22	1.40	1.04
商品率	1 376.23	11.39	1 642.8	13.48
家庭规模	272.27	14.52	239.15	12.65
广　东			2 300.09	16.00
天　津			1 759.37	7.24
海　南			1 134.72	5.22
浙　江			909.38	6.48
北　京			569.61	2.33
湖　南			411.39	3.26
福　建			399.53	2.55
上　海			371.82	1.47

[1] 兼营率为农户工、副业产品销售总额与农产品销售总额的比率；商品率为农户产品销售总额与其生产经营收入的比率。

续表

解释变量	(1) 无省份虚拟变量		(2) 有省份虚拟变量	
	回归系数	t-值	回归系数	t-值
广　西			296.82	2.00
江　西			165.20	1.13
云　南			106.54	0.72
青　海			97.64	0.41
湖　北			13.79	0.11
宁　夏			−110.29	−0.46
江　苏			−209.44	−1.57
贵　州			−312.75	−2.03
山　东			−400.49	−3.33
河　北			−430.78	−3.55
甘　肃			−479.59	−3.09
内蒙古			−537.15	−3.46
安　徽			−612.61	−4.65
辽　宁			−759.16	−4.85
陕　西			−765.44	−5.24
山　西			−860.83	−5.91
河　南			−943.89	−7.85
吉　林			−1 015.43	−6.06
黑龙江			−1 669.64	−11.06
截　距	−250.84	−2.23	−26.24	0.20
R^2	0.336		0.399	
调整 R^2	0.335		0.397	
样本数	10 217		10 217	

注：被解释变量＝家庭总收入。
资料来源：1988年CHIP农村住户调查数据；赵人伟、格里芬（1994）。

第二，家庭人口规模对家庭总收入的影响是显著的。如果假定其他因素不变，平均说来，农户每增加1个成员，可以使其总收入增加239元，它相当于农户人均收入的31%。如果假定其他变量会随着家庭人口规模的扩大而发生变动，那么农户每增加一个成员则可以使其总收入增加576元。考虑到家庭人口规模带来的消费方面的节约性，家庭人口规模的扩大并不会对农户实际收入水平构成不利影响。这也说明农户强烈的家庭规模扩张倾向并没有受到经济上的自我约束。这从另一方面说明了为什么20世纪80—90年代农村计划生育政策是违背农民的意愿的，在政策执行中会遇到农民的抵制和对抗。

第三，生产性固定资产对农户总收入的影响是明显的。生产性固定资产对总收入的年收益率为 6%。与此相反，土地面积对农户总收入的贡献是微不足道的。如表 4.2 所示，在没有引入省份变量的模型中，土地变量的系数估计值是负的。这意味着土地越多收入越低。显然，这种结果是没有说服力的，出现这种情况是由于模型中没有控制地区间土地质量的差异。如果引入地区变量或者土地质量作为控制变量，那么估计结果就会有所不同。正如表 4.2 中第 2 个模型估计的结果所示，在加入省份虚拟变量后，土地变量的系数估计值转变为正值，但是数值很低。每增加 1 亩地仅使家庭总收入增加不足 1 元。这一结果可能是由以下几个因素造成的：（1）土地人均占有量与地区经济发展水平成反比。这种反比关系不但存在于省际之间，也存在于各省内部。因此在省份作为虚拟变量的回归模型中，这种反比关系的影响仍难以被全部加以消除。（2）土地质量的差异没有反映在回归模型中，因为这种差异会影响到土地生产力与土地面积之间的线性关系。（3）土地收益率低是一种实际状况，由于农产品相对价格的不断下跌和农业投入品价格的不断上升，导致了土地的边际生产力下滑到很低的水平。这几种解释需要进一步估算才能得到证实。

第四，表现农户生产多样化的兼营率对农户总收入的影响在统计上并不显著，而且系数估计值很低（1.40）。而反映市场发育程度的商品率对农户总收入的影响是具有高度显著性的，系数估计值高达 1 642.8，即商品率每提高 10%，农户总收入相应地提高 164.28 元。这意味着在商品率高的地区，也是经济较为发达的地区，农民较高的收入水平是一种自然的结果。同样对于个体农户来说，商品率与其收入水平存在着高度的相关性。应该看到，在很大程度上商品率与经济转型也有相关性，后者是前者的一个重要决定因素。

除此之外，20 世纪 80 年代，由于劳动力流动受到很大的限制，即使在农村内部地区之间，甚至是乡村之间，劳动力流动都是不多见的。在这种情况下，乡镇企业工人的收入水平明显高于从事农业的劳动力，这反映了乡镇企业发展社区化所引起的劳动力资源配置上的不合理性。由于乡镇企业主要由乡村兴办，因而其主要目的是使本地居民利益最大化。乡镇企业的利益主要体现为较高的工资水准和一定的福利待遇。为了保证这些利益不外流，乡镇企业会限制雇用外来劳动力。这样，一些乡镇本地劳动力的短缺必然会引起工人工资的上升。从这个意义上讲，乡镇企业工人分享了企业资产的一部分利润或租金。

4.1.3 农村的收入差距及其分解

根据国家统计局的估计，在改革开放初期，中国农村收入差距处于中等偏低水平，收入分配的基尼系数大约为 0.23 左右。而且，在农村改革的最初几年中，农村收入差距不仅没有扩大，反而有所缩小，如 1982 年的农村收入分配的基尼系数比 1981 年下降近 1 个百分点。[1]值得注意的是，1978—1982 年正是农民收入高速增长时期，人均收入的年均增长率高达 16%—19%。[2]这意味着在经济增长过程中，收入差距可以是缩小的。而收入差距变化与经济增长之间的关系，并非像库茨涅兹倒 U 形假说所预测的那样：收入差距随着经济增长先是扩大，然后出现缩小。实际上，在经济增长过程中，收入差距可能会缩小，可能会扩大，也可能会保持相对稳定。因此，经济发展水平，或者经济增长速度与收入差距之间的关系不可以一概而论，关键还是经济增长模式的选择。在不同的经济增长模式下，收入差距会出现不同的变化。

然而，从 1983 年开始，农村内部收入差距的扩大趋势开始出现。国家统计局估计的 1988 年的农村居民收入差距的基尼系数为 0.30，比 1982 年高出近 7 个百分点，上升幅度较大。根据中国收入分配课题组估计的该年农村居民收入差距的基尼系数接近 0.34。由于收入分配课题组使用了与国家统计局不同的收入定义，因此在收入差距的估计结果上会有所不同。[3]

利用 1988 年的住户调查数据，我们对该年农村收入差距进行了分解分析，其结果见表 4.3。该表给出了农村人口按十等分法划分后，各组的收入情况以及各组不同收入来源的分布。人口十等分组中最高收入组的人均收入是最低组的 13 倍。如果按五等分法划分人口，最高组的人均收入是最低组的 6 倍。而在各种收入来源中，工资性收入的分配是最不平等的，十等分组

[1] 见本书第 3 章图 3.1。

[2] 1978—1982 年国家统计局没有统计农村居民消费价格指数。如果按照城镇居民消费价格指数来平减农村人均收入，那么这一时期农民纯收入的年均增长率为 16%；如果按农村居民消费价格上涨率为 0%计算，那么这一时期农民纯收入的年均增长率为 19%。

[3] 有关中国收入分配课题组的住户收入定义的相关讨论见赵人伟、格里芬（1994）；李实（2003）。

中最高收入组获得的工资性收入是最低组的60多倍。而且，十等分组中最高收入组获得工资性收入是农村全部工资收入的62%，五等分组中最高收入组获得的工资性收入的份额是76%。这意味着20%的高收入人群获得了近80%的工资性收入。这一结果进一步说明了，对于不同农户而言获得工资收入的机会有很大差别，也意味着从事非农就业的机会有很大差别。而非农就业的收入往往会大大高于从事农业的收入，如果能够获得非农就业机会，那么就能获得更高的工资收入，也就很容易成为高收入人群。

上述结果显示了农村居民收入多样化的过程，除了农业经营收入外，其他收入来源开始出现，其数量也有所增加。然而，应该看到其他收入来源并不是均等分配的，也就是说能够获得其他收入的机会对于不同地区、不同人群而言是不同的。这也是收入分配的市场化过程的一种必然结果。特别对于工资性收入来说，由于在农村经济转型的初期非农产业的发展存在着严重的区域不平衡问题，非农产业最早出现在东部地区，其发展速度远超中西部地区，因而东部农村地区劳动力有了更多的非农就业机会。比如，当时乡镇企业发展代表了农村非农产业发展的势头，在20世纪80年代末，乡镇企业发展的地区不平衡问题非常突出。在1980年，东部地区乡镇企业的人均产值是中部地区的2.73倍，西部地区的近6倍；而且从80年代中期至90年代中期，地区之间乡镇企业发展的差异是在不断扩大的（魏后凯，1997）。

表4.3　农村居民十等分组中各组收入份额及其构成（1988年）

人口十等分组	总收入	个人工资	从企业获得的非工资收入	出售产品的现金收入	自我消费	生产性总收入	财产收入	自有住房估算租金	净补贴	其他
1（最低）	0.02	0.01	0.02	0.00	0.06	0.02	0.02	0.05	0.11	0.03
2	0.05	0.00	0.03	0.01	0.07	0.05	0.03	0.05	0.07	0.04
3	0.06	0.02	0.03	0.05	0.08	0.07	0.04	0.06	0.09	0.05
4	0.07	0.02	0.05	0.07	0.09	0.08	0.02	0.07	0.09	0.05
5	0.08	0.03	0.07	0.08	0.09	0.09	0.12	0.08	0.09	0.06
6	0.09	0.03	0.07	0.10	0.10	0.10	0.06	0.08	0.09	0.08
7	0.10	0.05	0.09	0.12	0.11	0.11	0.05	0.10	0.10	0.08
8	0.12	0.80	0.11	0.14	0.12	0.13	0.06	0.11	0.11	0.10
9	0.15	0.14	0.16	0.18	0.13	0.15	0.19	0.14	0.11	0.14
10（最高）	0.26	0.62	0.39	0.26	0.15	0.20	0.41	0.25	0.13	0.36

资料来源：1988年CHIP农村住户调查数据；赵人伟、格里芬（1994）。

从基尼系数的分解公式可以看出，农村居民人均总收入的基尼系数与各个分项收入之间的关系，一方面取决于每个分项收入占总收入中的比例，另一方面取决于每个分项收入的分布或差距的大小。这里分项收入的差距是用集中率来表示的。[1]表 4.4 提供了有关基尼系数和集中率的情况。个人总收入的基尼系数值为 0.338。它实际上是各种分项收入集中率的加权平均数值，其中权数等于这些分项收入占总收入的份额。一种分项收入的集中率衡量的是它在人均总收入中的分布不均等情况。比基尼系数低（高）的集中率表明该种收入的分配对总收入的分配起缩小（扩大）差距的作用。[2]根据各个分项收入的重要程度，我们分别分析它们对总收入差距的影响作用。

表 4.4 农村收入差距及其来源（1988 年）

收入及其构成	(1) $(100)u_i$	(2) G 或 C_i	(3) $u_i \times C_i$	(4) $100(u_i \times C_i)/G$
农户生产性收入	74.21	0.28	0.21	61.8
包括：净现金收入	(33.08)	0.436	(0.144)	(42.6)
自我消费	(41.13)	0.159	(0.065)	(19.2)
个人工资等	8.73	0.710	0.062	18.3
自有房屋估算租金	9.67	0.281	0.027	8.0
从企业获得的非工资收入	2.40	0.487	0.012	3.6
财产收入	0.17	0.484	0.001	0.3
净补贴	−1.90	0.052	0.001	−0.3
杂项（个人转移额为主）	6.71	0.418	0.028	8.3
总收入	100.00	0.333 8	0.338	100.00

注：第（1）栏：u_i 指第 i 种收入来源占总收入份额。第（2）栏：第 i 种收入分配不平等的指数。对总收入来说，它是基尼系数 G；对分项收入来说，它是集中率 C。第（3）栏：第 i 种收入份额与集中率的乘积，可以理解为对总收入的基尼系数（$\sum u_i C_i$）的贡献。第（4）栏：第 i 种收入对总收入不平等的相对贡献。

资料来源：1988 年 CHIP 农村住户调查数据；赵人伟、格里芬（1994）。

[1] 集中率，又称为“拟基尼系数”（Pseudo-Gini Coefficient），是测量分项收入的分布状况。它的计算方法与基尼系数相同，只是排序不是按照该分项收入本身的排序，而是根据总收入的排序。

[2] 当我们说如果 $C_i < C$ 表明第 i 种收入有助于总收入差距缩小时，我们是指第 i 种收入在总收入中的份额的提高会降低后者的基尼系数。当然，提高第 i 种收入在总收入中的份额是不是可行而且适宜的收入再分配政策，这是个更复杂的问题。因此，我们看看两种收入：城镇补贴和农村消费额（为温饱而生产）。前者加剧了不平等，而且许多决策者认为降低其比重是收入再分配政策的主要手段。后者有利于收入分配的平等，但是没几个决策者认为增加为温饱而生产的比重是一项适宜的收入再分配政策。

在 20 世纪 80 年代后期，农业生产活动仍然是农村居民最大的收入来源。由于家庭联产承包责任制坚持了村内承包土地分配的均等化原则，因此农户之间农业经营收入的分配具有均等化的特点，并且对整体收入分配的不平等起到了缩小作用。农户的农业经营收入由两部分构成，一是从农产品销售获得的净现金收入，二是自我消费的自我生产的农产品的市场价值。[1] 然而，对于整体收入差距来说，这两个构成部分却起着不同的作用。从农业生产活动获得的净现金收入起到加剧不平等的作用。由表 4.4 可知，高收入人口组该项收入的数目很大而低收入组的数目极小。最低收入组的此项收入几乎是微不足道的，而最高收入组获得的这种收入的比重达 26%。这种收入的集中率（0.436）也能说明问题，它比人均总收入的基尼系数高得多。从表 4.4 中可以看出，农业经营的现金收入占农户总收入的 1/3，但是它对总收入差距的解释超过了 2/3（42.6%）。

家庭自我消费的农产品是农户农业经营收入的另一个构成部分，它明显起到缩小总收入差距的作用：虽然它占总收入的 2/5 以上，但它对收入不平等的解释不到 1/5。它的集中率为 0.16，是除了净补贴以外，所有分项收入中最低的。家庭自我消费的农产品作为农户收入的一部分，在不同收入组之间的分配之所以具有较高的均等程度，一个重要的原因是它在低收入组的总收入中所占比重高于高收入组。也就是说，收入越低的农户，其农产品商品化率越低，自给率越高，而对于收入高的农户而言，情形正好相反。

在 20 世纪 80 年代末，工资性收入在农户总收入中所占比重并不是很高（见表 4.4），不足 9%。然而工资性收入（包括其他现金和实物形式的个人劳动报酬）是在总收入中最具有扩大收入差距效应的收入来源。它的集中率高达 0.72，比总收入的基尼系数高出 1 倍以上。从不同收入组农户获得的工资性收入的份额也可以看出其分配的巨大差距。工资收入大部分落入比较富足的农户手中：该项收入的 62% 由 10% 的最高收入农户拥有，20% 的最低收入组农户得到仅为该项收入的 1%。

在中国农村，人们普遍拥有自己的住房。自有住房不仅为住户带来实际

---

[1] 从严格意义上讲，还应该包括库存的农产品的市场价值，它可以看作一种实物性储蓄。由于在 20 世纪 80 年代，农户的库存农产品数量很少，我们这里没有把它单独列出来。

的消费效用，而且自身有一种潜在的市场价值。它也可以看作过去财产积累带来的收益。然而，在国内计算住户收入时，往往都忽略了自有住房的价值。比如，国家统计局过去一直使用“农民纯收入”的概念，而在纯收入中是不包括农户自有住房的价值的。按照国际住户收入的定义，自有住房的估算租金应该是其住户收入的一部分。根据国际学术界的通常做法，中国收入分配课题组从课题启动开始一直坚持使用包括了自有住房估算租金的住户收入定义（赵人伟、格里芬，1994）。在表 4.4 中，经过估算，农户自用住房的估算租金占农户总收入的比例接近 10%，而且高于工资性收入的占比。由于当时农户的普遍住房条件比较差，自用住房的估算租金的分配较为均等，估算出来的集中率为 0.28，明显低于住户总收入的基尼系数。而且，自用住房估算租金解释了总收入差距的 8%，低于其占总收入的比例。

在 80 年代末，政府几乎没有再分配政策，但是仍在征收农业税。加上其他的税费也要农户负担。虽然农民是一个低收入群体，但是他们的税费负担仍要高于其他群体。表 4.4 显示了农户收入中净补贴的份额和集中率。这里的净补贴是农户从国家和集体获得的公共转移收入与缴纳的税费的差额，即净补贴=公共转移收入−税费。从数额上看，净补贴是负值，意味着总体上农户缴纳的税费要多于其获得的转移收入。更重要的是净补贴的集中率是非常低的，只有 0.05 左右。这说明净补贴在不同收入组中的分配是较为均等的，不管是高收入组还是低收入组获得净补贴的份额相差不大。由于该套数据没有进一步将净补贴区分为税费和公共转移性收入两部分，因此我们无法确认净补贴的均等化分配的情况主要是来自税费均等化分摊，还是来自公共转移性收入的均等化分配？根据相关研究，由于农户的税费基本上是根据家庭人口或者土地进行均摊的，因而它具有很强的累退性(regressive)。[1]在这种情况下，即使公共转移支付偏向于低收入和贫困家庭，但是其数量小，不足以抵消税费的累退性分配效果。

其他各种收入数量较小。它们对收入分配都起到很大的扩大差距的作用，但是由于在总收入中所占比重小，它们对总收入不平等的作用是有限的。来

[1] 如 Khan 和 Riskin（1998）发现，中国农村有着高累退率的税收体系，农村人口中收入最多的 10%获得了 26%的收入份额，但是只交纳了 13%的净税金。

自镇、村、集体和其他企业（奖金、福利收入和红利收入）的非工资收入和财产收入的分配不平等情况大抵相同，这种不平等的程度仅次于工资收入分配的不平等。以个人转移收入为主的杂项收入分配的不平等情况则不显著。

概括起来，在 20 世纪 80 年代末，经历了十年农村经济转型之后，中国农户收入出现了较快增长，收入结构出现了明显变化，收入多样化的特点初步显现出来。同时，农村内部收入差距更加凸显，高收入农户与低收入农户之间的收入差距开始拉大，其中一个重要原因是这一时期农村中非农就业机会的增加及其区域发展的不平衡性。从收入结构来看，高收入农户获得的工资性收入、非农就业收入和财产收入大大高于平均水平。他们获得的农业生产性收入远远低于平均水平，尤其是自我消费的那部分农产品的折算收入。不可思议的是，他们缴纳的税费远远低于平均水平。与此相比，低收入农户的收入大部分来自家庭农业经营，而在农业产出中的大部分留作自己消费。除了自有住房的估算租金外，他们的其他分项收入都低于平均水平。他们的工资收入比例极低，而交纳的税费却大大高于平均水平。总之，在农村土地承包制实施后，农村经济转型带来了农村经济发展，带来了农民收入的提高，带来了农民收入的多样化，同时也引发了收入差距。然而，这一时期收入差距的扩大在一定意义上是必然会出现的，它是经济转型的必然结果，也是经济发展过程的必然结果。而且它带来的副作用是有限的，因为没有带来两极分化的问题，收入差距扩大过程中低收入农户的收入没有出现下降，只是高收入农户的收入出现了更快的增长。

4.2　城镇早期经济转型与收入差距

改革开放前中国实行了长达近 30 年的计划经济体制，这主要是就城市经济而言的，农村经济体制只能是一种“管制”经济，而非严格意义上的计划体制。由于计划经济体制的重心在城市，为了巩固城市的计划体制，对农村经济采取了公社化管理模式。在“以粮为纲”的农村发展战略下，农村管制经济体制是为城市计划经济体制的运行提供保障，也可以认为是城市计划经济体制的一种附属体制。从这个意义上讲，中国经济转型——从计划经济向市场经济的转变——是指城市经济体制的转换：从全面的公有制（国有和集体）经济向多种所有制共存的经济体制转换；从计划和管制经济体制向市场和自主经济体制转变；从经济的集权化管理向经济的分权化管理转变。

对改革初期中国城镇居民收入分配的考察，可以放置于计划和市场两大系统和两种不同调节机制相互并存且相互作用这样一种体制背景下来进行。计划和市场不但会直接造成就业于这两大系统内部的职工收入分配上的明显差异，而且还会改变决定职工和居民户收入，以及收入分配的相关因素和变量的相对重要性。出于这种考虑，我们通过对几个问题的考察，来说明计划经济体制和市场机制在 20 世纪 80 年代末这一特殊时期如何影响城市居民收入分配和城市职工工资分配，以此来表明经济转型与收入分配之间存在着密不可分的关系。

4.2.1 改革初期城镇居民收入的构成及其分配

根据收入的不同来源，中国城镇居民的可支配收入可以分解为 8 个部分，即在职职工的货币性工资收入；离退休人员货币收入；非就业人员收入；补贴和实物收入；自有住房估算租金；个体、私营企业主收入；财产性收入；其他收入（如转移收入）。表 4.5 给出了各项收入分配的均等程度及其在总收入中的比重，从中可以看出个人总收入分配的均等程度与各项收入分配的均等程度之间的关系。从表中各项数字的比较可以看出计划经济的一些特点。除了货币收入外，实物收入和补贴占住户收入的很大一部分。表 4.5 中的分析结果反映了以下几个值得重视的特点：(1) 在职职工的货币工资收入在城镇居民总收入中的比重仅为 44.42%，尽管它是构成居民总收入的最大份额，但是它所占的比重并不是很大。(2) 主要由住房补贴、实物收入和职工补贴性收入构成的居民补贴收入在总收入中所占的比重在各项收入来源中排在第二位，高达 39.08%。如果加上医疗补贴，城镇居民的补贴性收入就会与职工的工资性货币收入不相上下。[1] (3) 1988 年城镇居民人均总收入的基尼系数为 0.233。现在来看，收入均等程度是偏高的，或者说收入差距

[1] 1988 年医疗补贴在城镇居民总收入中的比例大约为 3.83%。见赵人伟、格里芬(1994) 的第七章。

是偏小。造成这种结果的一个重要原因是几个分项收入的分配更加平等，差距更小。如在职职工工资性货币收入（集中率为0.178）、各类票证补贴（集中率为0.130）和其他补贴和实物收入（集中率为0.208）的分配不均等程度低于总收入，而且这几项收入占据了总收入的很大比例。换句话说，较多受到计划和行政管制的职工工资性收入和补贴的分配呈现较高的均等程度。不难看出，这种分配格局具有非常明显的计划经济色彩。由于当时工资的决定仍由政府统一控制，企业和工作单位没有工资的决定权，只是在有限范围内对数量有限的奖金进行自主分配。而且尽管经济改革已经推进了十年，但是城市企业的工资制度和工资决定机制没有发生大的变化，仍是由中央政府加以控制。

当然，这一时期居民收入决定和收入分配过程中市场的因素已经开始显现。这在居民总收入中的其他收入构成中有所体现，表现为其他分项收入的分配的不均等程度都高于总收入。如表4.5所示，较多受到市场影响的个体、私营企业主收入及财产性收入的分配却呈现较低的均等程度，具有比总收入更大的差距。

表4.5　1988年城镇居民收入差距及其来源

收入及其构成	(1) $(100)u_i$	(2) G 或 C_i	(3) $u_i \times C_i$	(4) $100(u_i \times C_i)/G$
1. 在职职工的货币性工资收入	44.42	0.178	0.079	33.9
2. 离退休人员的货币收入	6.83	0.335	0.023	9.8
3. 非就业人员收入	0.47	0.433	0.002	0.9
4. 补贴和实物收入				
其中：(1) 各类票证补贴	5.26	0.130	0.007	2.9
(2) 住房实物补贴	18.14	0.311	0.056	24.2
(3) 其他补贴和实物收入	15.68	0.208	0.033	14.0
5. 自有住房估算租金	3.90	0.338	0.013	5.7
6. 个体、私营企业主收入	0.74	0.413	0.003	1.3
7. 财产性收入	0.49	0.437	0.002	0.9
8. 其他收入	4.06	0.377	0.015	6.6
总收入	100.00	0.233	0.233	100.00

注：第（1）栏：u_i 指第 i 种收入来源占总收入份额。第（2）栏：第 i 种收入分配不平等的指数。对总收入来说，它是基尼系数 G；对分项收入来说，它是集中率 C；第（3）栏：第 i 种收入份额与集中率的乘积，可以理解为对总收入的基尼系数（$\sum u_i C_i$）的贡献。第（4）栏：第 i 种收入对总收入不平等的相对贡献。

资料来源：1988年CHIP城镇住户调查数据。赵人伟、格里芬（1994）。

表 4.6 给出了每个十等分组获得各种分项收入的份额，显示了各种分项收入在不同收入组中的分配情况。它有助于我们进一步理解总收入的分配状况。从总收入的分配来看，收入最高的 10%城镇居民获得了 26%的收入份额，而收入最低的 10%城镇居民只获得了 5%的收入份额。最高 10%与最低 10%收入组之间的收入差距是 5.2 倍。这进一步印证了城镇收入差距并不明显的结论。

表 4.6　十等分组中各组收入份额及其构成：中国城镇的收入分配

十等分组	总收入	工资收入	退休后就业现金收入	非就业人员收入	个体和私人企业经营收入	财产收入	票证补贴	实物住房补贴	其他补贴和实物收入	私有住房租价	杂项
1（最低）	0.05	0.05	0.03	0.04	0.05	0.02	0.07	0.04	0.04	0.06	0.04
2	0.06	0.07	0.05	0.07	0.09	0.03	0.08	0.06	0.06	0.05	0.05
3	0.07	0.08	0.05	0.05	0.04	0.05	0.08	0.06	0.08	0.05	0.05
4	0.08	0.09	0.06	0.05	0.04	0.06	0.09	0.07	0.09	0.06	0.05
5	0.09	0.09	0.08	0.05	0.03	0.06	0.09	0.08	0.09	0.06	0.06
6	0.09	0.10	0.08	0.03	0.07	0.08	0.09	0.08	0.10	0.06	0.07
7	0.10	0.10	0.11	0.08	0.08	0.09	0.11	0.09	0.11	0.08	0.09
8	0.11	0.12	0.13	0.07	0.05	0.12	0.11	0.11	0.12	0.11	0.12
9	0.14	0.13	0.17	0.12	0.11	0.15	0.13	0.13	0.13	0.16	0.17
10（最高）	0.21	0.17	0.23	0.44	0.43	0.34	0.15	0.28	0.18	0.30	0.30

资料来源：1988 年 CHIP 城镇住户调查数据；赵人伟、格里芬（1994）。

从城镇居民的收入结构上看，有些分项收入的分配更平均一些。如工资性收入，收入最高的 10%居民获得的工资收入的份额是 17%，只比收入最低的 10%居民的工资收入份额高出 3.4 倍。又如，票证补贴性收入分配，收入最高的 10%居民获得的票证补贴收入的份额是 15%，只比收入最低的 10%居民的份额高出 2.1 倍。另一方面，有些分项收入的分配更加不均等。比较突出的是个体与私人企业经营收入，收入最高 10%居民获得的该项收入的份额为 43%，相当于收入最低 10%居民份额的 8.6 倍。同样，财产性收入分配的不均等程度也很大。

这里需要特别提到公有住房的实物补贴。这个收入项目是指居住在公有住房的居民实际支付的房租低于市场的租金，这部分差额便是他们获得的实物性住房补贴。这部分隐形的租金估算出来后应该算为居民收入的一部分。中国收入分配课题组从一开始就坚持估算实物性补贴和实物性收入，使得中国住户收入更加接近国际标准。从表 4.6 可以看出，收入越高的居民获得的实物住房补贴越多。收入最高的 10%居民获得的实物住房补贴的份额为 28%，相当于收入最低的 10%居民的 7 倍。这意味着实物住房补贴的分配是严重不均等的，它反映了当时公有住房分配的不平等问题。

4.2.2　不同所有制部门内部收入差距的比较

20 世纪 80 年代末，城镇职工的工资分配差距受到了部门所有制的影响。由于国有企业和集体企业受到更多的计划约束和政府管制，而私营和个体经营者则不然，因而不同所有制部门的工资水平和工资分配差距有着不同的特点。我们从不同所有制部门内部职工的收入水平和收入差距的比较中，可以进一步了解计划和市场对收入分配格局的不同效应。受到过多计划和行政干预的国有企业职工与受市场调节更多的个体企业、合资企业和外资企业（统称为私有部门）的职工相比，两者的平均货币收入水平相差不大。根据我们的样本数据，1988 年前者的货币收入为 1 876 元，后者为 2 200 元（赵人伟、格里芬，1994）。如果考虑到国有部门职工在住房条件、医疗、劳保等方面享有的优越待遇，那么两者的实际收入会相差无几。然而，国有部门和私有部门却具有截然不同的收入分配格局。国有部门职工货币收入的差距仍不明显，基尼系数为 0.232；私有部门的收入差距却显而易见，基尼系数高达 0.493（赵人伟、格里芬，1994）。

不同所有制部门之间存在着不同的工资决定机制。这一点可以从城镇职工的工资函数的估计结果得到证实，从中也可以发现国有部门具有多少不同于私有部门的分配机制。表 4.7 给出了 1988 年中国城镇职工工资收入函数的估计结果。其中被解释变量为 3 个：总工资收入（Y_1）；基本工资（Y_2）；其他收入（Y_3）。这里其他收入是指基本工资外的奖金、补贴、加班费、困难救助等等。三种工资收入的关系：$Y_1 = Y_2 + Y_3$。

表 4.7　城镇职工工资收入函数估计结果

标记	因　变　量	系数估计值		
		Y_1	Y_2	Y_3
	常数项	7.056 7**	6.543 5**	5.871 6**
S_2	女性	−0.081 4**	−0.066 2**	−0.096 3**
E_1	大学毕业以上	0.181 0**	0.202 2**	0.174 1**
E_2	大专毕业	0.127 7**	0.135 7**	0.136 3**
E_3	中专毕业	0.112 1**	0.119 7**	0.136 2**
E_4	高中毕业	0.097 8**	0.098 2**	0.123 4**
E_5	初中毕业	0.091 4**	0.099 6**	0.098 4**
E_6	小学毕业	0.037 9	0.056 7**	0.011 2
E_7	小学三年以上	0.006 2	0.035 5	−0.039 1
C_1	党员	0.067 5**	0.059 5**	0.084 2**
M_1	少数民族	−0.006 1	−0.002 8	−0.026 7
O_{w2}	地方国营	−0.078 9**	−0.082 1**	−0.074 5**
O_{w3}	集体所有制	−0.174 7**	−0.139 9**	−0.265 8**
O_{w4}	私有或个体所有制	−0.338 3**	−0.270 7**	−0.589 3**
O_{w5}	中外合资	0.191 9**	0.310 9**	−0.080 2
O_{w6}	外资	0.021 9	0.134 1	−0.112 3
O_{w7}	其他所有制	−0.123 9**	−0.071 2	−0.274 8**
O_{w8}	多种所有制	−0.391 6	−0.132 1	−1.003 7*
O_{c1}	私营或个体企业主	0.029 1	0.034 2	−0.003 3
O_{c2}	私营或个体企业业主兼经理	0.080 3**	0.091 1	−0.065 2
O_{c3}	专业或技术人员	0.072 7**	0.075 3**	0.091 9**
O_{c4}	事业单位负责人	0.085 5**	0.109 8**	0.079 2**
O_{c5}	工厂厂长或经理	0.142 2**	0.136 2**	0.150 6**
O_{c6}	办事员	0.036 5**	0.042 8**	0.046 8**
E_{s1}	农、林、牧、渔、水利	−0.022 3	−0.042 0*	0.045 7
E_{s2}	采掘业	0.075 4**	0.074 6**	0.105 5**
E_{s4}	地质勘探及普查业	−0.064 6**	−0.035 7	−0.087 9
E_{s5}	建筑业	0.018 7	0.002 9	0.034 7
E_{s6}	交通、运输、邮电、通讯业	0.014 4	0.012 8	0.026 2
E_{s7}	商业、公共饮食、物资供销、仓储业	−0.018 9**	−0.050 4**	0.005 7
E_{s8}	房地产管理、公用事业	−0.068 4**	−0.068 3**	−0.079 0*
E_{s9}	居民个人服务和咨询服务业	−0.078 0**	−0.096 8**	−0.158 9**
E_{s10}	卫生、体育、社会福利事业	−0.033 3**	−0.039 9**	−0.011 3
E_{s11}	教育、文化、艺术事业	−0.041 9**	−0.028 4**	−0.044 2*
E_{s12}	科研及技术服务	−0.026 3	−0.028 0	−0.006 8
E_{s13}	金融、保险业	−0.060 6**	−0.051 7**	−0.030 0
E_{s14}	党、政机关及社会团体	−0.093 3**	−0.043 2**	−0.458 2**
E_{s15}	其他	−0.092 9**	−0.111 3**	−0.125 8**
E_{s16}	不清楚	−0.365 8**	−0.332 4**	−0.544 0
J_1	固定工或合同工	0.227 9**	0.124 6**	0.567 8**

续表

标记	因 变 量	系数估计值		
		Y_1	Y_2	Y_3
J_2	临时工	−0.114 4**	−0.019 9	−0.318 9**
J_4	其他	0.200 6*	0.237 1**	−0.062 5
A_1	年龄 20 岁以下	−0.329 4**	−0.319 0**	−0.417 1**
A_2	21—25 岁	−0.204 8**	−0.180 6**	−0.271 7**
A_4	31—35 岁	0.150 5**	0.121 1**	0.183 6**
A_5	36—40 岁	0.199 6**	0.200 8**	0.211 8**
A_6	41—45 岁	0.261 3**	0.288 5**	0.228 9**
A_7	46—50 岁	0.290 2**	0.351 6**	0.190 2**
A_8	51—55 岁	0.317 3**	0.419 0**	0.163 1**
A_9	56—60 岁	0.316 7**	0.464 5**	0.086 0**
A_{10}	61—65 岁	0.292 6**	0.407 4**	0.124 4
A_{11}	66 岁以上	0.274 9**	0.400 5**	0.036 2
P_0	四川	0.144 3	−0.064 7	0.314 6*
P_1	北京	0.000 6	−0.038 5**	0.018 3
P_4	山西	−0.197 8**	−0.100 0**	−0.424 7**
P_8	辽宁	−0.022 8*	−0.001 2	−0.060 4**
P_{12}	安徽	−0.085 2**	−0.093 1**	−0.121 0**
P_{16}	河南	−0.217 4**	−0.032 8**	−0.625 6**
P_{17}	河北	−0.093 5**	−0.024 9**	−0.212 4**
P_{19}	广东	0.308 3**	0.080 1**	0.467 3**
P_{23}	云南	0.018 8	0.005 2	−0.001 3
P_{26}	甘肃	−0.068 4**	0.040 2**	−0.295 9
	F	246.041	299.785	127.687
	$\bar{R}^2$	0.461	0.510	0.307
	$\bar{Y}_1\bar{Y}_2\bar{Y}_3$	7.390 3	6.841 7	6.396 1
	N	17 480	17 480	17 480

注：* 表示该系数估计值在 5%的置信水平下是显著的；** 表示该系数估计值在 1%的置信水平下是显著的。省略变量为：男性、文盲、非党员、汉族、中央国企、一般工人、制造业、26—30 岁、江苏省。

资料来源：1988 年 CHIP 城镇住户调查数据；赵人伟、格里芬（1994）。

在城镇职工的工资收入函数中，解释变量包括性别、年龄组、民族身份、教育水平、所有制形式、职业种类、就业性质、就业部门、省份等。表 4.7 中的结果显示了不同所有制部门之间工资差距是存在的。以中央和省级国有企业为基准，有的所有制部门企业职工的工资收入明显偏低，有的所有制部门企业的工资收入水平则明显偏高。80 年代出现了合资企业，其是对外开放的一项重要举措。这些企业的工资决定机制是混合型的，既有国有企业的特点，又兼顾国外企业的工资分配原则。这一点在工资收入函数的估计结果中会有所反映。如表 4.7 所示，合资企业的职工总工资收入比国有企业职工高出大约 19%，基本工资则高出 31%，而基本工资以外的其他收入却低 8%。这说明合资企业更注重职工收入的工资化，而国有企业则更偏重职工收入的福利化。

国有部门既是受到较多计划管制的部门，又是可以从计划体系中获得较多优惠的部门。相比之下，集体所有制部门只受到前一种管制，而不享有后一种优惠。与国有部门相比，集体所有制职工的平均工资收入低 17%，但工资收入分配的均等程度却几乎相同，都表现出较高的平均主义分配倾向。国有部门和集体所有制部门职工货币收入上的差异主要产生于两个部门劳动力资源配置、劳动力素质和企业规模上的差异。相对国有部门来说，集体所有制部门女性职工比例高、职工所在企业规模小和职工文化程度低。[1]

4.2.3 偏低的教育收益率

计划经济的一个重要特点是压低高学历和高技能人员的收入，美其名曰为了缩小“脑力劳动与体力劳动”的差别。这种情况又会反映在偏低的教育收益率上。[2]即使到了 80 年代后期，这种状况并没有很大的改变。学术界一度流行着“脑体倒挂”的说法。从理论上讲，回答脑体收入是否倒挂的问题可以归结为对个人教育收益率的估算问题。如果估算的结果表明个人教育收益率是正值，那么就不存在一般意义上的脑体倒挂问题；反之，这一说法则是成立的。

利用明瑟的教育收益率估算公式，我们对 1988 年的城镇调查样本进行了估计。即对城镇 17 981 个职工样本的总工资收入与其教育年限和工作经验

---

[1] 与国有部门相比，集体所有制部门职工中女性比例高出约 20%；高中以上文化程度职工的比例大约低于 33%。见赵人伟、格里芬（1994）一书的第六章。

[2] 国际上对于个人教育收益率的估算方法大多是采用明塞（J. Mincer）的公式，即 $Ly = b_0 + b_1S + b_2E + b_3e^2 + u$。其中 L_y 是个人收入的对数，S 为教育年限，E 为就业时间（通常以年为单位），u 为误差项。该公式的经济学含义是，在不考虑教育的直接费用时，系数 b_1 表示收入获得者在受教育期间获得的人力资本的收益率，或是放弃收入（income forgone）的收益率（也称为个人教育收益率）；b_2 和 b_3 为个人在工作经验中（包括在职培训）获得的人力资本的收益率。

进行回归分析，可以获得各个变量系数的估计值。结果表明，每项估计值都具有高度显著性。表示个人教育收益率的 b_1 的估计值为 3.8%。（赵人伟、格里芬，1994）它表明，平均说来，在就业年限相同的情况下，每增加 1 年的教育可以提高个人收入的 3.8%。这个结果给出了“脑体倒挂”假说的一个否定的回答。[1]然而，这并不意味着这种教育收益水平是合理的。中国的个人教育收益率，不但与其他发展中国家相比是偏低的[2]，而且也低于中国国内银行存款的利率。这说明，收入决定机制对教育或人力资本的补偿是不足的。当然，这种情况是计划经济遗留下来的，或者是城镇工资制度没有发生根本性改革的结果。

中国个人教育收益偏低的主要原因在于中国的工资政策和工资增长机制。[3]首先，由于中国工资政策上没有对具有中专以下（包括高中）教育水平的新职工规定有差异的起始工资，那么对于具有高中、初中甚至小学文化程度的职工来说，决定他们工资差异的就不是教育水平上的差异，而是就业时间的长短，除非高文化程度的职工具有更多的晋升机会。其次，“文化大革命”以后的几次“一刀切”式的工资普调和地区间或部门间的工资轮长，基本上完全不考虑职工教育水平的差异，从而造成原来不同教育水平职工之间工资差距的进一步缩小。

研究教育水平与收入水平之间关系的另一种方法是将教育程度作为虚拟变量，与职工的其他各种特征变量放在一个回归模型中进行估计（如表 4.7 所示）。从估算结果中，可以看出在其他特征变量不变（或相同）的情况下不同教育程度（档次）职工之间的收入差异。这种方法的研究结果表明，职工的教育程度与其收入水平是高度正相关的。如果以三年以下小学教育为基准，3—6 年小学肄业文化程度的职工的总工资收入高出 0.6%，小学毕业的高出 3.79%，初中毕业的高出 9.14%，高中毕业的高出 9.78%，中专毕业的高出 11.21%，大专毕业的高出 12.77%，大学毕业以上的高出 18.10%。可

---

［1］“脑体倒挂”是 20 世纪 80 年代对脑力劳动者收入低于体力劳动者收入这种现象的一种表述，也是一种流行的说法。这种说法也许是来自一些特殊的例子，但是当时被认为是一种普遍的现象。

［2］根据世界银行官员对 11 个国家的公共部门职员的收入与其教育水平进行估计的结果，平均说来，个人的教育收益率大约为 10%。见 Psacharopoulos（1985）。

［3］见赵人伟、格里芬（1994）一书的第十四章。

见，教育收入率也是普遍偏低的。从上述结果中可以折算出高中毕业生的年教育收入率仅为 0.8%，大学毕业生的年教育收入率仅为 1.5%左右。

计划和市场两种收入决定机制，对教育在收入中的贡献的评价是不同的。将市场化程度较高的广东省与市场化程度较低的河南省进行比较，可以看出，在职工收入决定中，广东省赋予教育这一变量更大的重要性。在广东省，大学以上文化程度的职工的收入高出文盲和半文盲职工收入 35.89%，而在河南省这一数字仅为13.59%。[1]这种比较又或多或少地说明了市场机制在评价人力资本方面比计划机制有更高的灵敏度。

4.2.4 补贴的再分配功能

在计划经济时期，城镇职工工资一度被长期冻结，使得工资收入的增长严重滞后于经济增长。这种长期冻结工资的结果，表面上看有助于缩小工资差距，实际上它带来了另一种工资分配不平等，即工资分配的代际不平等（赵人伟，1985）。然而，在工资冻结时期，为了应对实际中发生的一些变化因素对城镇职工生活的影响，政府出台了一些补贴政策以及实物分配政策。对于这些政策带来的收入分配效应，过去一直不是很清楚。中国收入分配课题组利用 1988 年的住户调查数据对各种补贴，包括货币性补贴和实物性补贴的再分配功能进行了分析。

城镇居民获得补贴，不论从绝对量还是相对量上来看，都对城镇居民的收入分配和城乡居民收入差距产生不可低估的影响。由于在住房补贴和医疗补贴估算方法上的差异，对于城镇居民从各种途径获得的各种补贴总额，我们很难得到一个十分准确的数值。根据对住房补贴高估和不包括医疗补贴的计算结果，1988 年城镇居民户获得的人均补贴额为 719.84 元，相当于其可支配收入的39%。[2]根据包括医疗补贴和对住房补贴低估的计算结果，城镇居民户的补贴额相当于总收入的41%。[3]在各种补贴中，住房实物补贴独占鳌头。平均说来，它相当于居民户人均总收入的 18.14%；居民户货币总收入的 13.5%左右。

---

[1] 见赵人伟、格里芬（1994）一书的第六章。
[2] 见赵人伟、格里芬（1994）的第十一章。
[3] 见赵人伟、格里芬（1994）的第七章。

补贴会对城镇居民收入分配产生何种效应呢？它是扩大还是缩小收入差距呢？在城镇居民按人均总收入划分的十等分组中，与居民总收入相比，补贴分配的不均等程度略高一些。这表明高收入的居民户获得了更大比例的补贴，而低收入居民获得了较小比例的补贴。如果进一步对各种补贴项目加以分解，不难看出，各项补贴对总收入差距的效应是不同的（见表 4.8）。在名目繁多的补贴中，高收入组获得的份额远大于低收入组，如交通费补贴、票证及实物收入。当然，也有一些补贴是较为均等分配的，如粮油补贴、副食补贴。

表 4.8　补贴的收入分配效应（1988 年）

	十等分组中最高收入组与最低收入组的比例
总收入	4.023
各项补贴	
1. 副食价格补贴	2.812
2. 交通费	6.696
3. 其他货币性补贴	3.164
4. 票证及实物收入	6.605
5. 住房补贴	3.671
6. 医疗补贴	2.569
7. 粮油补贴	1.863
8. 副食补贴	3.121
9. 其他消费补贴	4.647

资料来源：赵人伟、格里芬（1994）的第七章。

在各种补贴中，住房补贴是值得进行专门说明的。住房补贴明显地具有扩大城镇居民收入差距的效应。如表 4.5 所示，根据居民人均可支配收入排序而计算的住房补贴的集中率高达 0.311，远高于城镇居民总收入的基尼系数 0.233。由于住房补贴在居民可支配收入中占有相当的比重，它的分配可解释居民可支配收入不均等程度的 24.2%。

补贴分配的不均等化及其所产生的扩大收入差距的效应，向我们提出了两个问题：第一，补贴的功能是什么？在多数市场经济国家中，补贴主要是作为对低收入阶层的一种收入补偿，以使其能够具有维持必要的生存条件和缩小由市场机制造成的明显的收入差距。这样一种功能在中国政府制定补贴的初始阶段，也是被加以考虑的，并曾经发生过积极的作用。为什么随着时间的推移，补贴在缩小收入差距方面的功能会朝着相反的方面发展呢？这是一个值得深入研究的问题。第二，为什么计划和行政手段对补贴不能进行较为均等或偏向于低收入者的分配呢？有些补贴，如居民粮油补贴，尽管实行了30多年，至今仍具有较高的分配均等程度，这在某种程度上是与粮油配给量长期保持不变有关的。而有些不断有增量的补贴，如住房补贴，会随着时间的推移不断地变换分配机制，最终形成一种扩大收入差距的补贴分配机制，尽管这种机制名义上仍是由行政手段（或计划手段）控制的。在很大程度上，收入分配制度，包括补贴制度的设立和演变是内生的，它的演变会受到各种因素的影响，特别会受到利益集团和强权势力的左右。一种分配制度会逐步演变为越来越有利于这些利益集团和强权势力。

4.2.5 高收入阶层与寻租[1]

如前所述，在20世纪80年代末中国城镇居民的收入差距并不显著，但是这并不意味着社会上不存在高收入者，尽管这部分人的相对比例是不高的。当然，那时的高收入者只是相对于一般居民而言，远不是现代意义上的高收入人群。根据中国住户调查的1988年样本，考虑了各种补贴和实物收入后，十等分组中最高收入组的人均总收入大约为3 868.2元，占总收入的份额为21%；而最低收入组的人均可支配收入为921元，占样本总收入的5%。最高收入组与最低收入组的之比为4.2∶1。根据经验估计，高收入者大多集中在个体户和私营企业主中，并且已有很多的典型调查说明了这一点。在1988年样本中，私营、个体部门人员最高收入组的人均总收入为7 394.95元。这一数字相当于国营部门职工最高收入组的两倍。[2]不可否认，个体户和私营企业主由于担心政策上的多变和出于偷税漏税的目的，他们中的高收入者会低报其经营收入。从研究角度看，如果知道了他们这种低报心理的普遍性，根据经验获得他们上报的与实际收入的比例，就可以对其平均实际收入进行较为现实的估计。

还有一部分高收入者是人们在现实生活中可以感觉到，但在抽样调查和

[1] 寻租，指寻求“租金”的行为。这里的所谓“租金”，一般指在价格“双轨制”下，市场价格减去计划价格而形成的差价；也有人认为是均衡价格减去计划价格而形成的差价。

[2] 见赵人伟、格里芬（1994）的第二章。

统计数据上无法得到反映的。这部分人主要是体制转轨过程中的寻租者。由于这部分人的寻租收入因人而异，因而具有极大的隐蔽性，因此对他们收入水平的估计是相当困难的。然而，对寻租活动与收入分配关系的研究是相当有意义的。

从逻辑上讲，对寻租活动与收入分配的关系可以分为三个层次进行研究：第一，对整个社会租金总量的估算问题。它涉及寻租活动定义的确定和租金的计算方法；第二，对社会租金流失量的估算问题，即考察社会租金总量有多大比例最终流入个人腰包；第三，租金流失量的分布问题，即租金最终是流入高收入阶层，还是流入低收入阶层，抑或是一种均匀分布。租金流失量的不同分布会对整个社会居民的收入分配产生不同的效应。由于对第二层次和第三层次的研究都要求以准确的调查数据资料为基础，而在现阶段很难获取这方面的信息，因此我们对这个议题的研究只能局限在第一个层次上。

4.2.6　收入决定中工作经验的影响

对于一个企业员工而言，其人力资本主要体现在两个方面。一是学历或文化程度，通过接受学校教育积累的人力资本；二是工作经验或工作年限，通过“干中学”积累的人力资本。第二个方面的人力资本可以分为通用性人力资本和专用性人力资本，前者可以在不同企业或不同行业都适用，后者只在所在企业适用。在计划体制中，作为人力资本的受教育程度并未受到应有重视，而作为工作经验却受到更多的重视。这在两种人力资本的回报上会有所不同，也就是说工作年限的回报率会高于受教育年限的回报率。

利用我们 1988 年的城镇职工样本数据进行回归分析，结果表明，在中国城镇职工中，工资收入与年龄（作为工作经验的代理变量）的关系表现为一种倒 U 形[1]：即工资收入随着年龄的增加而上升，到达某一年龄时，工资收入水平达到最高点，然后开始下降。这一关系几乎在所有经济领域中都是存在的。对于收入或工资与年龄的这种倒 U 形关系的理论解释主要有两种。第一种解释认为，工作经验作为人力资本的一种形式，它带来的效率变化服从于生命周期的变化规律，即效率的最高值往往出现在退休前某一个年

[1] 见赵人伟、格里芬（1994）的第六章。

龄段上，之后随着技术进步，工作年限增加带来的效率开始逐步下降。这意味着工资的增长变化受到了人力资本的生命周期变化的影响。第二种解释认为，企业愿意支付年功序列工资，完全是为了减少本企业老职工的跳槽机会。以上两种解释都假定存在着劳动力市场和企业有权自由决定工资。这一假定显然是不符合中国实际情况的。因此，对于这种倒 U 形关系，则只能由中国特有的工资制度方面的因素来解释。

在中国，工作年限在职工工资增长机制中的重要作用是众所周知的事实。在一个相当长的年龄段内，工作年限对工资收入差异的解释力超过了教育年限的解释力。工作年限（或年龄）与收入水平的这种高度相关性在很大程度上是一种社会文化心态和行政性工资管理体制长期结合的结果。在一个崇尚经验和敬重年长者的社会中，按照工作年限晋升工资的办法，对于集中统一的工资管理体制来说，可以说是一种最为有效的办法。这种办法的最大优点，就在于它的决策成本和操作成本的最小化和社会摩擦最小化。同时，在没有劳动力市场的情况下，对于每个职工来说，个人的其他特征变量，如职业、工作部门、文化程度等都几乎成为固定不变的量，而只有年龄是一个自然变量。这样将年龄（或工作年限）变量与工资变量挂钩才能保证工资政策的连续性和使所有职工产生工资增长的预期。而且，从整个生命周期的角度加以评价，似乎这种分配结果又是较为均等的。

一些分析结果为我们的这种解释提供了一些证据。[1]如果把职工的全部工资收入分为基本工资和其他货币收入（主要是奖金等）两部分，它们与年龄之间的关系有很大的不同。如图 4.2 所示，基本工资与年龄的关系，在退休前几乎是一种标准的线性关系，具有明显的事先设计的特点。而且基本工资的最高点落在 55—60 岁年龄组上，这说明职工的基本工资在退休前达到最大化；而其他收入的最高点落在 41—45 岁年龄组上，随后开始下降，在退休前下降 13 个百分点。前一种收入的决定主要是由计划管制的，后一种收入更多地是由企业决定和受到市场的影响。在两种工资收入的共同作用下，总工资收入与年龄之间的关系更多地受到基本工资的影响，因为基本工资占其中的很大比重。

---

[1] 见赵人伟、格里芬（1994）的第六章。

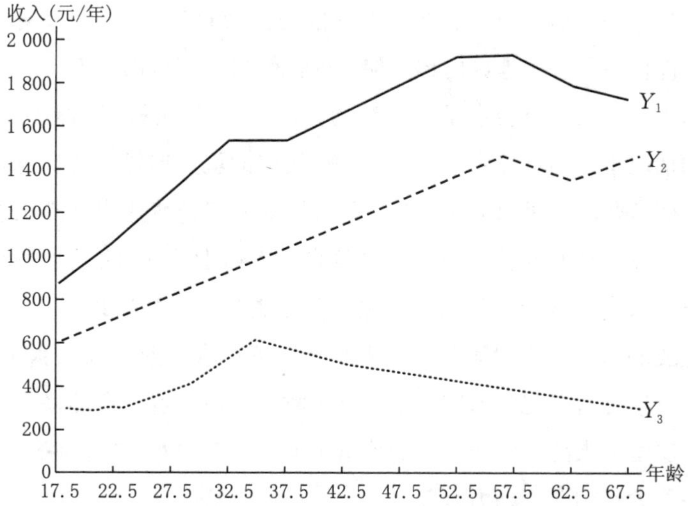

图 4.2　城镇职工工资收入与年龄的关系（1988 年）

资料来源：赵人伟、格里芬（1994）第六章。

注：Y_1：总工资收入；Y_2：基本工资；Y_3：其他收入。

4.3　总结

中国经济转型已有 40 年的历程。在这一重大历程中收入分配格局的变化、收入差距的演变，城镇内部和农村内部收入差距的变化特点，都是值得研究的问题。为了给这一研究论题提供基础，本章专门讨论了在经济转型初期中国收入分配的特点和收入差距扩大的原因。不言而喻，在经济转型的初期，居民收入分配具有计划体制的特点，同时一些由市场经济发展所带来的居民收入结构的变化和分配差距的扩大等特点也开始显现出来。

本章利用 CHIP1988 调查数据，对 20 世纪 80 年代后期中国城乡居民收入差距及其主要特点进行了描述和分析。其分析结果显示，相对于 80 年代初期，80 年代后期的收入差距已经有了一定幅度的扩大，农村内部和城市内部收入差距的基尼系数都有所上升。对于农村居民来说，收入差距的扩大主要来自农村非农就业机会的出现，以及由此带来的工资性收入和不同地区、不同农户之间分配的不均等。由于乡镇企业最早出现在沿海地区，那里的居民最先获益，而乡镇企业在西部地区的发展直到90年代后期才逐步形成气候。即使在同一个地区内部，如县内，乡内甚至村内，不同农户获得非农就业和工资收入的机会也是不均等的。在80年代农村劳动力流动受到一定限制的情况下，当地非农就业就是一种更好的就业选择。就从事农业和非农业职业而言，农户可以分为三类：纯农（业）户、兼业户（既从事农业也从事非农就业）和非农就业户（完全从事非农就业）。从收入水平来说，第一类农户收入水平最低，第二类次之，第三类最高。之所以出现这种情况，一个很重要的原因是非农就业的收入水平高于从事农业的收入水平。那么，为什么会有这种情况呢？这实际上与城乡收入差距有着一定的联系，与计划经济时代遗留下来的工农业产品的价格“剪刀差”也有一定的联系，还与农业中存在着大量剩余劳动力有关。

80年代后期，城镇经济改革有了一些进展。虽然公有经济（国有和集体）仍占很高的比重，但是私营经济和个体经济有了一定发展。这对城镇内部收入差距的扩大产生了一定的影响。在80年代初期城镇内部收入差距是很小的，一个重要的原因是那时公有经济占主体。同时政府以计划经济的名义控制着城镇就业、工资水平和工资分配，过小的收入差距是必然的结果。随着城镇部门所有制结构发生变化，分配机制自然发生变化，分配差距也随之扩大。除了所有制结构的变化之外，国有和集体所有制企业的内部分配逐渐开始放弃原来的计划管制的模式，引入奖金制度，增加激励机制，打破平均主义的分配模式，其结果是公有部门内部收入差距也有所扩大，只是不如后来那么明显。最后，在关系到城镇收入差距的众多因素中，不能不提到的一种重要因素是“寻租”行为，这主要是由价格“双轨制”改革所引发的。在当时的改革背景下，价格“双轨制”改革是一种易于操作、风险冲击小的价格改革方案，但是它所带来的收入分配不公问题却是始料未及的。同一种商品有着两种价格，较低的“计划价”和较高的“市场价”，二者之间存在着巨大的价格差，也意味着存在着巨大的寻租空间。在这种情况下，掌握着“计划价”的部门和官员与那些寻租的机构和个人相勾结，从中获取暴利。应该说，价格“双轨制”下的寻租行为不仅导致了当时的收入分配差距的扩大，带来严重的收入分配不公问题，而且为后来的官商勾结获取暴利并掠取社会财富的模式开创了先例。这是一个值得反思的问题。

第 5 章　收入分配制度改革的得与失

本章对中国收入分配制度改革做出总体评估。收入分配制度改革成功的经验包括，传统的计划经济的收入分配制度和体制已不复存在，平均主义的分配模式已荡然无存，与市场经济制度相适应的收入分配制度的基本框架显现出来，收入分配制度的微观基础基本形成，收入分配对经济增长的激励机制基本形成，等等。但同时，我国 40 年收入分配制度改革过程中的教训也不少，主要是收入差距过大和收入分配不公问题。过大的城乡间收入差距，意味着城乡发展一体化的模式并未建立起来；部门之间过大的收入差距，意味着垄断部门高收入问题没有得到有效解决；高收入人群的收入高速增长，意味着税收制度没有发挥调节收入分配的作用；低收入人群收入增长过慢，意味着转移支付力度不够和社会托底机制并不完善；财产性收入快速增长与财产分布差距扩大，意味着缺乏有力的调节财产差距的政策手段等等。

5.1　中国特色的收入分配改革方式

5.1.1　摸着石头过河

伴随着经济增长和社会发展，收入分配改革也相应走过了 40 年历程。

回顾这 40 年，中国式收入分配改革几乎是“摸着石头过河”的。在改革开放初期，既没有系统的改革方案设计，也没有成熟的收入分配理论，更没有前期系统论证收入分配工程的路线图和时间表，由此我国轰轰烈烈的收入分配改革就在实践层面上拉开了。

在社会主义建设初期，我们完全照搬苏联计划经济，全盘引进以“人民公社”、“大锅饭”制度和完全平等的理想社会主义分配模式，在 20 世纪 70 年代以前，社会成员几乎享有完全一样的经济权利和分配结果，因此以基尼系数衡量的收入分配差距基本都在 0.2 以下，甚至在最明显的 60 年代仅为 0.1左右，实现了人人完全平等的分配结果。当然，这种以结果公平为中心的分配方式极大地扭曲了工人的劳动激励，降低了劳动者的生产效率。即当收入分配完全以结果公平为中心时，则出现了“干多干少一个样，干好干坏一个样”的现象，“搭便车”现象普遍存在。

为调动人民群众进行社会主义现代化建设的积极性，1977 年至 1978 年间，中国经济学界连续举行了四次按劳分配讨论会，此次思想解放运动改变了长期以来占据统治地位的“左”倾思想，接受按劳分配、允许适度差距的做法也逐渐成为现实，也为党的工作重心转移到经济建设上奠定了基础。国务院于 1978 年 5 月 7 日发出了《关于实行奖励和计件工资制度的通知》。对企业工资制度进行调整，以期通过奖励制度的建立和计件工资的试行，打破分配上的平均主义，这也是“文化大革命”以来针对企业职工分配问题的第一个体现按劳分配原则的中央文件。为进一步打破当时盛行的平均主义“大锅饭”，打破旧经济体制的禁锢，调动劳动者的生产积极性，解放和发展生产力，邓小平提出“鼓励一部分地区、一部分人先富裕起来，并带动越来越多的人富裕起来，从而达到共同富裕的目的。”这一政策不仅符合我国各地生产力发展严重不平衡的现状，也有利于处于社会主义初级阶段的中国，在商品经济尚不发达、客观条件千差万别、人们的能力和贡献有大有小的情况下，迅速调动劳动者的工作积极性，明显增加社会财富，提高人民的生活水平。因而，其很快就被实践证明是一项正确的、符合我国基本国情的政策。

在这一政策的带动下，整个 20 世纪 80 年代和 90 年代我国收入分配差距水平开始不断上升，少数利用制度漏洞、投机倒把的分子成为了先富群体，而“研究导弹的反倒不如卖鸡蛋的”之类的现象开始出现，由此也逐渐引起了社会对收入分配的不满。少数人甚至怀疑先富带后富是否能够实现，针对这个情况，邓小平在 1992 年的南方谈话中，进一步阐述了由“先富”带动“后富”的途径，即“社会主义制度应该而且能够避免两极分化，解决的办法之一，就是让先富起来的地区多交点利税，发达城市和地区通过多交利税和技术转让等方式大力支持不发达地区的发展。”

当然，正是 20 世纪 80 年代后期开始的收入分配改革，启动了我国收入差距不断扩大的过程，虽然这种收入差距的扩大一方面提高了市场主体的经济激励，但同时也带来越来越多的社会问题。因此，我国在 2000 年之后制定了一系列的收入分配调节政策，如在初次分配领域的最低工资制度（2004 年）、工资集体协商制度（2000 年）和劳动合同法（2008 年），在再分配领域的最低生活保障制度（城镇 1998 年、农村 2006 年）、新修订个人所得税制度（1994 年）及扩大中央再分配力度的财政分税制（1994 年）、全面取消农业税（2006 年）等等。除了直接干预劳动力市场的初次分配政策，近些年不断完整的税收、财政转移支付和社会保障政策体系也逐渐成为我国再分配制度中的重要支柱。从这个角度来说，我国的 40 年收入分配改革的过程，实际上就是在“摸着石头过河”，直面解决现实中所出现的各种问题，最后达到经济增长效率和实现社会收入分配公平的过程。

5.1.2　从农村到城市

在改革开放初期，为了实现迅速赶英超美的发展战略，在保障国家安全和重工业优先发展的战略下，我国实行了农村补贴城镇、农业收益补贴工业的政策。无论产量多少，农民能够从中获得的只有基本生活口粮，农民的生活水平总体很差，由此使得农民不得不进一步增加劳动时间、提高劳动强度以获得必要的生活水准，也从侧面激励了农业劳动力，激活了农村劳动力市场，加强了农民获得的收入与其劳动生产率之间的关系，从而大幅提高了农民的劳动生产率，同时也使得城市和重要工业实现了快速赶超。

然而，通过牺牲农民、剥夺农村的策略，使得农民利益受损，甚至在一些地方农民连基本的温饱都难以保证，因此要求改变分配模式、激励农户生产的政策呼声就日渐高涨，以“交够国家的，留足集体的，剩下都是自己的”为代表的家庭联产承包责任制也呼之欲出。以包产到户、分田到户为典型特征的大包干制度，在 20 世纪 80 年代初期正式在广大农村得以推行，也是我国农村土地制度的一项重大转折。这使农民获得充分的剩余索取权，并得到足够的额外收益，因此也极大地激发了农民的积极性，并显著提高了农业劳动生产率。在我国农村人多地少的背景下，劳动生产率的提高使得农业劳动力出现过剩的情况，新产生的大量农业剩余劳动力也逐渐成为隐形失业群体。

随着户籍制度和迁移政策的逐渐放松，大量农业剩余劳动力在拉力和引力的双重作用下，得以涌入城市并成为新的城市产业工人。在城镇劳动力市场上，长期工作在城市且无法拥有本地户籍、无法享有本地公共服务的群体，甚至还拥有了一个特定的称谓，即农民工。虽然农民工仍然受到较多的就业和收入歧视，但是相比在农村，农民工的工资水平仍然有了很大提高，农村居民的收入由于农民工汇款等也得到明显提高，因此城乡收入差距水平也在 2007 年之后逐渐回落。最重要的是，到 2018 年为止中国拥有将近 2.8 亿从农村迁出的农业户籍人口聚集在城镇劳动力市场上，这也对城镇地区的发展产生了重大影响。由于农民工的受教育年限较少、技能水平较低、劳动生产率和劳动附加值也都相对较低，这使得我国城市产业总体上不得不走一条低工资水平和高要素投入的发展道路。在劳动要素巨量投入、知识附加值相对较低的情况下，也就导致了我国产业工人的工资水平整体仍然偏低，劳动要素相对资本要素地位愈发弱势，资强劳弱的局面越发严重的结果。

从收入分配的角度看，虽然最早的农村制度改革，使得农村居民收入快速增长，城乡差距水平逐渐缩小，但是它也间接导致了我国城镇劳动力市场上城市普通工人与高技能工人工资水平的快速扩张，并使得资本要素在整体收入分配中的份额持续扩大，而劳动要素在收入分配中的份额及普通劳动者的相对收入占比则在持续下降。虽然从 2007 年起我国也出台了不少政策，来提高居民收入在国民收入分配中的比重、劳动报酬在初次分配中的比重，但是在农业剩余劳动过多供给的大背景下，这些政策并没有实现居民收入和经济增长的两个同步；或者说，在城乡二元结构仍未破解且城乡居民仍没有完全一体化的背景下，城乡居民收入水平要和经济增长同步、劳动者报酬要和生产率提高同步的政策很难有效实现。

5.1.3　从局部到全国

受农村家庭联产承包责任制的启发，1981 年，城镇国有企业也开始了所有制改革的试点。首都钢铁公司在改革初期在全国大中型企业中率先实行了承包制，成为国有企业改革的领头羊。1979 年 3 月，首钢公司向北京市委市政府和冶金部上报《关于在首钢进行扩大企业权限试点的请示报告》，申请把首钢作为经济体制改革的试点，提出要扩大企业的计划权、物资权、财务权、直接外贸权和劳动工资管理权。自此，首钢被列入第一批国家经济体制改革试点企业，从 1981 年至 1995 年，一包 15 年不变。它改变了国家与企业分成的办法，实行定额包干的承包制，承包期内，包死基数、确保上交、超包全留、欠收自补。总的来看，首钢的承包试点，极大地调动了工人的积极性，劳动生产率大幅度提升。由于有了与责、权、利相结合的内部承包机制，使企业对国家承包指标的实现有了可靠的保证和坚实的基础，国家和企业的经济效益都持续增长，1979—1988 年的利润平均增长 20％。在承包前提下，剩余产品通过自销进入市场，由此承包后的职工收入和福利待遇也大大超过北京市一般工业企业的平均水准。首钢改革试点的成功，促进了企业的生机和活力，探索出了一条建设有中国特色社会主义国有企业的新路子，为搞活国有大中型企业提供了宝贵的经验，在北京市乃至全国都产生了巨大的影响力，之后这种承包模式在全国范围内迅速推广。

中国于 1992 年开始在个别城市试点最低工资标准，深圳是最早开始的城市，1993 年扩大试点至广州市、珠海市。由于最低工资制度针对的是低工资劳动者人群，其主要目的是保障低工资劳动者的基本生活水平，缓解其生活贫困状态，因此在深圳、广州、珠海这些相对发展较快的城市来试点最低工资制度，最容易为政府、企业和劳动者所接受，也受到了一致的好评。在前期试点的基础上，1993 年总结了试点经验并颁布了《企业最低工资规定》，并于 1994 年把最低工资标准应用在全国所有的城市，由此在全国范围内确立了最低工资制度的法律地位。但政策经过几年的执行后，一些问题也逐渐浮现出来。如由于劳资双方力量对比的差异，一些企业会通过各种方式来规避法律和劳动部门的监管，而且制度也没有详细规定违背最低工资制度后的处罚措施，在该法实施后仍然有大量工人的工资水平低于政府规定的最低工资标准。在意识到这些问题后，政府于2004年在全国范围内重新修订并实施了新的《最低工资规定》，其中明确规定用人单位依法应支付的最低劳动报酬，强调不包括加班工资、特定工作环境下的补贴等，而且也明确要求最低工资标准每两年必须至少调整一次等。

在市场经济国家，企业工资由市场决定，国家不干预企业的工资分配，即由劳动力市场形成的劳动力价格决定企业各类劳动者的工资水平，由劳资双方的工资集体谈判确定工资增长幅度，国家对劳资双方集体谈判用立法的形式加以规范和管理。然而，由于农民工涌入城市劳动力市场，员工工资收入严重偏低，不少企业没有兑现或者变相不兑现最低工资，用工单位通过搞变通，增加劳动时间、提高劳动强度、减少津贴福利等，使得资本侵蚀劳动、企业凌驾于劳动者之上的现象比较普遍，因此政府在2000年开始试点工资集体协商制度，出台了《工资集体协商试行办法》，经过三年在北京、郑州和武汉的试点后，迅速把这这一政策推广到全国。总结来看，工资集体协商制度能够维护一线职工的权益，使工资增长与企业效益提高相适应，确保每个职工分享企业发展的成果。另外，在我国收入分配差距快速扩大的背景下，在市场上直接干预初次分配也成为调节收入分配的有效工具，这对于完善收入分配调节工具、解决收入差距过分扩大问题具有显著重要的含义。

为促进中低收入者增收，国务院于2016年发布《关于激发重点群体活力带动城乡居民增收的实施意见》（国发〔2016〕56号），其中提出了七类重点群体，包括技能人才、新型职业农民、科研人员、小微创业者、企业经营管理人员、基层干部队伍、有劳动能力的困难群体等。其中明确要求："选择部分省（区、市）开展城乡居民增收综合配套政策试点、选择部分地区和科研单位开展专项激励计划和收入监测试点。"为推动实施城乡居民增收试点工作，各地积极开展调查研究，结合本地实际，探索创新政策举措，在河北省、贵州省、山东省青岛市等3个地方开展了城乡居民增收综合配套政策试点，在上海市黄浦区、重庆市渝北区等17个地方和单位[1]开展了专项激励计划和收入监测试点。目前两年多来，各试点地区和单位大胆探索，率先试验，结合当地实际情况和已有工作基础灵活施策，努力形成激发重点群体活力的新体制、新机制。目前，在试点地方和单位在前期探索和实践的基础上，中央总结梳理了试点地区落实中央决策部署、推动重点群体增收的好做法、好经验，如用土地质押等手段引导新型职业农民、利用金融杠杆激励农民工返乡创业方面取得了很好的经验，由此发挥好试点试验田作用，并不断完善促进城乡居民增收的长效机制。

5.2　收入分配制度改革路径

中国特色的收入分配制度改革，大体走了四个发展阶段。最早从按劳分配大讨论开始，之后按劳动分配、按技术熟练程度分配等逐渐成为现实，由此由于劳动数量和劳动质量差别而导致的收入差距被广泛接受，同样因劳动收入积累而出现的私人资本也逐渐进入党中央的正式文件，承认私有制、接受私营资本、鼓励私人财富积累、保护私有产权等，由此开启了中国特色的收入分配制度改革。

之后，与私人资本逐渐放开和计划经济逐渐转变相伴随的是接受市场经济，并强调对于市场经济来说，市场初次分配只讲效率，而政府再次分配则侧重结果公平。虽然关于公平与效率优先关系之争一直伴随收入分配改革的过程，但是在 40 年的改革实践中，却从来都没有忘记鼓励市场化收入的快速增长。总体来看，随着市场经济概念和市场化收入深入人心，我国实现了由“唯平等论”依次向“平等与效率并重”和“效率优先、兼顾平等”的转变，由此才促进了我国社会生产力和国民经济持续、稳定、高速的增长，人民的生活水平才有了普遍的大幅度提高。

在放开私营资本、提倡市场收入导致国民收入水平快速提高的同时，我

[1] 上海市黄浦区、上海市嘉定区、重庆市渝北区、上海市金山区、福建省永安市、四川省眉山市彭山区、山东省青岛市平度市、贵州省黔东南州凯里市、四川省绵阳市、中国科学院近代物理研究所、江苏省徐州市睢宁县、贵州省贵阳市清镇市、陕西省安康市平利县、山东省泰安市新泰市、河北省廊坊市固安县、江西省抚州市临川区、江苏省宿迁市。

国市场化收入分配差距也快速提高，这引起了社会对分配差距过大的担忧。因此，要求政府通过再分配手段来缩小初次分配差距的呼声日渐强烈，虽然市场经济只讲效率，但是政府再分配则要强调公平。因此，从 21 世纪初开始，我国的社会政策或民生政策开始了再分配式的艰难探索过程。诸如 1996 年的城镇最低生活保障政策、2004 年修订的最低工资制度、2006 年的农村低保政策、2008 年的劳动合同法等相继建立，现代意义上的政府兜底和保障政策得以逐步完善。

然而，在政府再分配政策体系日益健全的背景下，我国实际的收入分配差距水平却仍然在继续提高。究其原因，在扩大收入分配差距的成因中，主要还是初次收入分配差距过大，而再分配政策由于体量太小还无法扭转初次分配的结果。正是意识到这一点，大家发现制定政策来直接调节市场化初次分配可能会更加有效，因此近年来的政策日益侧重如何规范市场经济环境下的初次分配，如完善集体工资协商制度、提高市场最低工资标准、明晰市场资源产权、禁止侵占公共资源进行私人交换，以及反腐败等一系列的收入分配秩序规范政策。

5.2.1 放开私营资本

1977 年至 1978 年的所有制改革，最早激发了人们对按劳分配问题的热烈讨论，在思想解放浪潮的鼓励下，改变了长期以来占据主导地位的“左”倾思想，社会主义个人消费品按劳分配的原则被确立，由此个人通过辛勤劳动来积累财富变得合法。此后，在“百家争鸣”的方针下，人们被禁锢的思想禁区进一步得到解放，诸如按劳分配、物质利益原则、计件工资、奖金等一个个被突破；后来，不仅按劳动数量甚至要按劳动质量分配，除了按劳动分配甚至要按技术熟练程度分配等，包括报酬上应当有必要的差别、要把劳动报酬同个人和集体的劳动成果直接联系起来等，也逐渐进入党中央的正式文件。1978 年 9 月 23 日中共中央发出的《关于做好改革工资制度调查研究工作的通知》，强调工资制度必须要进行一次大的改革。在改革中，一定要坚持执行不劳动者不得食，各尽所能、按劳分配的原则，甚至最后还提出“否定劳动报酬差别、否定按劳分配，就是否定社会主义”的口号。可以说，《通知》的颁布启动了个人劳动收入的增长，也极大地刺激了个体通过劳动来积累私人财富的积极性，由此标志着我国现代意义上的分配制度改革正式启动，标志着我国以个体持有为基础的收入分配制度改革正式出发。

在鼓励个体积累私人财富的背景下，我国的收入分配改革最早是从放开农业自我经营开始的。联产承包制允许劳有余力的农民“交够国家的、留足集体的、剩余自己的”，而且允许农民把剩余的农产品通过自销方式流通到城镇市场中，并交易获得额外的私人收益，由此农民个体经营性收入增加的同时，由市场转化而来的私营资本或财产性收入也日渐增加。特别是在劳动力迁移制度放松后，允许农民带粮入城、允许城镇居民收入提留并从事商业活动，不再简单地把市场交易活动归类为投机倒把行为，由此极大地激发了居民私营资本积累的积极性，财产性收入也从无到有、有少到多，私营资本的活力也被显著释放。而在进入新世纪以后，放开私营资本、鼓励私人财产、刺激经营活动积极性的政策，更是成为我国经济发展的重要战略。在当前“创造条件让群众拥有更多财产”的政策导向下，财产在我国居民生活中的地位日益重要，居民财产性收入也显著提高。

总结我国居民收入分配 40 年的发展历史，过去我们将个体经济、私营经济作为有益补充，后来“在法律规定范围内”承认是社会主义市场经济的重要组成部分。党的十五大把非公有制经济作为社会主义市场经济的重要组成部分，但没有与公有制经济放在一起。十八届三中全会通过的《中共中央关于全面深化改革若干重大问题的决定》，明确把公有制经济和非公有制经济放在一起，十分鲜明地提出都是社会主义市场经济的重要组成部分。在保护产权、使用生产要素、参与市场竞争等各方面，都强调私营经济平等、公平、公正等关键词。比如，提出“两个不可侵犯”，即公有制经济产权不可侵犯、非公有制经济产权同样不可侵犯（杨伟民，2014）。

5.2.2　提倡市场收入

早在 1993 年 11 月 14 日，中国共产党第十四届中央委员会第三次全体会议通过了《中共中央关于建立社会主义市场经济体制若干问题的决定》，此后在总结和吸收前两次工资制度改革经验（1956 年和 1985 年）的基础上，于 1994 年对机关事业单位工资制度相应进行市场化改革，如事业单位工资分为固定部分和活的部分，鼓励有条件的事业单位实行企业管理或企业工资制度，自主经营、自负盈亏。而对于企业，1994年我国颁布的《劳动法》规定："市场经济体制构建的过程中，企业是工资分配主体，实行自主分配。用人单位根据本单位的生产经营特点和经济效益，自主确定本单位的工资分配方式和工资水平"，由此个体间的工资差异水平迅速放大，在少数工资偏高的部门或行业（如金融和电力行业），其年均工资增长率达到40%以上。总的来看，在20世纪90年代提倡市场收入的口号下，该次工资制度改革的根本方向，就是要根据市场经济体制的要求，进一步贯彻按劳分配原则，提倡市场化收入，进而调动工作人员积极性，并加快建立社会主义市场经济体制。

2001年我国加入WTO以后，各种以先进技术、前沿管理、丰裕资本著称的外国生产要素也加入到市场经济分配当中，由此也带动了城镇职工以辛勤劳动和农村居民以剩余农业经营产品参与市场交换和分配的过程，极大地刺激了人们干事创业和财富积累的积极性。因此，2002年党的十六大报告明确提出："确立劳动、资本、技术和管理等生产要素按贡献参与分配的原则，完善按劳分配为主体、多种分配方式并存的分配制度"。这是我国分配方式的又一次重大发展和突破，它解决了生产要素能不能参与收入分配的问题，明确提出要把按劳分配和按生产要素分配结合起来。因此，只要按生产要素贡献分配，坚持社会主义与保护私有财产、发展非公有制经济就可以并行不悖，这就为保护私有财产和发展私营经济提供了保障。

2012年党的十八大进一步提出要完善市场分配机制，鼓励辛勤劳动，提倡人人参与、人人贡献、人人共享，鼓励居民从市场中获得各种财产性收入，增强人民群众财产安全感。企业是市场的主体，要遵循市场经济规律，发挥企业家精神，加强产权保护；按照产业发展规律和市场需求，自主选择技术路线和发展方向，发挥市场配置资源的决定性作用。总的来看，无论是个体还是企业，都要尊重市场规律、拥抱市场竞争。40年的收入分配改革经验表明，主动融入市场、提倡市场收入，就必须要在收入分配上进行分权放权。让企业和用人单位拥有充分的工资和收入的自主权。只有用人单位才能够充分掌握其员工的个人劳动生产率和劳动贡献方面的信息，才能知道如何实现工资收入与劳动贡献的合理匹配，也有动力建立高效而又合理的薪酬制度。因此，未来继续推进市场化改革，必须发挥市场在配置资源中的决定性作用，进而能够更好促进经济规模的扩大以及经济结构、产业结构和产品结构的优化，带动改进技术，改善经营管理，提高生产效率，并在这一过程中创造更多的就业岗位，让创业者、经营者、劳动者获得不断增长的收入。

5.2.3　政府兜底保障

虽然市场化收入推动了居民收入的快速增长，但是也带来了收入差距的快速扩大；虽然市场化改革带来经济效率的提高，但是也带来了各种社会矛盾和不公平问题；虽然提倡市场化改革，但是也不能忽略掉政府保障所起到的关键作用。强调市场在资源配置中起决定性作用，并非刻意忽视"市场失灵"的情形。政府与市场的关系，应有必要的平衡与补充。习近平在关于《中共中央关于全面深化改革若干重大问题的决定》的说明中指出，发展社会主义市场经济，既要发挥市场作用，也要发挥政府作用，但市场作用和政府作用的职能是不同的。政府的职责和作用主要是保持宏观经济稳定，加强和优化公共服务，保障公平竞争，加强市场监管，维护市场秩序，促进共同富裕，弥补市场失灵。

在收入分配领域，我国经历了计划经济时期政府大包大揽全盘统筹工资决定与分配的时期，也经历了改革开放后市场收入猛增、收入差距快速扩大的时期，目前我们又认识到政府在再分配中所起到的重大作用。在市场经济中，对于被市场所淘汰的失败者，必须要有一个最低的生活保障，对于因各种外生市场风险和意外事件所导致的贫困，政府还必须要有一个兜底保障。因此，从 21 世纪初开始，我国几乎所有的现代社会或民生政策都开始了试点实施。

在市场分配条件下，收入来源多样，收入差距较大是客观存在，我国新修订的几轮个人所得税制度就发挥了积极作用，尤其是税收制度通过抑制投机收入和非劳收入，鼓励创新收入、劳动收入，在调节过高收入、提高过低收入方面起到重要作用，并成为调节收入分配差距的主要工具。另外，社会保障提供了市场运行的最后一套安全网。如托底性的救助和福利制度不断建立健全，城乡最低生活保障制度分别于 1999 年和 2007 年建立。2014 年，国务院发布《社会救助暂行办法》（国务院第 649 号令），以法规形式规范了社会救助制度，目前各项救助制度已基本实现应保尽保。与此同时，覆盖老人、儿童、残疾人等特殊群体的福利制度也逐步建立健全。近年来，在经济增长带动居民收入增加的市场化条件下，更加重视政府调控方式来增加特定群体、特定居民的收入份额。对于我国过去收入差距不断扩张的状况，我们越来越重视政府调控的使用，尤其是倾向性地增加政府调控和再分配力量。

5.2.4 规范分配秩序

纵观中国过去40年的收入分配历史，发现仅调节收入增长、差距与分配问题还远远不够，不足以从根本上解决我国收入差距日益扩大的问题。在政府再分配政策体系日益健全的背景下，我国实际的收入分配差距却仍然在继续提高。究其原因，大家发现在扩大收入分配差距的主要成因中，主要包括两个方面。一是，虽然再分配政策在总体上确实缩小了初次分配差距，但是个别再分配政策不仅没有缩小分配差距，甚至还起到扩大的作用，这与收入信息不清、政策指向不明、分配秩序混乱有很大关系。二是，再分配政策的规模与初次分配的巨大体量仍然无法对称，指望靠二次分配政策来完全扭转初次分配结果是不现实的。

在收入分配秩序混乱、收入来源信息不透明及收入再分配政策调节不力的背景下，尤其是市场秩序不规范，以不正当手段谋取经济利益的现象广泛存在，投机和非法收入广泛存在；生产要素市场发展滞后，资本性收入缺乏；市场规则不统一，部门保护主义和地方保护主义大量存在，地区收入差距始终存在；市场竞争不充分，阻碍优胜劣汰和少数人畸高的不合理收入，等等。正是意识到这一点，大家发现制定政策来直接调节市场化初次分配可能会更加有效，因此政府近年来的政策日益侧重如何规范市场经济环境下的初次分配，如完善集体工资协商制度、明晰市场资源产权、禁止侵占公共资源进行私人交换，以及反腐败等一系列的收入分配秩序规范政策。

近年来，中央政府逐渐把政策调控核心转移到规范分配秩序上来，把分配秩序提高到与收入增长、差距、分配同等重要的位置。针对收入分配领域仍存在一些亟待解决的突出问题，城乡区域发展差距和居民收入分配差距依然较大，收入分配秩序不规范，隐性收入、非法收入问题突出等情况，国务院在2013年出台了《关于深化收入分配制度改革的若干意见》（国发

〔2013〕6 号)，侧重从规范收入分配秩序出发，把资源定价中的价格准则、初次分配的市场规则和再分配政策中的调控法则单独列出，并把分配秩序提高到与增长、差距、分配同等重要的位置上来。其中特别提到，要规范收入分配秩序，要纠正收入分配领域底数不清、政策方向不明、政策实施偏向和收入分配秩序混乱的问题。

5.3　我国收入分配制度改革的得与失

5.3.1　看待收入分配的几个视角[1]

(1) 发展视角。收入分配政策的目的是更好地促进经济发展，提高人民生活水平。收入分配的重要标准是居民收入水平有没有稳定提高，居民收入的增长有没有跟上经济增长的步伐，或者说居民收入有没有更好地共享经济增长的成果。因此，评价收入分配政策要增加发展视角，要以收入增长与收入共享为原则，把各项收入分配政策统一起来。

(2) 转型视角。当前的收入分配制度最重要的背景是转型。转型中收入差距可能持续扩大，资本劳动要素比价关系可能出现显著提升，这可能是经济发展过程中不可避免要承受的短期代价。但是，如果是由长期制度建设滞后造成大量制度真空和各种软约束，从而给各种灰色收入、黑色收入提供空间，为收入差距扩大提供条件，那么这种收入差距扩大就不能被接受。以 40 年为契机来总结收入分配政策，既要着眼未来推进收入分配制度规范化，又要立足现实处理好相关利益和关系的协调。

(3) 功能视角。在解决收入分配中现存的问题，应首先对现存问题进行分类，将可由市场解决的问题和须由政府解决的问题加以区分。明确政府需要介入哪些问题，而哪些问题可在市场中自行解决，对于需政府介入的问题进行重点关注，而对于可自行在市场中调节的问题，可给予其一定的自由，令其回归市场，自行进行资源要素的配置和价格的调节。

---

[1] 参见蒲宇飞等 (2014)。

(4) 稳定视角。在经济周期下行的时候，许多社会成员都会在收入下降中受损，即使相对收入差距有所缩小，也可能会引发社会稳定风险；当然在经济增长良好的过程中，由于分配差距持续扩大，也会导致一些社会成员心理出现失衡并带来社会不稳定风险。因此，评价收入分配政策的一个重要标准是，不出现社会群体性事件，不会由收入水平下降或相对差距扩大引发社会不稳定风险。

5.3.2 评价收入分配制度改革的标准

评价收入分配制度改革的工作绩效，重点是结合收入分配制度改革的实践，确立与之对应的评价标准，并考察实际工作能否以及在多大程度上达到相关标准（甘肃省收入分配改革课题组，2014）。改革开放以来，我国政府已经有意识地将公平与效率的组合关系确定为收入分配制度的基本原则。基于公平与效率兼顾的理论标准，衡量我国收入分配制度改革是否成功，还应当选择具有可操作性的现实标准。

(1) 是否增强了市场机制的基础性作用。初次分配中市场机制作用明显增强，是与社会主义市场经济体制相适应的分配制度的基本要求。农民的农业收入和非农收入直接受农产品价格、劳动力供求关系等影响，市场机制必须发挥主导作用；国有企业和城镇、乡镇集体企业拥有工资分配自主权，职工收入主要与企业经济效益和个人劳动贡献挂钩；资本、技术、管理等生产要素主要通过参与市场活动，由市场因素来决定收益；根据企业效益、物价变化、在岗职工平均工资等因素，合理调整职工工资水平，是市场机制在确定工资收入中基础性作用得到发挥的基本表现；国有企业薪酬决定依据市场化水平来确定，国家机关、事业单位依据经济增长、物价上涨等因素来调整工资标准，是市场机制作用逐步增强的重要内容。

(2) 是否形成了完善的收入分配宏观调控体系。在收入再分配领域，逐步形成以财政税收调节和社会保障调节等为核心的宏观调控体系，矫正收入分配中市场机制的不足，是衡量收入分配制度改革成效的基本内容。要在充分发挥个人所得税、利息税、证券交易印花税等税收制度调节收入分配差距的基础上，积极探索建立包括遗产税、赠与税、房产税等在内的税收制度，采取切实有效措施，加大社会保障力度，健全企业养老、失业、医疗、工伤和生育等社会保险制度，并推动机关事业单位社会保障与企业完全并轨。

(3) 是否优化了经济社会资源配置。收入分配制度改革必须打破平均主义，从根本上改变传统体制过于集中分配、忽视微观主体利益、干多干少一个样的弊端。要实行按劳分配为主体、多种分配方式并存的分配制度，多劳多得，少劳少得，把劳动者报酬与其劳动付出直接联系起来，充分调动劳动者的生产积极性；土地、资本、技术、管理等生产要素要按贡献参与分配，促进各种资源的合理有效配置。

(4) 是否使城乡居民收入水平较快增长。收入分配制度改革的基本目标，是要通过把市场竞争机制引入收入分配领域，打破收入分配中的平均主义，激励劳动者的积极性和创造性，从而大幅提高劳动生产率，促使广大居民的收入水平有较大幅度的增长，实现居民收入增长和经济发展同步，劳动报酬增长和劳动生产率提高同步。

(5) 是否使居民收入来源形式多元化。劳动收入是居民收入最主要的来源。除劳动收入外，利息、股息、租金、红利等收入不断增加，并呈现收入来源多元化趋势；财产性收入是保持居民收入可持续增长的关键性指标，也是判定收入分配改革工作成效的重要内容。

5.3.3　改革的成功之处

(1) 平均主义的分配模式已荡然无存。40 年收入分配改革的首要成功之处，就是打破了“大锅饭”的分配模式，承认个体间的资源禀赋差异，允许少数人先富起来，默认收入差距水平的快速扩大，并鼓励辛勤劳动、先进技术、前沿管理和企业家才能也参与到收入分配中来，由此极大地激发了各种生产要素的积极性，激发了企业和居民的生产活力，让社会主义市场经济的活力得以完全释放，由此也开启了我国长达 40 年的高速经济增长。被大家一致认可的“人类有史以来最为强劲的增长奇迹”，在很大程度上就是收入分配制度的这个成功要素所带来的。因此我们说，40 年的收入分配改革，其首要成功之处就在于打破了平均主义的分配模式，建立了与社会主义市场经济相吻合的收入分配模式。

(2) 计划经济的收入分配体制已不复存在。收入分配改革，推动了计划经济体制向市场经济体制转化，成为我国改革开放战略得以顺利实施的重要推手，同时也是改革开放战略中最为成功的领域之一。以社会保障制度为例，传统的计划经济体制下以国有企业为主，当时养老保险责任首先由企业承担。计划经济向市场经济转化时，与民营企业相比，国有企业的养老负担更为沉重。改革实行的统账结合的企业养老保险制度，打破了不同所有制的界限，所有企业按照统一的模式建立养老保险，为市场经济体制下国有和民营企业间的平等竞争创造了条件，为现代企业制度的建立打下了稳固基础，与此同时，计划经济模式下的养老保险体制也不复存在。

(3) 现代意义上的收入再分配政策体系完全建立。过去40年，我国收入再分配政策体系不断健全，逐步建立起税收、社会保障、转移支付和基本公共服务均等化等协同发展的政策调节体系。总体来看，收入再分配制度框架基本建立，并在调节收入差距方面发挥了积极作用。第一，财政转移支付力度不断加大，社会福利、社会救助和抚恤等转移支付支出总规模不断升高，享受转移支付的群体和对象不断增加。第二，税收制度改革也稳步推进，税收再分配功能不断增强。以“营改增”为代表的一系列税制改革的稳步推进以及减税政策的实施，有效实现企业税负降低；综合与分类相结合的个人所得税制度加快推进。第三，经过20年左右的时间，社会保障制度从无到有、从少到多，逐步实现了全覆盖。目前我国基本养老保险覆盖人数达到9.1亿人，覆盖面约85%。全民医保体系确立并不断完善，参保率稳定在95%以上；最低生活保障基本实现应保尽保。第四，基本公共服务体系初步构建。各类基本公共服务设施不断完善，国家基本公共服务项目和标准得到全面落实；九年制义务教育巩固率达到93%；公共就业创业服务和职业培训不断强化（国家发改委就业分配司、北京师范大学中国收入分配研究院，2017）。可以说，仅用20年左右的时间，中国就已把现代意义上的所有政策体系逐渐建立并完善，已取得国际上令人瞩目的政策成就，这些政策在保障和改善民生、完善和调节收入分配体系中发挥着非常重要的作用。

(4) 收入分配制度的微观基础基本形成。经过40年的收入分配改革，以个体或家庭为基础的分配体系基本建立，企业和居民的经济行为都按照市场法则来运行。过去40年中，通过市场化的定价模式、采用市场化的调控方式，改变经济发展过程中的技术结构，使之与我国社会中劳动力禀赋丰富的基本背景相一致，从而提高劳动力要素在生产过程中的回报，增加就业机会以提高劳动报酬在初次分配中的比重，并提高居民收入在国民收入中的比重。在企业内部，以市场为定价基础的工资分配制度，让职工看得明白、算得清楚、拿得服气，从而能最充分、最直接地调动他们的工作积极性。特别是改革开放以来劳动者和居民收入水平普遍有很大幅度提高，发挥了调动劳动者积极性、主动性、创造性的作用。在过去40年中，由于坚持市场机制导向，劳资平等协商，企业自主分配，政府指导调节，真正落实按劳分配的原则；特别是在权责分明、产权明晰和收入保护的制度安排下，职工通过辛勤劳动而积累财富的积极性被极大释放，由此适应市场、激励有效的工资决定机制和增长机制也完全建立，整体上收入分配制度的微观基础也基本形成。

(5) 收入分配对经济增长的促进保障作用完美体现。在过去40年中，与社会主义市场经济相适应的按劳分配为主体、多种分配方式并存的分配制度基本确立，包括各类企业多种多样的薪酬分配制度，机关事业单位工资分配制度，多种形式的经营性收入、资产性收入分配制度等，农村家庭联产承包责任制度等也已建立；以税收、社会保障、转移支付为主要手段的再分配调节框架初步形成，包括个人所得税、五险一金、企业年金、职业年金、补充医疗保险、城乡居民最低生活保障等社会保险福利制度均已建立。另外，收入分配改革也拓展了劳动者和居民的增收渠道，包括工资性收入、经营性收入、财产性收入、转移性收入等多种渠道，各类生产要素按贡献参与分配的格局大体形成（苏海南，2018）。总体上看，居民收入提高与经济发展、劳动报酬增长与劳动生产率提高“两同步”逐步达成，组织和个人收益与所做贡献基本匹配，与经济增长、劳动生产率提高，以及与组织、个人实际贡献相联系的收入调整机制完全建立，总体上收入分配对经济增长的促进保障作用完全体现。

(6) 收入分配领域的基本矛盾发生根本性改变。经过40年的改革开放，我国收入分配领域的基本矛盾也发生了根本性的改变，主要包括三个方面：一是我国居民收入水平从生存型过渡到发展型阶段。从平均主义模式带来劳动生产率低下并引致普遍意义上的贫困，到收入分配改革激发劳动者积极性并带来居民收入水平的持续提高。二是我国收入分配领域的主要矛盾，从居民收入水平的普遍增长到收入差距的急剧扩大，目前我国属于全球收入差距水平最高的国家之一。三是当前收入分配主要矛盾从经济增长转向社会稳定问题。收入差距本身不仅和经济效率相关，而过度的平均主义和过大的收入差距还会影响经济效率，更重要的是过大的收入差距还会影响整个社会的稳定。大量的发展中国家的例子都表明，收入差距的扩大是导致社会和政治不稳定的重要因素，而这种不稳定反过来又影响到整个经济的发展过程。总体来看，在当前我国社会主要矛盾已经转化为人民日益增长的美好生活需要与不平衡不充分的发展之间矛盾的背景下，既要坚持发展，做大蛋糕，也要解决好发展的不均衡性，让收入分配改革从保证经济增长，转到走向共享发展成果和逐步实现共同富裕的正确道路上。

(7) 收入差距快速扩大的同时还保持了社会的相对稳定。过去收入分配改革的40年，几乎都伴随着收入差距水平的全方位提高，然而我国社会发展仍然保持相对稳定的状态，这在很大程度上得益于以下几点。首先，是中国特色的人口流动制度。在中国特色的城乡分割体系中，“候鸟式”就业的农民工几乎起到了“蓄水池”作用，在经济发展水平好的时候，农民工纷纷离开土地进入城市劳动力市场，而当经济形势不好的时候，农民工或农村居民面临失业，则可以回到农村务农并获得较低水平的生活保障。纵然收入差距在持续扩大，农民获得的社会收入份额在下降，但是他们至少还有土地来应对出现的外生冲击，保证了最起码的收入水平。其次，还得益于强劲经济增长带来收入水平的绝对稳定增长。虽然与高收入者横向比较看，低收入者收入份额出现持续下降，但是低收入者纵向比较来看，在经济强劲增长的带动下，其收入水平仍在持续稳定提高，因此让他们有了最基本的安居乐业的保障。再次，虽然过去40年的收入差距在持续扩大，但是最起码的机会公平仍然有相当程度的保证。如参军是20世纪80年代实现收入向上流动和社会职业地位上升的重要渠道，而近20年来，教育也成为很多低收入阶层改变命运的途径，高等教育数量扩招、教育回报率上升等都使得他们有机会流动至高收入阶层。

5.3.4 改革的失败之处

(1) 贫富差距水平持续扩大。收入分配制度改革的其中一个失败之处，是收入差距水平在过去40年中持续稳定地扩大。以基尼系数衡量的收入差距从20世纪80年代初的0.2以下，持续显著提高到现在的0.47左右；以最高与最低 20%居民收入比率衡量，也从 1980 年的 5.1 倍扩大到目前的 20 倍左右；以城乡收入水平比来衡量的差距，更是从 80 年代的 1.5 倍提升到 2016 年的 2.75 倍（国家发改委就业分配司、北京师范大学中国收入分配研究院，2017）。更严重的是，贫富差距扩大的趋势近年来还在持续，城镇内部、农村内部、不同行业、不同地区内部的收入差距都在全方位扩大（见表 5.1）。

表 5.1　历年收入差距的扩大趋势

	2009	2010	2011	2012	2013	2014	2015	2016	趋势走向
收入差距基尼系数	0.490	0.481	0.477	0.474	0.473	0.469	0.468	0.465	系数逐年下降
地区平均工资差距	2.41	2.38	2.41	2.33	2.26	2.24	2.25	2.23	差距基本稳定
行业平均工资差距	4.71	4.65	4.48	4.30	3.86	3.82	3.80	3.59	差距缩小较快
城镇居民收入差距	5.57	5.41	5.35	4.97	4.93	4.90	4.85	5.32	差距逐渐缩小
农村居民收入差距	7.95	7.51	8.39	8.21	8.24	8.67	8.92	8.96	差距逐渐扩大

注：里面有些指标在不同年份需用统一数据来进行测算，其中关于工资或收入差距指标，都是用最高和最低 20%群体的工资或收入倍差来表示。

(2) 资本缺乏约束而强势回归。在我国收入分配改革 40 年中，由于劳动相对过剩而资本相对稀缺，在生产要素供求关系的作用下，初次分配过程中国民收入向资本和其他非劳动要素倾斜的情况就会不可避免。再加上地方政府的亲资本化倾向，资本强势而劳动弱势、利润侵蚀工资的现象比较普遍，由此使得资本所得占比持续提高，而劳动所得份额却不断下降。世界银行的研究报告显示，从 20 世纪 90 年代以来，我国 GDP 中工资性收入所占的份额呈不断下降趋势，特别是最近几年下降速度进一步加快。该份额从 90 年代的 53%左右下降到现在的 43%左右（国家发改委就业分配司、北京师范大学中国收入分配研究院，2017）。这意味着在国民收入的分配过程中，工薪阶层从中分享到的相对份额是不断减少的，而资本收益所获得的相对份额却不断增加。财产差距水平从 1988 年的 0.3 左右迅速扩大到 2016 年的 0.73 左右（Knight，Li，and Wan，2017），资本回报率与资本收入的关联度也持续上升，而对资本和财富差距的抑制手段却一直欠缺，政策在面对资本强势回归方面并没有很好的约束办法。

(3) 城乡二元分割体系始终没有打破。自 1956 年引进户籍制度以来，中国特色的城乡二元分割就成为收入分配改革中最为重要也最为显著的特征之一。城乡居民的收入结构不同、城乡收入的调查体系不同、城乡收入数量的巨大差距等，都成为困扰收入分配制度改革的重要因素。虽然近几年我国城乡一体化在逐步推进，城乡居民间的收入差距在缩小，新型城镇化在缓和城乡之间的差异；但是客观来讲，城乡之间仍然存在着显著的发展差异，巨大的城乡鸿沟仍然横亘其中，以城乡居民收入倍差衡量的水平仍然非常巨大，而且预期这种巨大差异仍然会在相当长的时期内存在。

(4) 垄断行业的不合理高收入问题一直存在。40年前开始的垄断行业改革，从最初的统管统分到后来的分权让利，从生产销售上的统一指令，到现在按市场价格统一分配；对垄断行业的工资管理方式，无论是向机关事业单位按劳分配看齐，还是工资总额预算管理、工效挂钩等方式，都难以剔除垄断带来的实质上的非劳收益，导致部分行业职工工资水平过高、增速过快，行业和企业之间的工资收入差距也不断拉大。特别是，垄断企业最初获得国家市场经营的唯一权利，如进出口权始终被国家外贸系统所垄断，其他企业根本不可能触及，这导致部分行业垄断企业职工工资收入水平过高、增长速度过快。近10年来，甚至谁是垄断行业、多少算是垄断行业合理收入等问题，也由于利益的羁绊存在很大争议。近几年来，政策上虽然探索实施了国有垄断行业高管“限薪”制度，探索实行了企业工资总额和工资水平双重调控政策，但是仍然没有合理确定并规范其薪酬水平及增长，国有企业主要负责人的在职消费和平均薪酬仍然畸高不下。总的来看，部门行业之间的收入差距仍然在高位徘徊，垄断行业的不合理高收入问题一直存在，国有企业职能定位及垄断行业规制问题仍然没有讨论清楚，垄断部门高收入问题也没有得到有效解决。

(5) 再分配政策本身存在重大缺陷。虽然我国收入分配制度体系已经建立，但是许多收入分配政策还存在很多缺陷，尤其是部分政策不但没有起到缩小分配差距的作用，甚至还继续明显扩大了收入分配差距。比如以房产税、遗产税为代表的直接税调控政策存在空白，微弱的个人所得税政策几乎难以有效改善收入分配效果，而传统的间接税在整体上则是扩大了收入分配差距，存在显著的逆向分配效应。在社会保障政策领域，住房公积金政策基本上是“嫌贫爱富”，中高收入群体“缴的多，得的更多”的问题一直存在；而医疗保险政策，则更是极大地扩大了收入分配差距。另外，上市公司负责人仍然可自行决定薪酬，有时薪酬畸高；国家制定的统一的事业单位岗位绩效工资制度不符合我国事业单位的实际情况；提高低收入工薪劳动者收入仍无切实可行的政策；“社会保障双轨制”政策仍存在缺陷，尤其是企业退休人员与机关事业单位退休人员养老金调整仍存在不公平不合理之处；个人所得税对非劳动收入征税乏力，等等。

(6) 橄榄型分配格局并没有建立。一般来说，中等收入者不仅是维护社会稳定的中坚力量，也是释放消费红利的主力军。经过 40 年的收入分配改革，我国中等收入群体的绝对数量虽然有了很大增长，但是其占总人口的比重仍然很低。可以说，20 世纪 80 年代提出的从低收入群体占绝对多数的“上字形”社会向两头小、中间大的“橄榄型”社会转变的目标并没有达到。过去 40 年以来，我国收入分配格局的典型特点是，低收入群体较多、中等收入群体比重低且不稳定。无论以何种标准衡量，我国当前中等收入者的比重严重偏低，大部分中等收入者在收入平均线附近徘徊，中等收入者在城乡和区域的分布严重失衡。按照居民收入五等份分组计算，过去 40 年城镇居民收入平均数都要比中位数高出 10%以上，而在农村则更要高出 15%以上（杨修娜、万海远、李实，2018）。而且，我国中等收入群体不仅数量偏小，而且这部分群体在居民收入分配中所处的位置十分不稳定。以 5 年为一个周期，过去 40 年中，他们平均向更低收入组转移的概率在 40%左右，向更高收入组转移的仅占 1/4，能保持在原等级的只有 1/3（阳义南、连玉君，2015；北京师范大学收入分配研究院，2017）。总的来看，在过去 40 年的转型发展中，我国收入分配格局是向下迁移的概率偏高、向上迁移的概率过低，中等收入群体不稳定，低收入群体进入更高收入等级的难度大，底层社会出现一定程度的固化趋势，橄榄型收入分配格局始终没有建立。

(7) 收入分配不公始终明显存在。过去 40 年收入分配制度改革的失败之处，主要是收入分配不公和分配秩序混乱问题。虽然不公的形式不断变化，但是收入分配不公的现象却始终存在。收入来源多元化、收入信息不透明、收入分配秩序仍不规范的背景下，社会成员各显神通，各种隐性收入、灰色收入、非法收入竞相出现。如部分企业福利项目多、标准高，高管职务消费约束不力，一些地方和单位违规发放津贴补贴。机关事业单位人员通过侵吞公有财产、偷税逃税、贪污受贿、权力寻租和制假售假等违法活动牟取非法收入和攫取暴利的现象屡禁不绝，各种补贴和工资外收入既成为相关职位、特别是公共部门贪腐的隐患，同时也使得收入监管与调控无法实施。很多企业通过延长劳动时间、增加劳动定额等手段变相压低工资水平；有的企业恶意拖欠、克扣职工特别是农民工的工资；而土地、矿山等资源类生产要素的收入分配则更为混乱，尽管土地、矿山等资源类生产要素名义上归全民或集体所有，但实际上被少数人采用巧取豪夺的方式占有。资源类生产要素所产生的巨额收入流本应由全民或集体共享，但事实上却进入少数人手中，极大地扩大了收入差距。[1]

5.4 收入分配制度改革的成功经验

5.4.1 改革大浪潮为收入分配制度调整提供了契机

1978 年，中国迎来了改革开放的大浪潮。“人人思变、个个向前”的大氛围，让“改革”瞬间成了流行词汇。人人谈改革、处处真改革的大环境，更是让全体人民在发展中不断思考收入分配制度的大调整，各种收入分配政策措施也在各个地方不断迸发出来。40 年来，社会各界对收入分配改革的呼声和期待一直都很高，在收入分配重点领域和关键环节加快推进牵一发而动全身的重大改革的时间窗口一直打开着。因此，收入分配领域改革的一小步，都会坚定广大干部群众对推进改革的信心，各阶层参与和支持收入分配改革的积极性也空前高涨。放开垄断性国有企业带来行业差距的扩大、激励劳动者积极性带来收入差距的持续扩大、低收入群体接受收入水平的微弱增长、配套政策不健全带来收入分配秩序的失衡等，都是收入分配改革 40 年所带来的代价，但是在提倡改革开放、拒绝安于现状、宽容改革失误的大背景之下，我国收入分配改革仍然在有条不紊地持续进行，中间也没有带来经济发展的大问题，更没有对社会稳定带来明显的负面冲击。

5.4.2 经济持续增长为收入分配改革提供宽松环境

在收入分配改革和收益再调整过程中，一定会带来部分人受益、部分人

[1] 调查显示，在土地拆迁过程中，农民所得到的补偿仅是集体土地被征收后增值收益的一小部分，增值收益的大部分被地方政府占有。治理资源类生产要素的收入分配乱象，有助于缩小居民收入差距并改善宏观分配格局。

受损的过程，如果没有强劲的宏观经济增长环境，没有经济和社会发展对受损群体的底线保护，那么收入分配改革就不可能再继续下去。在收入差距持续提高的背景下，我国社会还整体上保持相当稳定的态势，这很大程度上来自经济的持续稳定增长。与其他群体比较，低收入居民的相对收入份额虽然一直在持续下降，但是其绝对收入值却随着经济的发展而持续增长，因此对于低收入居民来说，他们的收入与过去相比保持了稳定增长，故而对持续扩大的收入差距水平保持了较高的容忍度。换句话说，正是因为国民经济的持续强劲增长，让部分低收入居民可以接受不断扩大的收入差距水平，也可以忍受相对混乱的收入分配秩序，我国收入分配领域的改革也才得以稳步前进。

5.4.3　强势威权体制为收入分配改革保驾护航

在收入分配改革早期，我国还处于一个资本积累初期，只有把有限的资源集中起来，向一定方向倾斜，才能发挥最大的效力。在国家资源的分配上，体现为集中倾斜到城镇重要行业和领域，运用国家力量支持商业资本的发展，在个人财富的分配上，则体现为“让一部分人先富起来”。而要完成这种资源的短期内动员、集聚和分配，只有中国特色的社会主义政府、也只有中国特色的强势威权体制才能完成。在资本初期积累完成之后，即资源的集中式分配的边际效益已显著降低之后，就开始注重分散地、多层次地全面地分配资源，挖掘资源在其他方向、层次的利用效率（Dick，1974）。例如，由于早期的资源集中式发展，导致区域经济发展不平衡，现在则把资源集中到落后地区使其也发展起来，而这种“先富带动后富”的方式也只有在中国特色的威权体制下才能完成。如在收入分配改革初期，物价飞涨带来收入水平的严重缩水，侵占国有资源而瞬间暴富的情况时有发生，以市场为导向的收入分配改革遇到了市场化机制所不能克服的制度难题。而这种情况，在中国特色的威权体制下被及时强势叫停，决策层对收入分配领域出现的各种乱象进行了纠正，让收入分配改革又回到正确的道路上来。

5.4.4　问题导向型收入分配改革路线

收入分配改革 40 年中，另一条最为成功的经验就是，所有的改革都是问题导向式、渐进性、试点型改革。如 1994 年的最低工资政策，就是在

1992 年深圳试点、1993 年广州和珠海进行试点，并最后于 1994 年推广到全国的；如 2016 年激发重点群体活力带动城乡居民增收的政策（国发〔2016〕56 号），也是选取了河北、内蒙古、江苏、贵州等省份及青岛市和上海市黄浦区进行试点，并在 2017 年进行了全国层面的推广。而且在试点过程中，改革的总体方案与路线图的设计都充分考虑了不同区域的差异性，发挥了地方和基层组织的能动性和创造性，给地方先行先试留出空间，先试点后推广，并允许犯错，积累经验。比如在改革开放初期，我们提出分配领域坚持“效率优先，兼顾公平”的指导思想，这对于打破当时平均主义和“大锅饭”的分配体制是有积极意义的。如果当时不在分配领域中强调效率原则，就不可能改变人们的传统分配观念，也就不可能打破传统的收入分配体制。然而，随着经济体制的进一步转型，对公平原则的过度忽视会带来另一个层面的问题，即收入差距过大和收入分配不公的问题。为了解决分配中的不公平问题，我们又开始强调“初次分配讲效率、再分配注重公平”，其主要的目的是想通过再分配来纠正初次分配中的不公平问题。总的来看，在过去 40 年，收入分配改革不断试错又不断改进，不断改革又不断试错，在改革试错过程中，最终实现收入分配改革的目标。

5.4.5 社会对收入差距具有较高的容忍度

在我国收入分配改革过程中，长期实行农村支持城市的政策，通过“剪刀差”方式，获取农民的生产剩余。此外，农民却还要承受来自城市的各种就业和收入歧视。在实行严格的城乡二元分割户籍制度之后，农村居民被限制在了粮食的种植上，甚至被剥夺了流入城市获得更高收入工作的基本权利。在成为产业工人后，他们具有很高的劳动参与率，非常强的劳动强度和很长的劳动时间，却只能享受非常低的劳动工资，收入水平长期维持在生存水平。低收入群体不但相对收入份额在下降，甚至局部地区的绝对收入水平也有不同程度的下降，但是他们仍然提供了更多的劳动时间、更大的劳动强度，并对持续扩大的收入差距水平保持了较高容忍度。另外，在城市工业化过程中，由于没有土地市场，政府往往以极其低廉的价格征收土地，政府和企业获得了巨额收益，而居民的基本权益受到严重侵害。回顾过去 40 年，这种渐进性改革的方式，虽然最终在实践中证明是比较理想的改革方式，但也存在很多的问题。不过，社会公众经历了完全“大锅饭”并拥有共同贫穷的特定历史记忆，再加上长期以来形成的中国特色的巨大城乡二元分割体制、土地制度安排等，才导致了我国社会对收入差距具有较高的容忍度，而这都不是其他国家收入分配改革所具备的。

5.5　收入分配制度改革的失败教训

5.5.1　单兵突进式收入分配改革没有获得成功

从 40 年前开始收入分配改革，我们就发现其具有很大的复杂性，改革涉及经济、政治、社会、文化等各个方面，各种问题彼此交织，各个环节紧密相扣，牵一发而动全身，“头痛医头脚痛医脚”式的改革不能解决收入分配差距扩大和收入分配不公的问题。比如在改革开放前期的 1978 年，我们先是“单兵突进”式地推进了计件制工资改革，初期就导致员工容易只讲数量不讲质量，对品质要求容易产生对抗情绪等；在 1980 年试点推行的企业承包期改革，由于没有改变企业生产资料渠道的市场化改革，企业承包制没有从根本上改变高度集权的旧体制带来的种种弊端，企业和职工积极性没有得到充分的发挥；在 1998 年推行的国有企业分流，虽然企业的生产、销售和分配推向了市场，但是相关人事制度、劳动制度、组织机构、绩效管理等配套改革并没有推进，由此使得企业停工、职工下岗的现象激增；进入 21 世纪，由于改革过程在各个领域不是齐头并进，市场机制在各个部门所起的作用不同，造成体制内外的劳动者收入分配的巨大反差。进入市场机制决定收入的行业、单位或部门的劳动者，其收入水平较高，特别是一些个体工商户、私营企业主及公司经理，他们借助体制上的漏洞挤占其他劳动者的收入而率先暴富起来，其所得与投入极不相称。有的企业和单位效益好，不仅浮动工资多，奖金也高，而且福利等待遇也比效益差的企业和单位高。通过前 40 年的改革，我们发现“单兵突进”式收入分配改革很难取得成功，过去收入分配领域的改革协同和顶层设计不足，这既制约了收入分配制度改革，也阻碍了收入分配的配套改革达成整体性和协同性效果。

5.5.2 重视资权忽视劳权的问题没有得到改善

受新自由主义的影响，过去40年过度夸大了资本要素的作用，贬低了物质资料生产和劳动要素的作用，使整个社会逐渐走上了以资本为主导的发展方向（郭奔胜，2010）。中国式分权竞争带来地方政府间的竞争，这一度被认为是中国经济得以实现40年强劲增长奇迹的密码，工业园区建设、形式多样的招商引资、不断加码的资本优惠和始终被压低的劳动工资，甚至被总结成为中国模式得以成功的核心要点。过去40年以来，中国各级地方政府逐渐形成了一种以经济利益为导向的公司化行为模式，所以地方政府公司化现象比较严重（宋晓梧，2014）。具体来说，很多地方政府忽略了政府应有的职能和定位，而变成了一个追求利润最大化的公司，他们所追求的目标主要不是履行社会职责，而是实现GDP绩效。随着经济绩效成为官员晋升的主要影响因素，地方政府官员对社会管理和公共服务这些政府本职的兴趣逐渐下降，却不遗余力地追求GDP增长，而资本投资和工业园区则是能短时间内实现经济增长的最好手段，由此地方政府公司化现象从20世纪80年代初期开始萌芽，90年代开始迅速强化，直到当前仍然还深受其困。在这样一个急功近利的发展方向指导之下，过度重视资本、政府人为向资本倾斜，由此重视资权、忽视劳权的问题愈演愈烈，资强劳弱的局面也越来越明显，近年来劳动权利和平等发展更是被严重忽视。

5.5.3 改革主体缺失的问题愈发严重

在过去40年的改革历史中，虽然富人所占国民收入的比重越来越高，但是仍然有大量高亢的声音宣称富者在收入方面所遭受的不公平对待。相反，穷人在其收入分配份额不断下降的事实面前，显得默默无闻，既没有发声的动力[1]，也没有发声的平台。可以说，在制定游戏规则的过程中，有些人的声音明显要比他人更加响亮。穷人虽然有改变甚至扭转收入差距扩大的积极性，却没有能力也没有渠道实现这种改变；而少数先富起来的群体却

---

[1] 收入分配问题本身就天然地具有公共产品的特性，它所具有的负外部性也同样无法依靠市场机制来克服。

更加没有激励去改变这一趋势。可以说，特殊利益集团试图让游戏规则按照有利于他们的方向设定，并常常以牺牲他人为代价来争取有利于自己的游戏规则（约瑟夫·斯蒂格利茨，2014）。如果仔细审视过去 40 年，收入不平等在持续扩大，收入分配领域靠口号改革的现象比较明显，每一轮改革都是口号先行，但是每次都是雷声大雨点小。究其原因，主要就在于改革主体缺失的问题比较严重，而这很大程度上就是由市场失调造成的。这不仅属于市场失灵，也属于政府失灵，因为后者的改革主体缺失而导致无法履行自身职责。另外还存在一个操作性层面的问题，那就是改革主体的责任划分问题。由于收入是结果变量，综合性、研究性和政策性都较强，然而操作和实施起来却很困难。因此，收入分配不是一个政策就能轻易解决的问题，因为它涉及非常多的部门，也涉及很多短期的分配政策问题和长期的发展方式问题。过去收入分配政策最大的问题，就是没有抓手，名义上每个相关部门都可能相关，但在实践中却几乎每一个部门都不太相关（李帆、万海远，2015）。虽然每一年都在喊收入分配改革，但是有针对性、可考核和具有一定强制约束力的具体政策却很少见，收入差距水平也在这些口号中连年扩大。

5.5.4 分配秩序混乱的问题没有得到根源解决

纵观我国收入分配领域改革历史，分配不公问题持续成为改革发展中所诟病的最为主要的原因。比如，政策存在随意性，朝令夕改，让市场主体无所适从；收入不是按市场分配，而是按权力分配，出现“权大多得、权小少得”的现象。我国的国民收入分配格局之所以不合理，一个很重要的原因是目前的国民收入分配格局是属于权力分配型，哪个部门、单位、群体的权力大，哪个部门、单位和群体就可以多分配一点。比如从政府与企业的分配关系来看，政府相对处于强势地位，于是产生了诸多不合理的收费。再比如，企业与职工个人相比，企业处于强势地位，特别是民营企业和外资企业更是如此，其结果是职工的正当权利往往得不到有效维护，职工的收入水平相对增长缓慢。这些都表明权力在国民收入分配格局中发挥了巨大作用，这是不符合市场经济基本规则的。再比如，在城市化的过程中，存在不少地方政府与开发商共同侵害城乡居民利益的现象。在经济转轨过程中，由于法制建设滞后和监督机制不健全，少数人钻政策“空子”，获取大量非法收入，由此拉大了收入差距。要解决这些问题，需要通过法律的途径，用法律来规范各分配主体的权利和义务。在此进一步延伸出来的问题就是作为法律法规制定和颁布部门的全国人大需要发挥更大作用，而不能成为“橡皮图章”。有了法律，政府与企业的分配关系可以得到规范；有了法律，企业与职工的分配关系也得以规范，特别是职工的最低工资标准、社会保障等都将成为刚性制度。

第 6 章　农村居民收入增长与收入分配

改革开放初期的中国是一个发展中国家，更是一个低收入国家。1978 年中国的人均 GDP 按照当时的价格计算，为 385 元，按照当时官方汇率折算，为 244 美元。[1]居民人均收入要低于人均 GDP，该年的城镇居民人均收入为 343 元和 217 美元。由于城乡居民之间收入差距较为明显，农村居民人均收入更是低得多，仅为 134 元和 85 美元。按照世界银行提出的每人每天 1 美元的极端贫困标准，1978 年中国农村居民的人均收入只是 0.23 美元/天，可以说 90%以上的农民处于极端贫困之中。

由于绝大多数农村人口处于贫困状态，收入差距自然不大。低水平的收入差距主要来自地区之间，因为东部地区的农民收入要明显高于中西部地区。按照后来的测算，改革初期农村收入差距的基尼系数仅在 0.22 左右。与后来相比，当时的收入差距确实是比较低的。

以上是改革的起始年份的农村居民收入水平和收入差距情况。它也是农村经济发展的起点或初始条件。从这个起点出发，中国农村经济在后来的四十年中取得了重大进步，相伴随的是农村内部居民收入差距出现了不断上升。

---

[1] 1978 年美元/人民币的官方汇率为：1.577。从之后汇率的变化来看，此汇率表明了人民币在当时被高估。

6.1 农民收入增长

农村改革初期的 1978 年，中国农民人均年收入为 134 元，以可变价格计算到 2017 年达到了 13 432 元，名义增长率为 100 倍。当然名义增长率不能反映居民实际收入和生活水平的变化，还是应该使用实际增长率。通过计算，在扣除物价因素以后，1978 年到 2017 年的农村居民人均收入的实际增长率比名义增长率要低得多，大约为 18.5 倍[1]。如果以 1978 年的不变价格衡量，2017 年农民人均收入为 2 480 元左右。我们也可以算出在这个期间农民人均收入的年均实际增长率，大约为 7.8%。图 6.1 给出了 1978 年以来农民收入的长期增长趋势。应该说这个增长率是很高的，不论是与其他国家相比，还是与中国过去历史上农民收入增长情况相比，都不会改变这个判断。

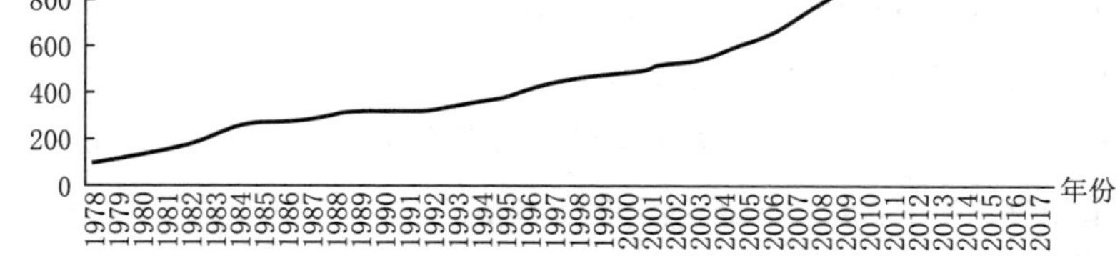

图 6.1 农民收入增长的长期趋势（1978—2017 年）

资料来源：作者根据国家统计局的相关数据计算。

[1] 根据国家统计局的计算，1978—2012 年农民人均实际收入增长了 11.8 倍。从 2013 年开始国家统计局使用新的住户收入定义。按照新定义，2012—2017 年农民人均收入的名义增长率为 69.7%，农村居民消费价格上涨 8%左右，得出实际增长率为 57%。将两个时期的增长率综合起来得出 1978—2017 年农民人均收入实际增长率为 18.5 倍。

应该看到，过去 40 年中农民收入增长是有波动的，不同时期的收入增长率有着明显的差别。有的时期收入增长率较高，有的时期收入增长率较低。不同时期收入增长率的差异反映了农民在经济发展成果分享方面的得与失，也反映了农村经济发展与改革的进展状况，更反映了政府农村政策的效果。

图 6.2 显示了 1979—2017 年中国农村居民人均收入的年增长率。不难看出，不同时期的增长率有着明显的差异。总体来讲，农民收入增长经历了两个高速增长期，一个低速增长期。第一个高速增长期是农村改革初期的 1978—1984 年，在农村改革的带动下，这几年的农民收入增长率都在两位数，其中 4 个年份的增长率超过了 15%。这是中国历史上难得一见的农民收入快速增长的时期，也是值得深入研究的一个时期。第二个高速增长期是 2007—2014 年。这个期间的农民收入的年均增长率在 10.1%左右，个别年份如 2014 年超过 12%。从图 6.2 不难看出，农民收入也曾经历过一段时期的低速增长，甚至是负增长。这个时期是从 1985 年开始，一直到 2003 年，长达 18 年。在这一时期农民收入年均增长率约为 4%，其中有 7 年的收入增长率低于 4%，1989 年的农民收入增长率为－1.6%，在其后的 1990 年和 1991 年的收入增长率都在 2%以下。

图 6.2　农民人均年收入增长率的变动（1978—2017 年）

资料来源：作者根据国家统计局的相关数据计算。

6.2 农村收入差距及其影响因素

在农村改革初期，农村居民收入差距主要表现为地区之间的收入差距，包括东、中、西三大地区之间的收入差距，省级之间的收入差距，县际之间的收入差距，甚至村村之间的收入差距。由于在计划经济时代，各种生产要素，特别是劳动力被严格限制流动，地区之间的收入差距问题难以通过生产要素的流动得到缓解。即使存在一定的地区收入差距，农村内部总体的收入差距并不是十分明显。

在2013年以前，国家统计局经常公布农村内部和城镇内部居民收入差距的基尼系数，因此我们可以构成从1978年至2011年农村居民收入差距的时间序列数据。本书图3.1显示了这一期间农村收入差距的变化趋势。从长期来看，农村内部收入差距基本上一直在扩大。在个别年份由于政策的冲击，收入差距发生短期的变化，如1994—1995年农产品收购价格提升带来的农民收入的快速增加和农村居民收入差距的短暂下降，并没有从根本上改变收入差距长期扩大的趋势。从2012年后，国家统计局不再定期地公布农村内部的收入差距的基尼系数。然而，从其他相关的研究来看，2012年后农村内部收入差距没有出现缩小的现象。

从农村收入差距的上升幅度来看，除了改革初期的“黄金期”外，20世纪80年代中期后收入差距的变动主要发生在2003年之前。可以算出，到了2003年，农村收入差距的基尼系数比1984年高出43%，而2003—2011年期间农村的基尼系数只是上升了1个百分点。

如前所述，在20世纪80年代中期至2003年期间也是农村居民收入增长的缓慢期。这意味着收入增长与收入差距之间的关系不是单一不变的，即可能出现快速收入增长中的收入差距扩大的情形，也可能出现低速或负收入增长下的收入差距扩大的情形。而前一个“黄金期”的情况更为特别，在居民收入快速增长的情况下，收入差距不仅没有出现明显的扩大，而且个别年份还有所缩小。当然，这种情形以后不会再出现了。

对于农村收入差距扩大的解释，虽然有不少的研究文献，但解释的力度仍显不够。特别是对80年代之后的近20年的收入增长缓慢期中收入差距扩大问题，仍需做更加细致的解释。从大的方面来看，这一时期农村转型基本处于停滞状态，没有出现重要的制度变革。小农经济模式主导着农业生产；由于土地承包制度的不稳定性和农业投资的不确定性，加上土地制度的僵化和对农业的长期投资动力不足，妨碍了劳动力生产率提升；乡镇企业得到了迅速发展并吸收了部分农村剩余劳动力，但是乡镇企业发展的区域不平衡性非常严重；农业生产效率的提高产生大量的剩余劳动力，他们具有强烈的进城打工的冲动，但是户籍制度构成了一种制度约束。

从政府的发展战略来看，这个时期政府更多地关注城市改革和发展问题。80年代末，随着改革的推进，各种社会矛盾变得激化起来，物价改革并由此引发的通货膨胀加剧了不同利益群体之间的矛盾，加上价格“双轨制”引起的官商勾结，权力寻租，腐败蔓延，更加剧了社会不稳定。这些使得政府无暇顾及农村的进一步改革和发展问题。1989年的政治“风波”以及随后几年的经济低迷以及对改革走向的迷茫，进一步使得农村发展和改革在政府的议事日程中被置后。在1992年的改革再出发以后，城市企业改革成了政府工作的重头戏，农村改革和发展问题几乎被彻底遗忘。90年代中国的“三农”问题变得日益突出，地方苛捐杂税泛滥成灾，农民收入增长缓慢，城乡之间收入差距日益扩大，农村经济发展陷入停滞不前状态。

最值得研究的是这样几项政策不仅导致了农民收入低速增长，也带来了收入差距的扩大。

第一，户籍制度长期拖而不改。中国的户籍制度建立于20世纪50年代末，在后来的演化中逐步成为一种控制人口流动的政策工具。在户籍制度被严格实施的年代里，人口和劳动力被“分块”（小区域块）化管制，省际、市际、县际，甚至乡际和村际的流动都是不被允许的。加上粮票制度限制，人口和劳动力流动在现实中更不可能实现。在计划经济时期，限制人口和劳动力流动是顺利执行计划的前提条件，有其存在的必要。然而，经济体制在向市场经济转换的过程中，户籍制度对经济发展的负面作用就逐渐显现出来。而且中国户籍制度的一大特点是将全部人口划分为城市人口和农村人口，当时两类人口的户籍转换可以说是世上最难办到的事情之一。更为重要的是，在计划经济时期城乡居民形成各自为政的社会福利和社会保障制度。

在政府“重工轻农”“重城轻乡”的发展战略的指导下，大量的社会和经济资源投向城市发展和城市居民福利改善，城乡居民之间的社会福利水平的差距越来越大。这种情况一直从改革初期，持续到本世纪初，只是到了最近几年才略有改变。在计划经济时期，城乡居民社会保障是“有和无”的差别，现在是“多与少”的差别。当然，现在的差距依然很大。

户籍制度改革的滞后对农民收入增长的负面影响是不言而喻的。它对农村内部收入差距的扩大也会产生影响吗？回答是肯定的。它对收入差距的影响更多的是扩大收入差距，即扩大农村内部的收入差距。当然，总体上看，户籍制度改革滞后对城乡之间收入差距的扩大产生的影响更大，但是它对扩大农村内部收入差距的影响也不能忽视。我们需要从以下几个方面来考察它的影响机制。

(1) 通过影响人口流动来影响收入差距。在农村收入差距的相关分解分析中，人口规模与家庭人均收入存在一定的负相关关系。人口少的家庭往往人均收入偏高，而人口多的家庭正好相反。相比较而言，人口多的家庭有着更强的向外流动的动机，而户籍制度改革的延迟会妨碍人口多的家庭的收入增长，延迟两类家庭之间收入差距的缩小。

(2) 在计划生育的早期阶段，即80—90年代期间，计划生育政策更加严格执行的地区往往是经济上较为发达的地区，而落后地区的计划生育政策的执行会大打折扣，特别在少数民族地区享有特殊的计划生育政策，可以多生孩子，进一步造成了落后地区，少数民族地区人均收入的下降，地区间收入差距的上升。由于落后地区人口增长的压力，人口向外流动的动力会增加，而户籍制度限制着人口和劳动力的流动，也就阻碍着地区之间收入差距的缩小。

(3) 户籍制度限制劳动力流动最终增加了劳动力的流动成本。实际上，即使存在户籍制度和其他限制劳动力政策的存在，仍会有一部分劳动力做出进城务工的选择。这些人能够承受高额流动成本，属于农村中收入较高的人群，而那些低收入人群往往承受不起劳动力流动成本和相关的风险，没有机会外出务工。其结果是收入越高的农村居民越有机会外出务工，从而获得更高的收入。这会进一步拉大农村内部收入差距。

第二，公共服务的差异带来收入差距。中国地区间差距不仅表现在收入差距上，还表现在公共服务差别上。由于中国的财政体制属于“分灶吃饭”类型，一个地区的政府提供公共服务的能力很大程度上依赖于地方的财政收入和创收能力。这种情况在 1994 年分税制改革之前尤为突出，而在分税制实施以后的几年中也没有很大的改变。中国地区经济发展的差距是由来已久的问题，在改革初期以及后来实施的“财政包干”体制加剧了地区之间财政收入的差别，也加剧了地区之间公共服务供给能力的差别。这种差别不仅在东、中、西部地区之间是如此，在省与省之间，市与市之间，县与县之间，甚至村与村之间也是如此。

不言而喻，公共服务对经济增长会产生积极效应，对居民收入增长也会带来积极影响，从而进一步影响收入差距。在一定程度上，地区之间公共服务水平的差异越大，地区之间的收入差距也就越大。公共服务对收入差距的影响会有以下几个渠道：首先，公共服务水平的高低与人力资本投资的多少有着直接而又密切的关系，后者成为前者最为重要的决定因素。经典的人力资本理论告诉我们，人力资本具有三种主要形式，一是通过教育和学习获得知识和技能，即个人认知能力的提升；二是通过营养和医疗保障而形成的健康体能；三是通过劳动力流动形成的就业经验和普遍性技能。人力资本的前两种形式主要依赖于政府对教育和医疗领域的服务。人力资本理论和相关经验研究表明，人力资本是个人收入的重要决定因素之一，而且会变得越来越重要。这意味着人力资本高的地区比人力资本低的地区有更高的收入水平，拥有较高人力资本的个人也具有较高的个人收入。从一个地区来说，人力资本的积累与经济增长和收入增长之间具有一种良性互动：更高人力资本→更快经济/收入增长→更高人力资本……对于个人和家庭来说，人力资本不仅是收入的增长源泉，也是代际收入、代际贫困传递环节中的主要媒介。正如贫困陷阱理论所预测，贫困家庭缺少资金进行人力资本投资，带来下一代人力资本积累不足，从而陷入长期贫困。

第三，税负的不公平带来的收入差距。中国的税收制度是以间接税为主，主要是通过向企业收税。至少在 20 世纪 80—90 年代居民和个人税收负担主要是由农村居民承担的。虽然城镇有个人所得税，由于当时个人所得税的起征点定得很高，高出城市平均收入水平很多，有资格缴纳个人所得税的人数非常少。然而，对农村居民的税收一直延续着“皇粮国税”的传统。在计划经济时期，一个生产队的总产出（$Output$）要在三方之间进行分配，一是生产队要交公粮（一种实物税）（Tax），是无偿上交给国家的部分；二是生产队要做出一定的扣除（Fei），作为集体积累和用于集体开支，分配集体的部分；最后是农民得到的部分，或是现金或是实物量（粮食）。农民的税费负担（C）可以表示为：$C=(Tax+Fei)/Output$。在这种体制下，农民税费对收入差距的影响是相对有限的。这是因为农民从生产队总产出中得到的部分是与他们的劳动投入直接相关的，因而每个农民承受的税费负担是与其获得的收入等比例的。这意味着在人民公社时期，农村的税费虽然会影响农民收入增长，但是没有影响收入差距。当然，它也没有起到缩小收入差距的作用。

在农村经济转型的初期，农民的税费并没有得到减免，负担反而越来越重。税费种类五花八门，老税费不断加码，新收费项目不断增加，到了 90 年代后期让农民苦不堪言。毋庸置疑，农民税费的不断增加直接影响到农民收入的增长，是一种政府与农民争利的结果。更为重要的是，农民税费进一步拉大了农村内部的收入差距。这与税费的征缴规则有关。在大多情况下，农业税和交费不是按照收入水平，而是根据家庭人口或承包土地的数量进行征收，类似于一些国家实施的"人头税"。如果不是根据收入来征税，采取累进税率，而是根据家庭人口数来征税，那么税收只能起到扩大收入差距的作用。当年农村的现实情况是地方政府难以准确核实农户收入或者农业产量，即使有能力做到，也要花费很大的成本，因此采取简单的办法来分摊税费，即根据家庭人口来平均分摊税费。其结果是，虽然不同农户人均收入水平不同，人均农业产出不同，但是人均税费却是相同的。因而，对于高收入农户来说，其税费占其收入的比重较低，即税率是低的，而对于低收入农户来说，情况正好相反。从收入分配的角度来看，这种情况下税费是累退的，是扩大收入差距的。

表 6.1　1995 年中国农村不同收入组的平均税（费）率

收入分组	国家税（%）	各种费、集资和摊派（狭义地方税）（%）	总负担（%）
最低 10%	3.5	10.3	13.7
最低 25%	2.9	7.3	10.2
第二个五等分组	2.1	4.9	7.0
第三个五等分组	1.8	4.1	5.8
最高 25%	1.3	2.2	3.5
最高 10%	1.1	1.7	2.8
总体	1.7	3.7	5.4

注：(1) 平均税率计算如下：(每一组内部的税费总和/住户税前收入总和）×100。

资料来源：中国社会科学院经济所收入分配课题组 1995 年住户调查数据（简称 CHIP 调查数据）。该表来自佐藤宏、李实、岳希明（2008）。

表6.1给出了20世纪90年代中期农村居民承担的税费负担情况。从中可以看出，在中央政府三令五申要减轻农民负担的情况下，农民的税费负担仍处于较高水平。总体的税费负担率为5.4%，其中国家税收（农业税等）并不高，只占到农民收入的1.7%，其余主要是地方税和集体收费，占到农民收入的3.7%。更值得注意的是，不同收入组农户承担的税（费）负担有很大差别，收入低的农户缴纳税费率越高，收入最低的10%农户的税费占其收入的近14%。而收入越高的农户税费率越低，收入最高的10%农户的税费率只有2.8%。从税费率上来看，收入最低的10%农户的税费率是收入最高的10%农户的近5倍。这样一个结果无疑会扩大农村内部的收入差距。根据1995年CHIP数据计算，农村内部税前收入差距的基尼系数为0.357，而税后收入差距的基尼系数上升为0.373，上升了16个百分点（佐藤宏、李实、岳希明，2008）。

6.3　农村收入差距的最新变化

根据国家统计局的估计，2003年以后农村内部居民收入差距仍处于扩大过程中，但是扩大速度开始减缓。2003年农村居民收入差距的基尼系数为0.37，在后来的十多年中基本维持在0.37—0.38的水平上。也就是说，从2003年以后农村居民收入差距没有出现缩小，但是也没有出现明显的扩大，基本上是处于高位徘徊的状态。之所以出现这种收入分配格局，是因为农村经济结构和农村发展政策发生了很大变化。

从2003年开始，中国的城镇化加速推进，农村人口不断减少，绝对人口数和相对人口比例都在下降。2003—2016年，农村常住人口从7.7亿下降到5.9亿，减少了23%。同时，农村人口占全国人口的比例从59.5%下降到42.7%，下降了近17个百分点。农村人口的减少是通过两种方式实现的，一是通过人口流动，二是通过城乡区域的重新划分。第二种方式实际上是统计意义上的农村人口减少，而不是人口居住的地理位置的改变。无论如何，这两种形式的农村人口减少都会影响收入分配的变化。首先，这两种形式的农村人口的变动都是一种选择行为的结果。第一种形式是人口和劳动力选择流动后的结果，第二种形式是政府选择的结果。一些相关研究表明，农村中的高收入群体更愿意，也更容易流向城镇生活和就业，而低收入人群则大多留在农村。在这种情况下，一部分高收入农户流出农村，农村的收入差距自然会缩小。有关城镇化的研究文献表明，城镇区域的扩张主要是城市的郊区和新镇的设立。这些区域在被城镇化之前属于农村中较为发达的区域，当地的居民收入水平是较高的。这些区域划归城镇也就意味着把农村中一部分高收入居民划为城镇居民，减少了农村中的高收入居民。这种区域划分的结果是缩小了农村内部的收入差距。

农村人口减少的主要原因还是外出务工的劳动力人数不断增加。在本世纪初进城的人数已达到近8 000万。在随后的十多年中，城镇就业的农民工人数不断上升，到了2013年已超过1.6亿人。随着进城农民工人数增加，他们的来源地也发生了很大的变化，在90年代农民工主要来自东部、中部地区和一些经济条件较好的地区，到了2010年以后大量的农民工来自西部地区，是一些经济上相对落后的地区。这种变化在一定程度上有助于抑制农村内部收入差距的扩大。这一点在农村居民的收入结构及分项收入的分布的变化上得到了反映。

除了进城农民工外，还有一部分当地就业的农民工如乡镇企业的工人。到了2010年以后，这部分农民工大约为1亿人左右。由此可以算出农村中从事非农就业的劳动力估计在3亿人左右。这意味着超过一半以上的农村劳动力从农业转移到了其他产业。经过近40年农村劳动力的转移和重新配置，农村平均劳动生产率得到了相应提高。农业劳动生产率和非农产业劳动生产率都有不同程度的提升。当然，在农村存在大量剩余劳动力的情况下，农村劳动生产率的提升并不意味着工资率的上升，这是因为剩余劳动力的存在会压低工资水平。

然而到了2010年以后，城镇劳动力市场的供求关系开始发生变化。过去供过于求的局面正在开始向供求平衡的状态转变。2008年的国际金融危机后，中国政府迅速出台了“四万亿”经济刺激方案。政府的刺激方案主要是投资公共基础设施建设，这些项目使用了大量的农民工，自然增加了对农民工的需求。劳动力市场供不应求的局面开始显现，一开始出现在城镇，后来蔓延到农村。劳动力价格，特别是农民工的工资水平逐年上升。图6.3显示了金融危机后农民工工资的年均增长率。不难看出，2010 年、2011 年以及 2013 年农民工的实际工资增长幅度都很高，超过了 15%。这在过去 30 年中是不曾出现的。[1]农民工工资的快速上升也有助于提高农民收入，使得低收入农户有了更多外出务工，以及获得工资性收入的机会，缓解了农村内部收入差距扩大的势头。

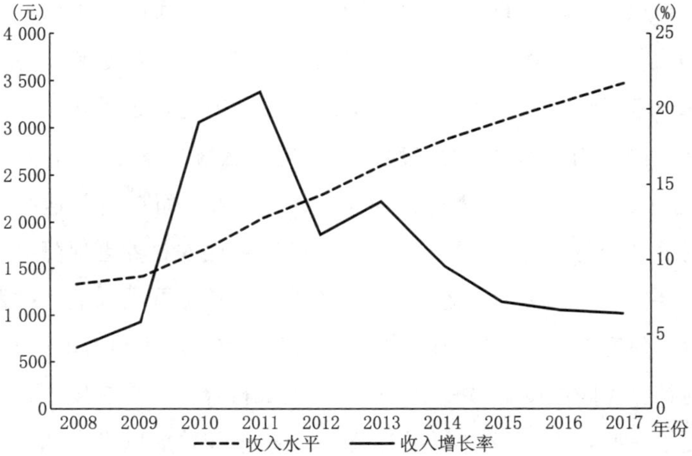

图 6.3　城镇农民工的工资及增长率

资料来源：国家统计局农民工监测调查数据。

2003 年开始，中国政府开始关注“三农”问题，实施了一系列促进农村发展的政策。这些政策的积极效应在 2008 年后逐渐显现出来。从 20 世纪 80 年代后期至 2003 年，中国农村发展是相对滞后的。这一时期城市改革受到了高度关注，而农村改革的步伐却几乎停滞不前；基础设施建设基本上投入城市，而农村的基础设施却严重落后；公共服务的资源主要投入城市，而农村公共服务水平严重低下。这种情况从 2003 年开始有所改善，解决“三农”问题，统筹城乡发展，缩小城乡差距成了发展的主旋律。2004—2013 年中央财政对“三农”的投入，不论是绝对量，还是相比比例，均超过了历史同期水平。[2]这对于理解农村内部收入差距的变化是一个重要的发展背景。

[1] 一些相关的文献显示，在 20 世纪 90 年代和 21 世纪初期，农民工的名义工资几乎没有增加，在通货膨胀的情况下，实际工资是下降的。

[2] 在 2006—2011 年期间中央财政用于“三农”的支出由 3 517 亿元上升到 10 498 亿元，（名义）年均增长率为 24%。见财政部：《财政支持“三农”情况》，http：//www.mof.gov.cn/zhuantihuigu/czjbqk2011/czzc2011/201208/t20120831_679920.html。

相比来说，2008年后中国政府出台的民生政策更多地集中在农村地区。农村社会保障制度也处于不断完善之中。参与社会保障的人群不断增加，获得保障的水平也在持续提高（郑功成，2014）。农村养老保险开始于2009年，要求年满16周岁（不含在校学生）、未参加城镇职工基本养老保险的农村居民，可以在户籍地自愿参加新农保。60岁以上居民不再缴费，而且可以按月领取养老金。在开始阶段，老人领取的养老金数额是有限的，如2009年每人每月55元。由于养老金数额由地方政府决定，之后几年各地养老金数额有所不同。相对来说，发达地区的养老金数额要高于落后地区。例如，2015年北京农村居民养老金待遇为470元/月/人，而在西部地区（如甘肃省）农村养老金待遇为85元/月/人。到2015年底农村养老保障制度已实现全覆盖，参加的人数接近4亿人（国家发改委就业分配司、北京师范大学中国收入分配研究院，2017），其中领取养老金的农村居民约为1亿人。

农村社会保障制度中另一项制度是新型农村合作医疗制度。这一制度实施时间更早一些，于2002年开始建立，2009年开始加以推广和规范化。近几年政府投入了大量资金建设新农合，到2015年对每一个参保人给予380元的补贴。该制度规定参加保险的病人的医疗费可以给予一定的报销，而报销比例在各个地区是不同的，它在一定程度上取决于医疗费总额、疾病种类、治疗手段和用药类别，等等。从居民收入构成上看，医疗保险制度对农民收入不能产生直接影响，虽然它有助于提高农民的福利和生活质量。从2013年开始，国家统计局改变了农村住户的收入定义，将医疗报销款也列为了其转移收入的一部分。这意味着有医疗费支出并获得报销款的农户会收到额外一笔收入。这也许可被视为近几年农民较高收入增长率的一个理由。

农村低保制度是农村社会保障制度的一部分。农村低保制度始建于20世纪末，从2004年开始进入快速发展时期。2004年享有低保待遇的农村人口低于500万人，而到2005年超过了800万人。之后几年几乎每年成倍增加，2007年接近3 600万人，到2013年达到顶峰，接近5 400万人。但从2013年开始，获得低保的农村人口逐年下降，到2016年下降为4 577万人。由此看来，2007—2013年是农村低保快速发展时期，享有低保的人数增加了51%。而这一时期的农村人口减少了12%。同时，低保的人均补助水平也有所提高，从2007年的每人每年446元增加到2016年的1 609元。[1]低保金收入一直被视为家庭收入的一部分，因此低保制度保障力度的提高对收入水平和不平等程度都会产生直接和间接影响（Golan，Sicular and Umapathi，2015）。

除此之外，在2007年之前实施的一些惠农政策如粮食补贴，在之后几年中仍在发挥作用，有些政策的力度还在不断加强。中央政府对农村、农业的补贴称为“四补贴”：粮食直补、农资综合补贴、良种补贴、农机购置补贴。到了2013年，“四补贴”总额达到了1 700亿元，农民人均为近200元。“四补贴”中只有粮食直补和良种补贴直接补贴到农户，其他两项补贴都是暗补，补给了生产企业。粮食直补是惠及所有种地农民的一项补贴，但是数额并不多。如2006年中央财政用于粮食直补的支出为124亿元，平均到农村人口每人不足20元。2013年粮食直补增加到151亿元，但相对于2006年增长幅度并不大。

同时，中国的扶贫战略发生了根本性的改变。在2008年之前，中国扶贫战略主要是通过发展地方经济来消除贫困，称之为“开发式扶贫战略”。采取这一战略的基本考虑是贫困人口大多集中于一些农村贫困地区，而且他们贫困的主要原因是当地经济发展落后。到了2008年以后，扶贫战略出现了一个改变，除了地区开发式扶贫之外，救济式扶贫模式得到了广泛应用，其中一个标志性政策转变是农村实现了最低生活保障制度。从2006年农村低保制度建立开始，随着政府低保资金投入增加，获得低保救济的人数开始逐年上升，到2013年达到高峰。[2]低保制度的广泛实施不仅有助于消除农村贫困，而且也对减小收入差距起到了或多或少的作用。2010年，中国政府制定了《中国农村扶贫开发纲要（2011—2020年）》，提出了新的扶贫战略。与此同时，政府也提高了农村贫困线，2010年的农村贫困线为每人每年2 300元，按照购买力平价计算，接近于每人每天1.9美元。按照新的贫困线，2010年农村的贫困人口为1.38亿人，贫困发生率为13.8%。相对于农村，城镇贫困是微不足道的，大约有2 000万人，基本上享受着低保救助。

[1] 见国家统计局网上数据，http：//www.stats.gov.cn/tjsj/ndsj/2016/indexeh.htm。

[2] 2006年农村获得低保救助的人数为1 593万人，2013年为5 388万人。见国家统计局网上数据，http：//data.stats.gov.cn/easyquery.htm?cn=C01。

由于经济增长和收入增长的作用，再加上政府不断增加扶贫力度，农村贫困人口减少的速度很快。到了 2013 年，农村贫困人口减少至 9 900 万人，2016 年减少至 4 300 万人。贫困人口的减少也在很大程度上有助于缓解收入差距上升的压力。

如何看待中国农村居民收入差距的未来走向？从过去几年的变化趋势来看，在未来几年农村收入差距基本上会处于稳定状态，不会有明显的扩大。一是因为农村人口还会进一步减少，到 2030 年农村人口的比重会降到 30％左右，一些高收入农户不断离开农村，这会起到抑制收入差距的进一步扩大。二是农村振兴战略的实施一定会开启农村土地制度改革，促进土地资源的市场化配置进程，城乡之间生产要素的流动性会进一步加强，这也会抑制收入差距的进一步扩大。三是农村的社会保障制度会提高标准，公共服务的均等化会逐步落实，这又会抑制收入差距的进一步扩大。四是随着 2020 年消除绝对贫困目标完成后，如何缓解农村的相对贫困会成为政府的发展战略目标之一。而缓解相对贫困的政策措施更多的是收入分配和再分配政策，促进低收入人群的收入更快增长。因而，增加收入再分配政策的力度一定会有助于缩小收入差距。

第 7 章　城镇居民收入分配格局变化

中国城镇的经济转型迟于农村，转型的时间也长于农村。在上世纪 80 年后期，农村的经济改革已算基本完成，而城镇的经济改革仍在起步阶段。从城镇改革的进程来看，可以分为三个阶段：改革的初始阶段（1984—1991 年），改革的攻坚阶段（1992—2002 年），改革的稳定阶段（2003 年至今）。与改革不同阶段相对应的，一是收入分配制度的不同演变时期，二是收入差距的变化时期。本章将主要讨论以下几个问题：一是居民收入差距的发展阶段；二是城镇居民收入增长与差距的变动趋势；三是所有制多样化与收入差距的变化；四是库兹涅茨假说与收入差距的关系；五是小结。

7.1　城镇居民收入差距的发展阶段

改革开放初始时期，中国城镇居民的收入差距是很小的。这主要归结于经济的高度管制。具体来说，单一的公有制结构，高度控制的工资制度，长期僵化不变的工资结构等，都是收入差距偏低的制度性原因。如前所述，1978 年城镇居民收入差距的基尼系数为 0.15 左右，根据国家统计局城镇住户调查数据计算出来的收入差距的基尼系数仅为 0.16 左右（见图 7.1）。在后来的几年中，城镇居民的收入差距几乎没有变化，直到 1984 年才开始逐步上升。

改革的初始阶段是收入分配制度的多元化过程。一方面，原来的公有制企业（国有和集体）的工资计划体制开始松动，逐渐增加工资之外的奖金数额和奖金发放的企业自主权，然后逐步下放工资浮动的决策权；另一方面，私有部门的出现和发展带来了工资决定的市场机制。这个阶段城镇居民收入差距开始扩大，主要是公有部门与私有部门之间工资差距的扩大。根据国家统计局的估计，1984—1991 年，城镇居民收入差距的基尼系数从 0.15 上升到 0.23。虽然用基尼系数衡量的收入差距上升幅度很大，超过了 50%，但是它的起始水平很低，而且上升后的基尼系数仍处于较低水平。

20 世纪 80 年代出台的一些城市改革政策，基本上是围绕激活国有企业效率展开的，为此对企业内部的薪酬制度做了一些小调整。这些改革政策并没有对城市内部收入差距变化带来很大的影响。这一时期城市居民收入差距有所扩大，但不是很明显。在改革开放后的近十年中，城市居民收入差距的基尼系数仍在 0.2 以下。在 80 年代后期，城市居民收入差距扩大的主要原因是城市中私营和个体经济的出现，以及价格“双轨制”带来的暴利机会。

改革的攻坚阶段大约持续了十年。1992 年邓小平为了推动改革发表了南方谈话，开启了城镇改革的一个新时期。城镇改革的攻坚任务是国有企业改革。与此同时，大力发展非公有经济，进一步实现企业资产所有制的多元化，打破国有经济一统天下的局面。对国企改革采取了“抓大放小”的策略，大批的中小国有企业和集体企业进行民营改制，一些经营不善的企业被拍卖、重组、破产，大批的企业职工被下岗、失业。一些年份的实际失业率达到了历史上的最高水平。这一时期也是城镇收入差距扩大的时期，工资差距的扩大特别明显。

进入 90 年代后期，城市改革开始进入实质阶段，改变城市企业的所有制结构成了改革的主旋律。为了实现企业转制，推动国有企业和集体企业减员增效，大批国有和集体企业员工下岗失业，同时民营和个体企业快速发展，导致了收入差距的进一步扩大。如图 7.1 所示，1995—2002 年城市居民收入差距的基尼系数提高了 7—8 个百分点。从居民收入结构的变化上也可以看到，这一时期经济转型带来的影响，其中工资性收入所占比重下降了近 2 个百分点，而退休金收入上升了 3 个百分点，家庭经营性收入上升了 2 个百分点（李实、史泰丽和古斯塔夫森，2008）。这一方面反映了失业压力下提前退休人员数量的增加，另一方面反映了私营及个体经营活动带来收入的增加。

自 2003 年起，改革的稳定阶段已持续了十多年。大刀阔斧的国有企业改革已经完成，其他一些经济改革基本处于缓慢推进，或走走停停，甚至停滞状态。值得肯定的是社会领域的一些改革进展。如农村社会保障体制的建立和不断改进，城乡社会救济（低保）制度的扩展和改善，精准扶贫战略的实施，都体现了社会领域改革的重要进展。这些改革措施对改变收入分配格局和收入差距的变化起到了积极作用。进入 21 世纪后，城市内部的收入差距持续扩大。从人们的感受来看，过去十年中城市居民收入差距的扩大幅度要超过农村，但是一些相关的统计数据却显示了不同的结果。例如，根据国家统计局的估计（见图 7.1），在 21 世纪的头三年，城市居民收入差距基本上没有变化，基尼系数为 0.32；2002—2005 年基尼系数上升到 0.34，其后几年在这个水平上徘徊；然而从 2009 年起基尼系数开始下降，不过仅从 0.34 下降为 0.33。这一结果受到了一些学者的质疑，认为官方统计的城市居民收入差距的基尼系数存在着低估问题。有学者认为，由于国家统计局住户抽样调查中高收入住户样本的取得越来越困难，因此住户调查中高收入样本比例严重偏低，造成了城市居民收入差距的低估（李实、罗楚亮和史泰丽，2013）。当然这个样本偏差问题也造成了城乡之间收入差距的低估和全国收入差距的低估。根据相关的研究，如果对调查样本偏差加以修正，现在城镇内部收入差距的基尼系数也许超过了 0.4（李实、罗楚亮，2011），要大于农村内部收入差距的基尼系数。

近年来，特别是 2000 年以后，中国城镇劳动力市场的一个重要变化是农民工的涌入。农村地区大批相对低技能的劳动力逐渐迁移进入城镇劳动力市场，已有研究认为这一情况推动了城镇劳动力市场上低技能和高技能劳动力之间工资差距扩大的趋势。在中国城镇地区，与男性相比女性劳动者在低技能岗位就业的比例更高。农民工的涌入加剧了劳动者对城镇低技能岗位的竞争，这也可能对工资差距产生影响。在 2008 年金融危机之后，中国经济增速整体减缓，不过，经济平稳度过了危机时期，这与政府大规模的经济刺激计划是不可分割的。然而，金融危机可能对城镇工资差距产生影响，即扩大了城镇工资差距，却有可能缩小了城镇内部的收入差距。[1]

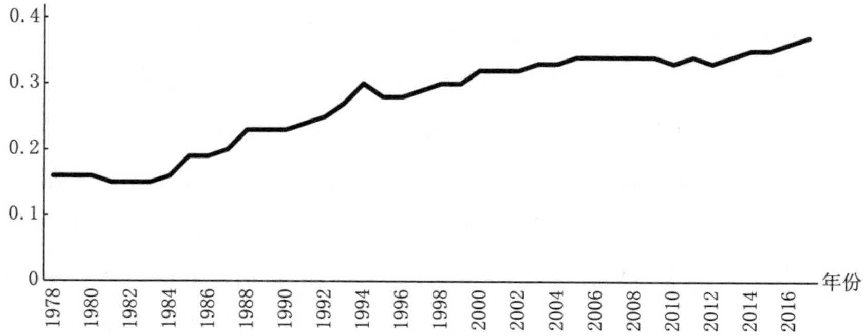

图 7.1 城镇居民收入差距的基尼系数（1978—2017 年）

资料来源：来自国家统计局历年《中国住户调查年鉴》，2012—2017 年农村及 2011—2017 年城镇内部数据来自省份加权计算结果。

7.2 城镇收入增长与差距的变动趋势

7.2.1 收入增长趋势

1. 居民收入水平高速增长，整体提升

在过去 40 年中，无论是在哪一个收入层次，所有城镇居民都经历了收入水平的持续提高，城镇居民的收入水平整体上有了显著增长。如图 7.2 所示，在把所有指标折算为 2013 年价格后发现，我国城镇家庭可支配收入平均每年都以 7.3%以上的速度扩张。我国 1988 年城镇居民家庭人均收入平均只有 1.66 万元，1995 年、2002 年、2007 年分别为 2.16 万元、3.59 万元和 5.89 万元，而 2013 年家庭收入现值则为 9.58 万元，是 1988 年家庭收入总量的 5.76 倍以上。这表明，在中国经济强劲发展的背景下，中国居民收入拥有一个相当可观的增长速度。而且在 1988—2013 年期间，中国居民收入的

[1] GDP 的增速是用不变价计算的。城镇就业人数是对城镇单位登记就业人员的统计。数据来自国家统计局《中国统计年鉴》（2014）中的表 3-5 和表 4-2，http：//www.stats.gov.cn/tjsj/ndsj/2015/indexeh.htm，引用日期为 2017 年 1 月 15 日。

增长是全方位的，几乎每一项收入分项都有快速增长，其中财产性收入和转移性收入呈现一个爆发式的加速发展态势。因此，无论从何种角度来看，中国过去十年的发展，体现了经济的发展和人民生活水平的提高，居民的各项收入水平也都大大提高。

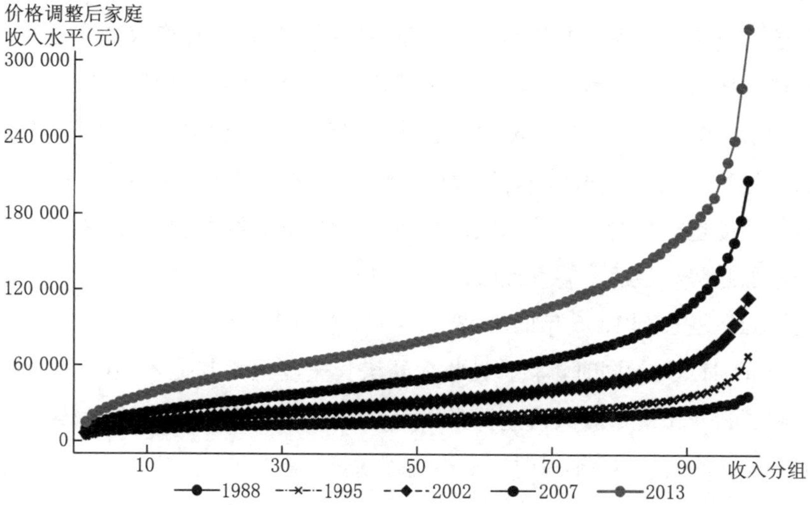

图7.2　居民收入的增长趋势

资料来源：Gustafsson 和 Wan（2018）。

2. *劳动份额持续降低，收入结构明显改善*

从收入内部结构来看，中国城镇居民的收入分配状况也发生了显著变化。首先，工资性收入在居民收入总额中占据了主导地位，它占总收入的比例稳定地保持在60%左右。然而，从近年来的变化趋势来看，城镇居民工资性收入占比却在稳定地下降，由1988年的87%下降到1995年的84%，2002年和2007年的占比分别为74%和68%，而在2013年则进一步下滑到59%。这也从侧面反映了近年来利润不断侵蚀工资的事实，即改革开放后普通劳动者的报酬所得比例在不断降低，劳动收入在居民收入中的比重不断下降。其次，还有一个显著的事实是经营性收入占比在稳定上升，由1988年的0.6%上升到1995年的1.4%、2002年的3.8%和2007年的6.8%，并最终提高到2013年的8.9%。这表明城镇居民越来越多从事企业或个体经营，并且从经营当中获得的报酬比率也在提高，其重要性在显著上升，这既反映了40年来我国经济结构转型的大背景，也表明市场和政府角色关系的定位方面有持续的改善，使得城镇居民收入来源呈现多样化发展趋势。再次，财产性收入的占比虽然较小，但是40年来的占比却在稳定上涨，从2002年之前的微乎其微，持续提升至2007年的3.5%和2013年的7.1%。这跟改革开放以后私有财产权得以恢复密切相关。近年来大量政策措施为私有财产积累铺平了道路，这些政策包括允许并鼓励私有企业的发展、保护私有产权的合法性，以及推进股票市场和房地产市场的发展等；再加上经济高速增长和居民收入快速增加的影响，城镇居民家庭财产也从无到有，从少到多，经历了一个快速增长的过程。在这个过程中，居民财产性收入快速增加，城镇家庭财产性收入增长速度也远远超过了劳动收入的增加速度，因此财产性收入占比有了稳定的增加趋势。最后，转移性收入占比也有了显著一致的增长趋势，从1988年的11.1%增加到1995年的13.2%、2002年的15.1%、2007年的19.4%及2013年的21.3%；同时，转移性收入的增长速度也是其他各项收入的数倍。这反映了近年来政府收入快速扩张从而有能力给城镇居民增加各种转移性收入或补贴，在过去40年间的年平均实际增长率高达9.8%以上。

7.2.2 收入差距的迅速扩大

城镇内部收入差距是全国收入差距的主要结构性因素。过去40年，我国城镇内部收入差距一直不断扩大，幅度超过了农村，目前的基尼系数也已超过农村。在城镇内部的收入分配中，部门之间收入差距和职业之间收入差距的扩大最为明显。此外，城镇中出现了一些高收入人群的收入急剧增加、人群规模急剧扩大的态势。图7.3显示了不同年份的收入分布情况，收入分布向右移动，并且方差越来越大；收入分布曲线中的顶端值不断向右移动，而且越来越呈分散化状态，由此说明收入水平的分布差异越来越大。

另外，从各种不同的收入不平等指标来看，我国城镇居民收入差距也经历了全方位的扩大趋势，各种不平等指数都在持续显著提高。从表7.1的基尼系数来看，我国城镇家庭收入差距基尼系数由0.207提高到1995年的0.295和2002年的0.313，近些年来城镇居民收入差距仍在持续扩张，到2007年和2013年分别为0.335和0.337；在过去几十年中，收入差距的基尼系数上升了63%，这表明过去40年，我国城镇居民的收入差距快速扩大，而且目前到了比较严重的程度。同样，若以变异系数 CV 或泰尔指数 Theil 等来看，我国城镇居民收入差距的扩大趋势是完全稳定和一致的，当然用对低收入群体比较敏感的 MLD 指数和简单的收入分组比来看，中国城镇居民收入差距的扩大趋势是非常明显的。

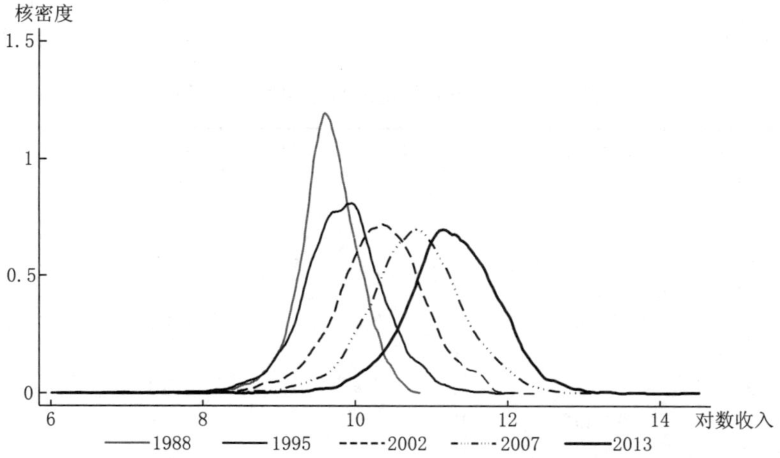

图 7.3　历年居民收入的分布变化

资料来源：Gustafsson 和 Wan（2018）。

表 7.1　城镇收入差距基尼系数

	1988	1995	2002	2007	2013
基尼示数	0.207	0.295	0.313	0.335	0.337
CV 指数	0.384	0.604	0.608	0.690	0.829
Theil 指数	0.070	0.148	0.162	0.192	0.210
MLD 指数	0.074	0.149	0.174	0.192	0.198
P90/P10 指数	2.590	3.755	4.307	4.679	4.902

注：本表数据使用 CHIP 数据权重进行调整。
资料来源：本表数据由作者使用 CHIP 数据进行估算得出。

同样，如果进一步观察城镇居民内部的分组情况，则也会发现城镇居民收入分布日益极化的趋势，少数人占有大多数财富的现象越来越明显。表 7.2 继续分析每一个收入分位组内部的不平等程度，从而把所有样本按收入高低分成十等分位组。从中发现，虽然城镇居民的收入在过去 40 年呈现出高速增长的态势，但也历经了一个显而易见的异常分化过程。尤其是收入高速积累过程几乎主要发生在少数高收入群体之中，而其他中低收入阶层的城镇居民则并没有经历收入的显著增长。表 7.2 中，六分位以下所有居民的收入占有比例都在下降，而最高 10％的群体的份额则飞速上升，其所占的收入份额由 2002 年的 18.3％增加到 2013 年的 25.8％。在 2013 年样本中，收入最低 10％的人群所占收入份额仅为 2.7％左右，而最低 50％人群所占收入份额仅为 27.3％。

表 7.2 收入十等分组及其份额变化（％）

十等分组	1988 年	1995 年	2002 年	2007 年	2013 年
最低 1	4.6	3.3	3.0	2.8	2.7
c2	6.4	5.4	4.9	4.4	4.5
c3	7.4	6.4	6.0	5.6	5.7
c4	8.2	7.4	7.1	6.6	6.7
c5	8.9	8.3	8.2	7.7	7.7
c6	9.7	9.4	9.4	8.9	8.9
c7	10.7	10.6	10.7	10.4	10.3
c8	11.9	12.1	12.5	12.4	12.3
c9	13.8	14.6	15.2	15.5	15.4
最高 10	18.3	22.4	23.0	25.6	25.8

资料来源：Gustafsson 和 Wan（2018）。

7.2.3 高收入人群的影响

一个很重要的问题就是，最高收入人群由于住户调查样本的偏差和收入水平瞒报问题，从而使得住户调查数据在最高收入人群中的代表性严重不足，由此会低估收入差距水平。这种最高收入被低估的问题，不仅在中国，而且在全球每一个国家的住户数据中都普遍存在。对于中国来说，无论是从宏观与微观数据的比较偏差，还是从国际经验或公众主观感受来看，都会发现我国高收入样本的严重低估现象，而这一问题在城镇样本中尤其明显。特别是，我国城镇中出现的部分高收入人群，其中有相当一部分是借助资本市场的暴利机会，或者是利用权力寻租，或者是利用资源垄断获得收入和财富的急剧增长。图 7.4 比较了住户数据中最高 10％群体与最低 10％群体的收入倍数，发现两者的比例基本都在 8 倍左右，而最高 10％与最低 5％群体的收入倍差则在 11 倍左右，由此说明城镇内部高收入群体对整体收入分配的重要影响。而 Li 等（2018）则基于住户数据，还特别研究了住户数据所不能调查到或被低估的高收入样本问题。表 7.3 的结果发现在调整高收入样本前我国收入的基尼系数为 0.462，而在收集并增加高收入样本后，同年全国的基尼系数则迅速上升到 0.6 以上，由此说明高收入样本对整个收入分布的巨大影响。因此，我们应该更加关注高收入群体的扩大以及应运而生的收入分配不公问题。

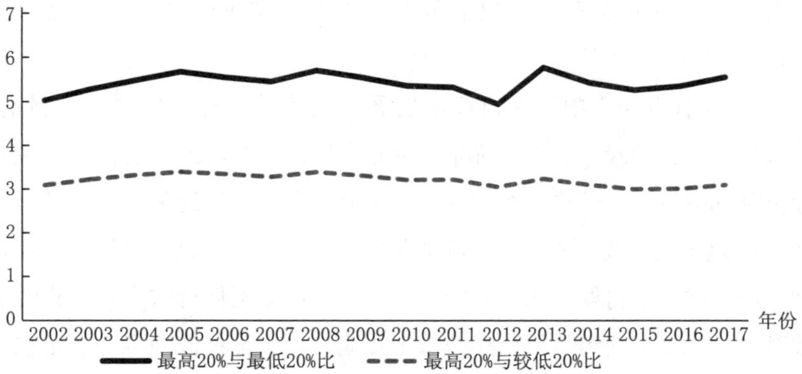

图 7.4　城镇居民收入差距（高低收入组的比较，2002—2017 年）

资料来源：根据国家统计局的住户调查数据绘制。

表 7.3　调整高收入样本前后的收入差距变化

	CHIP 住户数据	STIC 高收入数据	混合数据(CHIP＋STIC)
平均值	2.23	193.16	3.02
P90/P10	9.32	4.73	9.66
P90/P50	3.05	3.18	3.14
P10/P50	0.33	0.67	0.33
基尼系数	0.462	0.497	0.673

资料来源：Li，Wan 和 Li（2018）。

7.3　所有制多样化与收入差距的变化

7.3.1　自营就业的不断增长

过去 40 年城镇市场化的发展，几乎集中在城镇不同所有制的改革变迁，从不承认私有制，到现在中小民营企业成为我国城镇就业最为主要的来源；从不承认个人或家庭财富，到现在个人财富水平的急剧积累。因此，整个 40 年的发展就是一部城市私营经济或个体自主经营放开并极大发展的历史。

从改革开放之前到 20 世纪 80 年代，中国城镇地区劳动力的调配由计划主导，工资水平也由政府统一制定。城镇市场上主要的雇佣主体是国有部门和集体所有制部门，城镇经济的支撑基础是制造业。随着中国经济改革推进，劳动力配置和工资决定机制发生了变化，城镇经济的结构也发生了调整。

从 80 年代开始，中国城市经济发展的主体是国有或集体所有制企业。经济投资、企业的投入和产出都是计划指令性的。劳动人口的就业也主要由国家分配和安置。人们进入企业或单位后通常会工作至退休，调动到其他企业或单位的比例很低，劳动力的流动非常有限。单位对职工生活的影响是方方面面的，除了支付职工在岗时的就业工资，还分配低价住房，实物性的生活福利等；职工即使退休后依然归属于企业。也正是单位的多功能定位，与之相对应的是职工的低水平工资。[1]

中国自改革开放后从计划经济向市场经济转型，不仅引入大规模的外来投资，同时也使中国经济进入快速发展的轨道。消费品和产品市场以及劳动力市场纷纷建立并逐渐完善。从 20 世纪 90 年代开始，国有企业的深化改革引发了上千万国有企业职工的下岗潮，企业也不再承担更多的社会职责。计划经济体制下长期实行的企业或单位分配住房的制度被打破；个体户、私营企业和外企就职的人员比例迅速上升。

进入 21 世纪以来，市场经济取代了计划经济，国有部门和集体部门大幅减员，非公有部门、外商投资企业逐渐成为重要的用人主体。与此同时，经济结构开始从制造业向服务业调整，这导致了城镇就业结构的相应调整。尤其是我国城镇劳动力市场竞争性的措施以及进一步的企业改革行为，使得传统稳定形式的就业机会明显下降，大量被传统就业形式排除在外的劳动力只能寻求非正规的就业形式，包括成为家庭自我经营的雇主或受雇于不稳定的短期化的劳动合同。对于低收入人群而言，这些就业机会具有相对较高的

[1] 详见 Naughton（2007）的论述。

可及性[1]；尤其是在 2008 年金融危机期间，贫困人口可以通过从事非正规就业减轻经济转型所造成的不利影响，而后一个时期的转移收入使穷人受益程度提升，也在某个层面表明旨在减轻贫困的公共政策的有效性有所增强。从这一意义上说，尽管这类就业形式伴随着某些非体面的特征，但由于就业机会的增长，对于低收入人群参与经济增长过程、分享经济增长成果具有重要意义。

表 7.4　中国城镇居民的就业结构变迁

年　份	1988	1995	2002	2007	2013
失业或家庭帮工	25.4	28.3	30.5	31.8	28.4
工资性就业	73.2	69.5	64.8	56.3	51.8
个体或自营就业	1.4	2.2	4.6	11.9	19.8

注：劳动年龄人口限定在 16 至 70 岁之间。作者根据 CHIP 数据计算。

7.3.2　私营经济的工资追赶

20 世纪 80 年代中期起，我国城镇收入差距开始不断扩大（见图 7.5）。理论界对于不断提高的城镇收入差距主要解释为以下两种原因，一是企业为了提高劳动者的积极性和企业运作效率，在工资决定过程中引入了市场力量，而工资决定的市场化带来了工资分配差距的扩大，导致就业者收入差距；二是劳动力市场在性别间、所有制间、行业间、地区间的分割导致个人收入差距不断增大。

在计划经济时期甚至在 20 世纪 90 年代以前，我国城镇居民或家庭间的收入差距规模是很小的。随着工资决定和雇佣自主权的市场化，中国城镇市场开始出现了工资差距；另外，经济结构的转型也对工资差距产生影响，国有部门内部差距较小，而在其他所有制部门则较大，当国有部门的就业占比开始下降时，整体居民的收入差距在整体上就会表现出扩大的趋势。当然，更重要的是，我国自 80 年代后期正式确立并严格执行的城乡分离的户籍制

[1] 不过，在政策实践或某些具体措施上，存在着通过某些规制行为将这些就业形式“正规化”的倾向。这固然能改善就业质量，增强就业者的福利，但如果导致就业机会的缩减，在劳动力供给大于需求的总体态势下，则未必有利于低收入人群。

度，以及大型城市居民比中小型城镇享有更多的社会公共服务和福利，不仅引发了城镇居民家庭收入的差距，而且一直延续至今（陆益龙，2004）。

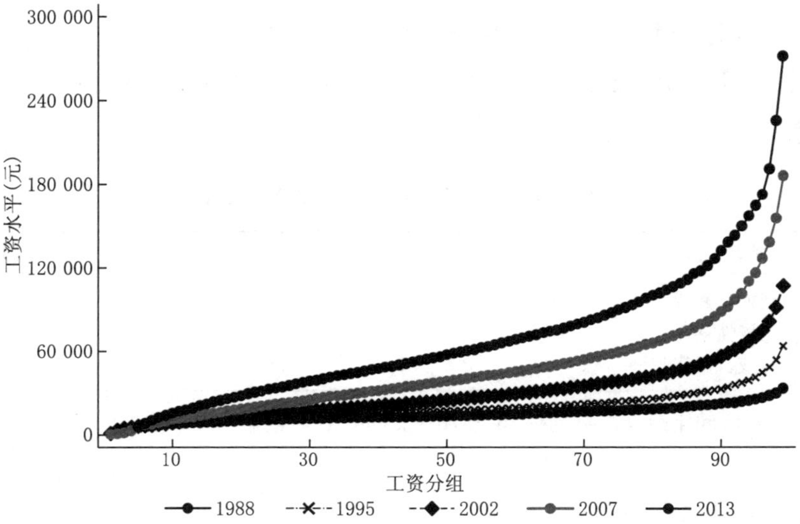

图 7.5　中国城镇居民工资水平的增长与分配情况

资料来源：作者根据 CHIP 数据计算。

20 世纪 90 年代中期起，中国城镇经济改革进入实质阶段，一方面，政府部门、国有企业的工资体系发生了改变，另一方面，企业的所有制结构发生了重大变化。90 年代以前，国有企业的工资水平具有完全的计划经济特征，劳动者的收入与工作的努力程度之间联系并不紧密。进行工资体制改革之后，劳动者工资水平与劳动贡献挂钩起来，工资差距随之扩大。同时，国有企业不断进行改制，私营经济、个体经济迅速发展。国有企业职工比例从 1994 年的 60%降低到 2000 年的 35%，2007 年进一步降至 22%，而私营企业和个体企业的职工比例则从 1994 年的 8.3%上升为 2013 年的 39%，外资企业和合资企业的劳动力人数也在不断增加。[1]这两方面的变化都给城镇就业者的收入分布带来了影响。在工资决定机制的调整上，经济改革使得劳动力市场对不同的个人禀赋特征的回报率发生了变化，这必然带来城镇居民收

［1］ 例如，国家统计局公布的中国统计年鉴显示，城镇地区外资企业的劳动力占全体城镇地区劳动力的比例从 1994 年的 1%增加到 2007 年的 3.2%。

入差距的变化；而对于私营经济成分的快速提高，在劳动力市场分割仍然存在的情况下，这种结构的变化本身也会带来收入分布的变动。

7.3.3　其他形式的收入分化

我国城镇收入水平整体提高和差距不断扩大趋势，在各种不同的维度上也有所体现。如性别工资差距不断扩大；教育水平不同所引致的收入差距也同样在显著扩张；另外，诸如不同城市层级或地区的收入差距也同样经历了全方位的扩大趋势。

随着 40 年城镇市场化改革的进行，以劳动生产率带动的工资和收入增长成为一个共同的发展趋势，而随着受教育程度的不断分化和高等教育质量的不断提升，以人力资本投资带来的收入增长就呈现出明显的异质性，由此也带动了城镇居民间收入差距水平的不断扩大。如图 7.6 所示，城镇居民内部不同教育层次的收入异质性不断扩大，而且从具体的教育层次看，居民受教育程度为小学及以下个体的实际收入水平甚至还存在明显的下降过程，而大学及以上个体的收入水平却始终在加速增长。

再看看图 7.7 关于地区间城镇居民收入差距的变化，也可以得到类似的结论。总体来看，东部地区的收入优势是始终存在的，而且这种收入上的优势随时间在持续扩大，尤其是 2013 年收入水平要远远高于其他群体的收入水平。与之对应的是西部地区，过去几十年间的收入水平一直处于最底端，而且近年来随着其他地区收入水平的加速，导致我国城镇整体的地区收入差距有扩大趋势。所以综合不同地区来看，我国收入水平的异质性在扩大，地区收入差距水平存在持续显著扩大趋势。

总的来看，纵观我国过去 40 年经济转型过程中城镇居民收入不平等的演进状况，我们发现从 20 世纪 80 年代末以来，城镇居民收入差距显著扩大，基尼系数上升了 63%以上。若采用不同的分解方法去分析城镇收入不平等加剧的原因，发现在这一期间人力资本回报的逐步上升是收入不平等加剧的主要因素。这可以被理解为计划经济工资体系瓦解、市场化特征增强带来的必然结果。除此之外，市场分割因素，表现为性别间、行业间、省份间收入差距扩大，也对城镇收入不平等的加剧起到了重要推动作用。因此，对于人力资本报酬提高带来的收入差距扩大要给予充分的肯定，也要对市场分割导致的收入差距扩大加以限制。从根本上来说，进一步完善城镇劳动力市场，消除导致市场分割的各种制度和法规，特别是打破行业垄断，破除地区分割，消除市场上对女性等弱势劳动力的歧视，对于缩小城镇收入差距和实现分配公平都将是重要的制度建设内容。

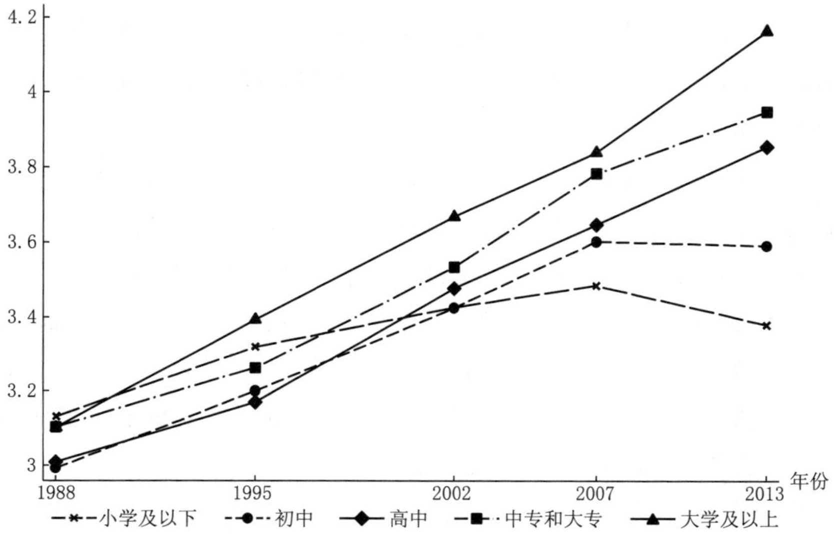

图 7.6　不同教育程度居民的收入水平差异

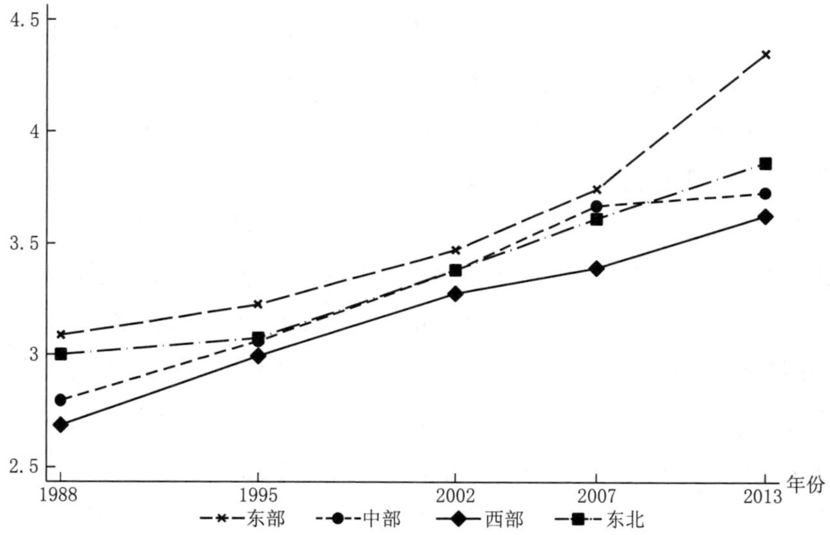

图 7.7　不同地区间居民收入水平差异

7.4　“库兹涅茨假说”与收入差距的关系

7.4.1　“收入差距倒 U 假说”没有得到普遍经验上的支持

西蒙・库兹涅茨（Simon Kuznets）在 1955 年发表了著名论文《经济增长与收入不平等》，他从英国、美国、德国的历史数据中发现，在经历了 19 世纪末期收入差距和经济增长率的持续扩大之后，到 20 世纪初期，这些国家的个人收入差距随着经济增长的持续进行又都出现了不同程度的缩小。他由此认为收入差距的变动在很大程度上与经济发展的不同阶段密切相关，这就是著名的“库茨涅兹假说”，又称为“收入差距倒 U 假说”（Kuznets，1955）。在该假说提出后，经济增长和收入分配之间的因果关系就立刻成为学者们争论不休的问题，之后的经验验证主要围绕着两个方向来展开：第一，如果收入差距的变化在经济发展过程中是先上升、后下降，那么收入差距变量与收入水平变量之间应该呈现出一种倒 U 形的非线性关系。第二，如果收入差距与收入水平有相关性，那么收入差距的变化也应该会受到经济增长速度的影响。概括来看，在 20 世纪 90 年代之前，有部分研究结果是支持库兹涅茨假说的，其中有代表性的是阿鲁瓦利亚（Montek S. Ahluwalia）的研究，他使用了 60 个国家的样本对库兹涅茨假说进行了模型验证，分析结果与库兹涅茨假说的预测是一致的，即收入差距与经济发展阶段确实呈现了一定程度的倒 U 形关系。

在此之后对该假说的支持率不断下降，直至今天基本形成了一种共识：收入差距与收入水平之间并不存在所谓的倒 U 形关系，经济增长对收入差距变动没有系统性影响。首先，库兹涅茨倒 U 假说只是一种假说，并不具有理论上的指导意义。在 20 世纪 50 年代，库兹涅茨所使用样本的城市化率并不高，因此在工业化和城镇化过程中，大量的农村劳动力流动到城市并获得了较高的收入，最后收入差距趋于缩小。然而，对于当前许多发达国家来说，城市化率已经很高，再通过城市化过程来自动缩小收入差距已经不太可能，目前北欧大部分发达国家的收入差距始终保持在低水平就是一个证明。

而且尤其要注意的是，库兹涅茨没有把政府的转移性收入纳入收入定义，因此就忽略了转移性收入的调节作用。然而，近年来各国都加强了政府在再分配中的作用，转移性收入在总体收入中的比重也不断提高，所以把政府转移性收入纳入后，收入差距的倒U假说就不一定成立。

而从全球经验来看，一些近期的研究文献则表明，倒U假说是没有得到证据支持的。例如，Deininger和Squire（1996）的研究使用了跨国的面板数据来验证这一假说[1]，其估计结果显示，如果国别特征变量被引入之后，收入变量的系数估计值不仅变得统计上不显著，而且其符号正好与倒U假说预期的相反。[2]又如，Chen和Ravallion（2004）在42个发展中国家和转型国家的数据基础上，对这些国家80年代以来不同时期的收入（消费支出）差距的变化幅度与消费支出增长率之间的关系加以分析，发现在发展中国家的样本范围内，消费水平与分配不平等之间不具有任何显著的关系。还比如，Dollar和Kraay（2002）利用了一个更大规模的跨国数据对经济增长的减贫效应进行估计，他们发现经济增长有利于贫困人口的收入增长，二者之间是"一对一"的关系，即贫困人口的收入增长与经济增长是同幅度的。然而，这一结果却意味着经济增长对缩小收入差距不起作用，他们没有发现在经济增长的过程中，贫困人口的收入增长超过了非贫困人口。总之，一些最新的研究文献基本不支持甚至否定倒U假说。

7.4.2 收入差距倒U假说没有得到长时期历史数据的支持

法国经济学家皮凯蒂（Piketty）在《21世纪资本论》一书中就发现，收入差距水平并没有呈现所谓的倒U形规律，而是在持续地扩大。他的研究

---

[1] 过去大多数支持库兹涅茨假说的经验研究基本上使用了跨国的横截面数据，而Deininger和Squire（1996）的研究则使用了跨国的面板数据，这样最大的好处是可以在模型估计中识别出国别特征的影响作用。

[2] 另外，他们发现对不同的样本国家来说，绝大多数国家（大约80%）的估计结果显示了其收入变量的系数估计值是不显著的，还有一些国家的收入变量具有显著的系数估计值，但是其符号与库兹涅茨假说预期的相反，只有10%的样本国家的估计结果支持库兹涅茨假说。他们的研究结果同时指出了利用跨国的横截面数据估计出有利于库兹涅茨假说的一个主要原因是拉美国家数据的影响，因为这些国家的人均收入在国际上属于中等水平，而它们的收入差距却是最高的。如果将这些国家样本删除以后，支持库兹涅茨假说的估计结果也就不复存在（Deininger and Squire，1996：282）。

发现，1914—1970 年是资本主义过去 300 年中唯一贫富差距缩小的阶段，而在其他任何时期都经历了一个稳定扩大的过程，而且在进入 21 世纪之后，这个扩大趋势愈发明显和急速。由此，从一个更长的时期来看，资本主义的贫富差距实际上经历了一个正 U 形的变化轨迹，随着经济发展和社会财富存量的提高，贫富差距反而继续扩大了，尤其是资本回报率始终稳定地高于经济增长率和劳动回报率，社会的资本收入比越来越高，从而使富者越富，穷者越穷，到最后收入差距曲线只会呈现单调递增的上升趋势。而实际上，皮凯蒂在对资本收入比的几百年历史数据的分析中，也发现资本的回报要长期地高于劳动产出的回报，从而近年来的贫富差距呈现一个正 U 形发展规律，他甚至由此预测 21 世纪的贫富差距程度可能会达到或超过 19 世纪的最高水平。所以说，从更长的历史时期来看，贫富差距的缩小纯粹是因为战争和政府政策强力作用的结果，资本主义真正的常态却是贫富差距会持续拉大，这对库兹涅茨倒 U 假说提出了极大的挑战。

另外，除了资本主义，在社会主义国家的经验数据也发现，资本劳动比和资本收入比不但在短期波动很大，甚至在相当长的时期内也都偏离均衡水平。从古巴的股票市场数据就可以发现，富人的收入不仅暴涨，而且越来越起源于资本市场，古巴富人的收入中有 40%来自资本市场；同样，在中国的富人中，有接近 80%的财产来源是房产。特别是在 2008 年的金融危机之后，一些实行市场经济的社会主义国家（如越南和中国）受国际环境影响，也不得不都采取了相对宽松的货币政策，以至于乐此不疲地采用量化宽松策略，导致资本价格飞速扩张，资本的回报比率快速上升，贫富差距也处于不断扩大的趋势。由此可见，资本主义收入差距的正 U 形发展规律，也同样存在于社会主义国家中。从这个角度来说，收入差距的倒 U 假说并没有得到全球更长时期历史数据的支持。

7.4.3 中国更长时间的经验证据也不支持倒 U 假说

纵观已有的文献，无论是收入差距的变化规律还是实证检验，都没有足够的证据说明中国出现了倒 U 形变化规律。而且，从过去几十年中每个省份的混合收入差距数据来看，已有的研究也没有确定出现倒 U 形发展趋势。另外，从能追溯到的所有资料来看，中国最早的收入差距基尼系数可能公布于 20 世纪 80 年代，到目前也就只有几十年的时间，并非一个很长的时期。从变化趋势来看，我国的收入差距在初期先是经历了一定程度的下降，然后在对外开放和经济转型的作用下，收入差距水平开始显著上升，而在近几年惠农政策的影响下，收入差距水平又保持稳定，甚至有了一定程度的缩小倾向。由此看来，我国的收入差距其实是经历了一个波浪式的螺旋上升过程，这样就无法保证收入差距水平只有唯一的极大值。而从已有的经验来看，收入差距水平一般会存在频繁的波浪式发展规律，收入差距变化曲线不但不是光滑的，而且往往会出现有多个极大值现象，甚至也会出现有多个倒 U 形拐点。从这个角度来说，当前中国绝大部分论文都假设存在倒 U 形规律，然后就天然地把模型设定为二次型曲线，这既没有充分的理论支撑，也没有数据的基本支持。

7.4.4 收入差距的走向主要取决于公共政策而不是倒 U 假说

在中国，由于时间序列的收入差距数据只有 40 年左右，很难通过有限的数据就来判定收入差距的规律问题。而且，从中国过往的数据来看，收入差距更可能呈现出一个波浪式螺旋上升的发展规律，它无法保证是光滑的并存在唯一的极大值，因此简单认为存在倒 U 假说是没有证据的。而那些简单利用倒 U 形函数来求偏导获得局部极大值，并由此来预测中国未来收入差距不断走低的做法更是明显错误的。可以说，影响中国收入差距变动的因素既有经济发展层面的，也有经济转型层面的，还有政府政策层面的。我们认为未来收入差距的走向更多的是取决于均等化的制度安排，而不是取决于所谓的倒 U 假说。

另外，从国际比较的角度来说，那些成功从中等偏低迈向中等偏高收入的国家普遍实行了偏向于穷人的公共政策，使得贫困发生率和贫困差距都快速下降，收入差距水平也显著降低，由此也缓解了日益增长的贫富分化和阶层分割问题，所以顺利地从下中等收入迈入上中等收入国家。从这个角度来说，实行偏向于穷人的公共政策，是任何一个国家在经济和社会发展中的一个最优选择。因此，未来中国仍要实施偏穷人的公共政策，通过实施更加精准化的国家扶贫策略，减少贫困人口并有效缩小收入差距水平。

最后，从国内外的收入差距变化来看，我们强调并认为经济发展阶段并不是各国贫富差距扩大的根本原因，在各国贫富差距的扩大成因中，包括政府对市场缺失和市场扭曲采取的不作为态度，对资本节制和劳动保护的不足等才是最为核心的因素。在这种情形下，要调节经济发展过程中的贫富分化问题，仅靠经济发展的自我节制是不够的，必须要有公共政策的调节去改变弱势者的相对不利地位，才有可能从根本上扭转收入差距的扩大趋势。

7.5　小结

20世纪80年代以来，中国经济结构发生了巨大变化。这种变化对劳动力市场和工资结构有着深远影响。研究发现，中国城镇居民的收入水平显著上升，收入分配状况变得越来越不平等，其中教育差距、行业差距和地区差距等对总体收入差距有重要影响。特别是，中国自2001年加入世界贸易组织后其城镇居民收入差距水平更为显著扩张。中国城镇市场化改革，不仅伴随着居民收入的获得和积累，也必然改变收入的流向和国民收入分配的格局。

首先，居民收入持续增加。2013年我国城镇家庭收入现值为5.89万元，而1988年只有1.66万元，2013年是1988年家庭收入总量的5.76倍以上。而且过去几十年间，各个收入分项都经历了一个显著的增长过程，尤其是财产性收入和转移性收入，其实际年增长率超过了8.5%和9.1%。

其次，收入差距迅速扩大。由于城镇居民收入水平提高以及市场化改革过程中各种要素市场的逐步建立和完善，从而为城镇居民收入分化提供了可能；另一方面，由于经济转轨过程中居民所面临的不确定性因素增加，转轨时期的制度不完善、市场发育不足、市场扭曲等因素也导致了某些特殊阶层以各种合法或非法手段侵占公共利益或他人利益，以使过去40年中国居民的收入差距迅速扩大。我国1988年收入差距基尼系数为0.207，而2013年则增加到0.337，较1988年增长了63%以上；2013年最高10%群体所占的收入份额也飞速上升，其所占的收入比例由1988年的18.3%增加到2013年的25.8%。

再次，收入结构改善。工资性收入是我国城镇居民收入的重要构成部分，但由于市场扭曲、结构垄断和各种体制机制障碍，导致居民劳动报酬逐渐走低，工资性收入占总收入的比重也不断下滑；同时，政府在收入分配秩序中发挥越来越重要的作用，在收入分配中的调节力度也得以加强，因此转移性收入在居民收入构成中的比重也在稳定提高。对于这种政府侵蚀居民收入、资本侵蚀劳动报酬的现象，我们必须加以警惕；另外，由于多年来的经济高速增长和居民财产的积累，财产性收入在城镇居民收入构成中的比例稳步提高，财产分配固化对收入分配的影响必须得到重视。

最后，需要多种政策组合来缩小收入差距。在过去的 40 年中，各种权力的货币化、腐败、市场分割和垄断都导致了居民收入差距的迅速扩大，加上经济发展和产业结构的不合理性，使得某些产业、领域内的生产要素价格提高，从而为某些集团的收入高速积累提供了可能，并最终造成城镇居民收入分配的迅速恶化。在收入结构畸形、收入差距过大的背景下，如果不对收入差距进行调节，它有可能会影响经济的可持续发展和市场化改革的进一步推进。特别是，在地方经济困难重重的背景下，收入差距一旦继续扩大并超出了居民的承受能力，一些地方的社会矛盾和群体冲突就会加速恶化，这就需要政府介入并对居民收入分配进行干预，对弱势人群增加转移支付，提高贫困居民的转移性收入等；同时，还要适当减免低收入居民的税收，以此来提高他们的经营性收入；最后，还需要制定政策来减少行政垄断，提高国有企业利润上缴比例，提高资本市场开放度，拓宽投资渠道，以此来增加城镇居民的财产性收入，并最终缩小城镇居民内部的收入差距。

第 8 章　城乡收入分配差距及其演变

8.1　中国特色的城乡二元分割

8.1.1　户籍政策的背景

1. 户籍制度的产生

1958 年 1 月 9 日，全国人民代表大会常务委员会审核批准了《中华人民共和国户口登记条例》。它的颁布和实施标志着新中国户籍管理制度的正式确立，也为二元化社会管理体制的建立奠定了基础。最初，我国的户籍制度是国家有关机关依法对公民的基本情况进行收集、确认和登记的管理制度（Lu，2003）。实际上，它包括了人口登记制度和管理制度，而这和其他国家的户籍制度管理功能没有什么区别（Knight and Song，1999）。所不同的是，在我国户籍制度形成和发展过程中，由于特定的社会背景从而形成了一些特殊的功能。一是“附属功能”，另一个是“限制功能”。附属功能指的是各种和户口相关的额外社会福利或补贴，而限制功能主要是指政府对人口从农村到城市的流动限制。户籍制度建立后，城市和农村家庭不仅拥有不同的身份，也享有各种不同的社会福利，因此城乡居民的身份和社会福利都被限定了，同时也明确限制了农村人口向城市的流动。随着户籍制度的发展，各种利益都被附加到了户口上，这彻底改变了户籍制度，使它从一个简单的信息收集工具变成了利益分配的工具。

2. 户籍制度的演变[1]

我国户籍制度的改革大体分为三个阶段，一是总量控制阶段，二是条件控制阶段，三是逐渐放松阶段。

(1) 总量控制阶段（1958—1984 年）。为准确了解全国的人口数据和做好各级人民代表大会的选举工作，1958 年 1 月，我国第一个户籍管理法规——《中华人民共和国户口登记条例》正式出台，其主要目的是掌握全国人口及变动情况，为国家计划经济体制的运行提供准确的人口数据。《条例》正式确立了户口迁移审批制度，首次以法规的形式限制农村人口迁往城镇。从此，限制农民进城的二元户籍制度开始以立法形式正式确定下来。其中明确提出"城市户口"和"农村户口"的概念，以户口的形式限制人员的自由流动，特别规定了："没有城市公安部门的批准，农民不得将户口从农村迁往城市。"从此，城乡二元户籍制度伴随对户口的区分而确立起来。

(2) 条件控制阶段（1984—2010 年）。1978 年后，中国从计划经济向市场经济过渡，越来越多的人开始关注城乡分割的户籍制度。之后因为社会和经济的压力，严格的迁移限制得到放松，农村户籍人口也被允许可以迁移到城市地区，如果他们满足某些严格的条件，甚至还可以获得城市户口。1984 年，国务院《关于农民进入集镇落户问题的通知》规定，农民只要能自力更生就可自带口粮落户城市："凡申请到集镇务工、经商的农民和家属，在集镇有固定住所，有经营能力，或在乡镇企事业单位长期务工的，公安部门应准予落常住户口，及时办理入户手续，发给《自理口粮户口簿》。"事实上，这被视为一个具有历史意义的时间点，因为城乡分割的户籍限制政策开始得到改变，并从总量控制阶段过渡到了条件控制阶段。1985 年 7 月，公安部通过了《关于城镇暂住人口管理的暂行规定》，并指出农村户籍人口也可以长期合法地在城市居住。1997 年 9 月，还颁布了城

[1] 关于户籍制度演变的详细讨论可以见 State Council (1986) 与 Lu (2004)。

市户口改革政策，其中明确指出：中国将逐步取消户籍限制，农村居民在城市居住了若干年之后，并持有居住凭证一年以上的，可申请城市户口。此外，投资或购买了商品房达到一定数额的，也可以申请该地的城市户口。

(3) 逐渐放松阶段 (2010—2018 年)。2010 年根据户籍改革方案修订后的规则，户籍改革的方向是放宽限制，以确保更多的农村人口可以获得城市户口。其中明确规定，农村户籍人口如果在城市有一份正式工作，并在城市有固定居留场所，应考虑给予城市户口。它也允许地方政府根据自己的条件，推出更具体的措施，从而促进户籍制度的改革。因此，从 2010 年开始，随着各地户口政策的不断更新，越来越多的农村居民获得了城市户口。

8.1.2　城乡分割的产物——超大规模的农民工

20 世纪 80 年代后期日益增加的城乡间收入不均等程度使得越来越多的农民背井离乡，涌入城市以寻求一份报酬更高的工作。结果是城乡间的劳动力流动急速增加，并成为中国经济增长的新动力来源。根据 1990 年和 2000 年的普查数据，及 1987 年和 1995 年的两轮 1%人口抽样数据，1982—1987 年，我国劳动力流动的规模为 3 053 万人左右；而到了 1985—1990 年，这一数字增加至 3 413 万人。从 1990 年后期开始，我国劳动力流动的规模稳中有升，1990—1995 年的劳动力流动数量为 3 643 万人左右；而之后，劳动力流动数量出现井喷式增长态势，1995—2000 年我国的劳动力数量估计超过了 13 122 万人 (Yang，2003)。

之后，如图 8.1 所示，劳动力流动人数继续在逐年增加，2004 年的绝对规模超过了 1.2 亿人，2009 年和 2010 年则达到了 2.25 亿人和 2.43 亿人。而根据国家统计局的估计，2017 年中国劳动力流动的规模更是达到创纪录的 2.82 亿人。同时，我们也有理由相信，虽然流动人口的增速在放缓，但是中国劳动力流动的绝对规模在未来的几年仍将继续增加。

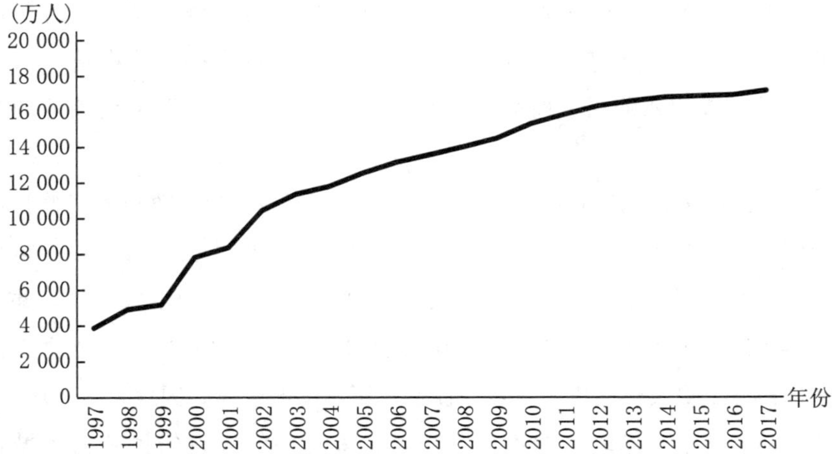

图 8.1　中国城镇外来农民工数量

资料来源：国家统计局农民工监测调查数据。

8.1.3　户籍影响收入不平等的渠道

1. 直接的社会福利

在很大程度上，对社会资源的分配不公是导致城乡收入不平等的主要原因。在城乡二元结构中，社会资源不是通过市场来分配的，而是根据城乡分割的原则由政府来进行分配的（Lu，2003）。因此，户籍制度的实施得到了配给制的支持（始于 1955 年）。在配给制下，基本食物如粮食、肉类、食油、食糖、棉花等，只能凭配给券在国有商店购买。与此同时，农村居民被排除在配给制外，这就导致了收入和消费的不平等。以前，只有持有城市户口并在国家机关、事业单位或一些大型国有企业工作的人可以享受社会保障，而持有农村户口的人是没有社会保障的。城市户口居民可以获得更好的资源，享受各种货币补贴、劳动福利、医疗保险和其他方面的优惠特权。与此相反，农村户口的人不能获得这些资源，这也直接扩大了城乡间的收入差距。

2. 城市偏向的财政政策

在过去几十年中，为了实现户籍政策的限制规则，政府的公共财政支出存在大量的不平等，尤其是在公共医疗和基础设施建设等方面。城市的公共财政支出比例过高，而农村地区得到的财政支出比例很小（Yang，

1999)。另一方面，在城市和农村地区的教育资源也严重分布不均（Li and Knight，1996)。城乡教育的数量和质量差距，导致了城乡户口居民之间就业能力的差距。上述两个方面都直接促进了城乡居民收入的不平等。

3. 寻找就业机会

户籍制度剥夺了农民在城市居住和工作的权利，使得他们被迫在低收入地区从事低收入的工作，这也导致了城乡就业的不公。城市居民有更多的机会进入国有企业工作，获得具有高收入的稳定工作；但是，对于农村居民而言，想进入国企是非常困难的，更不用说在城市的垄断性企业工作。很多年前，政府只安排城市户籍人口的就业，而对农村户籍人口的就业施加了诸多限制（Lu，2003)。更糟的是，许多工作单位在招募新员工时，要求应聘者有城市户口，这导致农村户口的人无法得到高薪的职位。总而言之，户籍政策导致了农村和城市户籍人口之间的收入不平等。

4. 收入“剪刀差”

为了支持城市的工业化，许多有关资源分配的政策都向城市倾斜。其中最广为人知的就是价格“剪刀差”。当工农业产品交换时，工业产品的价格要高于其实际的价值，而农产品的价格要低于其实际价值。城市偏向政策削弱了农村积累的能力，同时削弱了农业的生产能力。国家统计局的数据显示，在1959年至1978年期间，有超过4 075亿元的农业收入（占同期收入的21.3%）因为工农业价格“剪刀差”而被转移到城市。

5. 户籍歧视

在目前的中国，城乡之间的户籍歧视是非常普遍的，尤其是在迁移或寻找工作时，与拥有城市户口的人相比，持有农村户口的人即使拥有相同的能力，即使在同一岗位上工作，他们仍然只能获得更低的工资（Solinger，1999；Wu and Treiman，2004)。更重要的是，为了保证稳定的高就业率，一些城市政府直接采用行政措施限制农民迁移到城市或在城市获得更好的就业机会。与此同时，还实施了一些经济手段以增加迁移的成本，例如，如果农民工想迁移到城市，他们需要支付一定数额的管理费。除此之外，尽管拥有相同的工作能力，农民工还会受到社会保障和人权保护方面的歧视（Lu，2003)。

6. 腐败导致城乡居民收入不平等

中国目前的户籍制度还滋生了腐败。许多农村户口持有者尝试通过利用社会关系贿赂官员来获得城市户口，让户口交易产生了寻租。众所周知，良好的教育、卫生、公共设施和其他方面的资源主要集中在城市，而这是农村户口的持有人无法享有的。所以如果想获得城市户口，他们就不得不花费额外的费用去贿赂行政人员或官员。此外，大部分的财富转移都是以礼品或贿赂的形式发生的，因此，腐败无疑进一步加剧了城乡居民收入的不平等。

8.2 城乡收入差距的演变

8.2.1 城乡收入比的变化

根据国家统计局收入定义计算的城乡居民收入差距的变化趋势来看，改革开放以来，城乡之间居民收入差距几经变化，出现了缩小—扩大—缩小—扩大—缩小的过程。而城乡之间居民收入差距的扩大幅度在很大程度上取决于农民收入的增长幅度。图8.2给出了1978年以来的城乡居民收入比率[1]。20世纪80年代中期以前，城乡居民收入比率显著下降，因为农村地区的经济改革导致了农村居民收入水平更为快速地增长。这一比率在1983年降至1.82，这是1978—2017年间的最低点。但自80年代中期以来，城乡居民收入比率的基本变化趋势是不断上升，尽管在某些特定年份中也有过下降的情形。

从1994年开始，城乡之间收入差距出现了下降的趋势，但是从1997年起又逐步扩大。这次扩大与农产品价格的变化基本上是同步的。当农产品价格上升以后，农民收入增加，城乡之间的收入差距则会缩小；如果农产品价格不变或者下降，城乡之间的收入差距就会进一步扩大。我们还可以看到，2001年城镇居民的人均收入几乎是农村居民的3倍，这是按照国家统计局的个人收入概念计算出来的，即城市居民的人均可支配收入与农村居民的人均

[1] 城镇居民人均可支配收入除以农村居民人均纯收入。本章的城乡居民收入比率都是根据这一方式计算的。

纯收入的比率。对于这样一个收入差距，很多人会提出不同的意见，因为它不能真实反映城乡之间的实际收入或者用现代西方经济学的概念，“实际福利水平”（well-being）上的差别。城镇居民的可支配收入还不能涵盖城市居民所享有的各种各样的实物性补贴，比如说城镇居民中很多人是享受公费医疗的，而农村居民却没有这种待遇。城镇的中小学能够获得国家大量的财政补贴，而农村的学校得到的补贴非常少，农民还要集资办学。城镇居民享受养老金保障、失业保险、最低生活费救济，而这些对农村居民来说却是一种可望而不可及的奢侈。如果把这些因素考虑进去，有人估计城乡收入差距可能要达到 5 倍甚至是 6 倍。将其他国家与中国相比，如果仅仅看货币收入差距，或者说名义收入的差距，非洲的津巴布韦的城乡收入差距比中国还稍微高一点，但是如果把非货币因素考虑进去，中国的城乡收入差距是世界上最高的。[1]

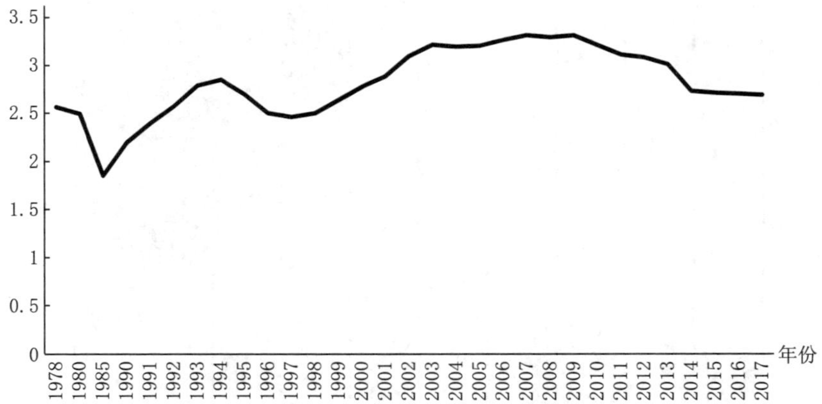

图 8.2　中国城乡居民收入比率（1978—2017 年）

资料来源：国家统计局官方网站的统计数据。

注：1978—2012 年的城乡居民收入比率是按照城镇居民可支配收入和农村居民纯收入计算的，2013—2017 年的比率是按照城乡居民可支配收入计算的。

---

［1］ 世界银行的研究报告显示，如果对城乡之间和地区之间的生活费用差异加以调整，那么全国的收入差距会有不同程度的降低。例如，在不对生活费用差异加以调整的情况下，2001 年全国的基尼系数被估计为 0.447，而在对生活费用差异调整以后，该年的基尼系数则降低为 0.395（Ravallion and Chen，2007）。进行这种调整以后，城乡之间的收入差距也会有所下降，如利用另一套城乡生活费用指数调整后的 2002 年城乡之间的收入差距，由原来的 3.39∶1 降低到 2.38∶1（Sicular，Yue，Gustafsson and Li，2010）。但是，我们应该看到，如果将城乡之间生活费用差异的因素和实物性补贴的因素都考虑进去，那么城乡之间的收入差距仍处于相当高的水平。

8.2.2 城乡收入差距占比

按照全部样本的个人劳动收入进行十等分组或二十等分组，各收入组的收入水平及人口构成分别可见图 8.3 和图 8.4，从图 8.3 与图 8.4 各收入组的人群构成来看，收入最低的 30%人群中，几乎没有农村城镇样本；在收入最高的 20%人群中，城镇样本是主导性的，特别是在最高 10%人群中，城镇样本占 70%；收入最高 5%人群组中，城镇样本占 76%。进城农民工则大多集中在十等分组的第七组到第九组之间，与农村居民收入分布只在高端出现重合。这种分布特征也从另一个角度描述了城乡居民之间的收入差距状况。

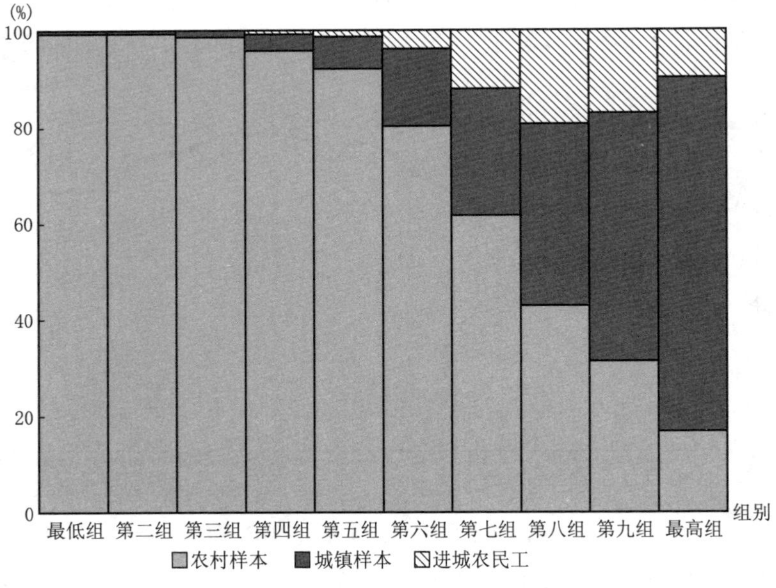

图 8.3 各十等分组人口构成

此外，中国居民的总体收入差距也在很大程度上由城乡差距所解释。根据泰尔指数，可以将全国收入差距分解为三个部分，城镇内部收入差距、农村内部收入差距以及城乡之间收入差距。根据 CHIP 的三轮住户调查，以及国家统计局的收入定义，1988 年、1995 年与 2002 年城乡居民收入差距对全国总体收入差距的解释程度分别为 33%、37%和 40%；利用泰尔指数，发现在 1995—2002 年，城乡之间收入差距对全国总体收入差距的贡献率明显上升，从 36%提高到 43%（见图 8.5）。同时，它意味着 2002 年全国总体收入差距的 2/5 以上来自城乡之间的收入差距，这进一步表明了城乡之间收入差距是非常巨大的（李实、罗楚亮，2007）。这也表明在影响全国收入差距的要素中，城乡之间的差距先是在逐渐扩大，而且在解释整体收入差距中起到更加重要的作用。

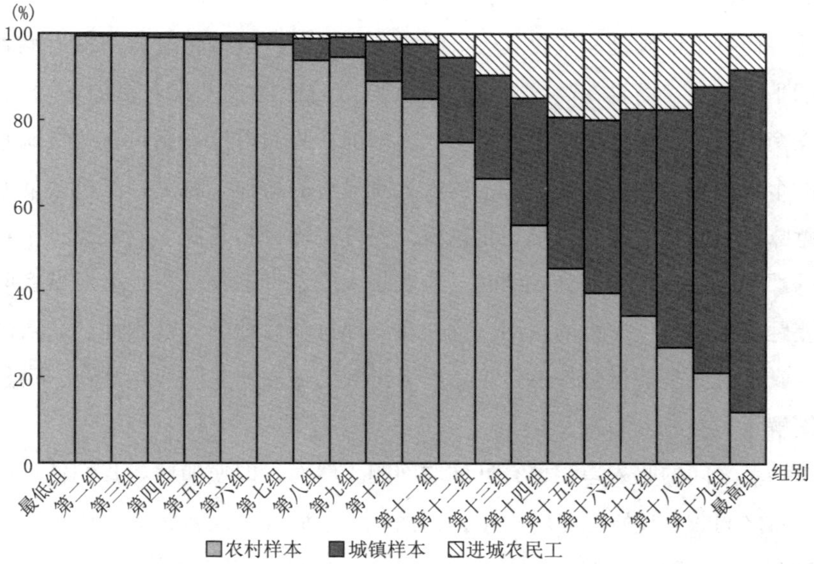

图 8.4　各二十等分组人口构成

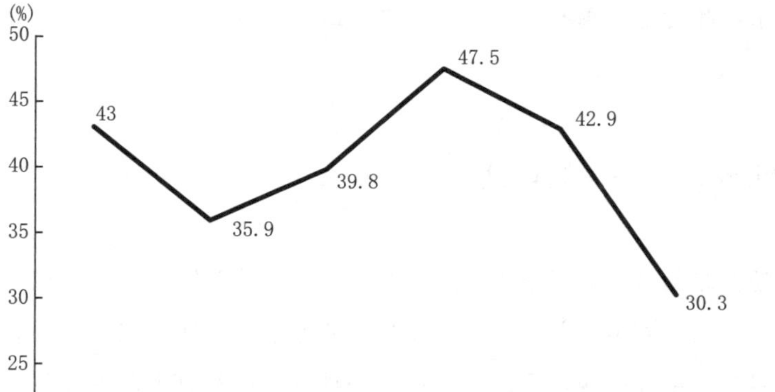

图 8.5　全国收入分布差距的分解：城乡间差距对总体差距的贡献

资料来源：其中 2012 年数据是作者依据 CFPS2012 计算的，其他年份都使用 CHIP 数据计算。

而在 2007 年和 2013 年的解释程度分别为 35%和 27%，由此说明在 2007 年之后城乡收入差距在全国收入差距中的占比在逐渐缩小。2007 年以后为什么会有缩小趋势？第一个因素是农村地区的逐步城市化过程。如果我们看一下统计资料，会发现近几年，特别是在沿海地区，城市化的速度非常快。很多以前是农村户口的人转为城市户口，一些收入较高的农户搬到城镇去住，而剩下的则是一些收入较低的农户。所以，城市化过程不仅影响到农民的平均收入，而且在高收入农户流入城市后使得农民收入更加平均化了。第二个因素是农民外出打工的机会大大增加。我们可以看到，在两次调查期间的个人收入数据中，外出打工的收入有显著的增加。农民打工机会的普及化意味着他们打工收入的平均化过程。当打工机会和非农就业机会过于集中在一部分地区或者少部分人群时，非农收入或者打工收入实际上对城乡间收入差距起到了一种缩小的作用。现在在一部分落后地区、贫困地区、西部地区，农民有更多的机会外出打工，可以得到更多的非农收入，这在一定程度上缓解了城乡收入差距。

城乡之间的收入差距也有低估的问题。然而，即使如此，我们估计出来的城乡之间收入差距已足够大了。因而，缩小城乡收入差距应该成为当前政府政策的一个重点。城乡收入差距、城乡之间的分割问题是有历史原因的，但是从改革开放以来，真正有利于缩小城乡之间收入差距的政策或者制度不多，甚至有些政策和制度还在继续加剧着城乡分割。

8.3 城乡收入差距的再估计

不断扩张的城乡居民收入差距已经引起了政策制定者以及国内外学者的高度关注。与此同时，关于城乡居民收入差距估算方法的讨论也显得越来越重要。对此，主要有两类不同的观点。一种观点认为官方的城乡居民收入比率数据高估了实际情形，因为没有考虑到地区间的生活费用差异。考虑到城镇地区生活费用高于农村地区的事实，如果进行地区生活费用差异的调整，则不难预期官方公布的城乡居民收入差距要高于实际的情形。另一种观点认为城乡居民收入差距被严重低估，因为有充分的证据表明城镇居民的收入统计中存在着严重的低估。官方的居民收入定义忽略了一些收入项目，特别是某些实物性补贴，而这些补贴只是提供给城镇居民，却把农村居民排除在外（李实、岳希明，2004；李实，2002）。如果将这些收入项目包括在居民总收入统计中，则收入差距将会比现有文献的讨论结果要高得多。一些学者甚至认为城镇居民的收入水平比农村居民要高出 5 倍以上。

显然，澄清这些争论的关键在于如何定义城镇与农村地区的居民收入。由于城乡居民的收入来源、收入构成、消费结构、社会保障与社会保护存在着巨大的差异性，因此中国城镇与农村地区居民的收入水平不像其他国家那样具有直接的可比性。本章的重点放在城乡居民所获得的隐性补贴的估算，在此基础上进一步推算包含隐性补贴的城乡居民收入差距，并根据地区生活费用差异进行调整。

8.3.1　城乡居民收入差距：国家统计局的收入定义

针对中国城乡居民收入的多数研究都遵循了国家统计局的收入定义。中国农村住户调查始于 20 世纪 80 年代初期，国家统计局采用了农村居民纯收入概念。这一纯收入概念主要由两个方面组成：现金纯收入与扣除生产费用后的自产自消物品估价，尽管国家统计局并没有明确说明自产自消物品是如何进行估价的。纯收入也可以分解为个人工资性收入、家庭经营收入、财产性收入和转移性收入。《中国统计年鉴》的相应数据通常是按这种分类公布的。显然，农村居民纯收入概念遗漏了一个非常重要的收入项目：自有住房的估算租金。根据 Khan 和 Riskin（2005）的估算，自有住房估算租金分别占 1995 年与 2002 年居民收入的 11.6%与 13.5%。显然，如果该项收入计为居民纯收入的一部分，则不难理解为何农村居民收入水平将要大大高于国家统计局公布的数据。

国家统计局对城镇居民收入的定义中存在着一些更为严重的缺陷。其中的缺陷之一同农村居民的收入概念类似，城镇居民的可支配收入概念中也没有包括自有住房估算租金。考虑到通过购买商品房或公有住房的私有化改革，越来越多的城镇居民拥有了住房的私有产权，忽略自有住房估算租金导致的收入低估问题也将越来越严重。第二个重要的缺陷是许多城镇居民所享有的实物性补贴与社会保障没有计入城镇居民收入。如果一个社会中各成员具有平等的机会获得相同的社会保障或社会保护，则这一问题可能并不重要。但中国的情况显然并不如此。因此在城乡居民之间进行收入比较时，应当考虑到那些只面向城镇居民提供的社会保障的市场价值。毫无疑问，如果把这些隐性补贴计入居民收入之中，则城镇居民的人均收入水平将会显著上升，城乡居民之间的收入差距也会随之上升。

与居民收入核算相关的最后一个问题是，在大多数研究中都没有对生活费用指数差异进行调整，而城乡之间的生活费用指数差异是非常明显的。同其他发展中国家的生活费用分布特征相似，中国城镇地区的生活费用也要大大高于农村地区。城乡之间生活费用的这种巨大差异性很可能会导致在进行收入比较时低估农村居民收入而高估城镇居民收入水平。因此，如果没有进行地区生活费用指数调整，城乡居民收入差距的估计结果可能会是上偏的。

总之，国家统计局的收入定义在一定程度上偏离了城乡居民所实际享有的福利水平。一些相关的研究已经注意到了这些问题，并试图对其中某个方面的偏差进行某种程度上的修正。例如，Khan 和 Riskin（1998，2005）对收入进行了重新定义，居民收入概念中计入了自有住房的估算租金。Aldelman 和 Sunding（1987）为了修正城乡居民收入差距的低估问题，他们估计了某一特定年份城镇居民所获得的隐性补贴。Sicular 等（2007）利用 Brandt 和 Holz（2006）的地区生活费用指数对地区间生活费用差异进行了调整，重新计算了城乡之间的收入差距。Terry 等（2004）及 Chen 和 Ravallion（2004）对城乡居民收入差距进行了城乡生活费用指数调整，其中前者的生活费用指数是根据城乡居民的 19 种生活消费品的价格水平构造的，而后者则是以城乡贫困线差异来推算城乡生活费用的差异。但现有的研究都没有同时考虑上述的三类偏差。

8.3.2 隐性补贴的估算方法

1. 现有研究中估算方法的回顾

许多研究者都已经注意到根据国家统计局的收入定义计算得到的城乡居民收入差距可能并没有真正反映城乡居民的实际福利差异，并力图对两个人群的收入定义做出某些调整以增强两者之间的可比性。Adelman 和 Sunding

(1987) 估计20世纪80年代城镇居民所获得的实物补贴大约占居民货币收入的82%；世界银行（World Bank，1997）估计这一比率在1995年为72%。农调总队课题组（1994）的估计中，考虑了住房、医疗、实物收入及价格暗补等因素。所采取的方法是，将公布的城镇居民可支配收入视为可支配货币收入，然后估算非货币收入的规模：住房补贴为职工标准工资的25%，医疗等则从“职工保险福利费用总额”中扣除“离退休金”和“职工从单位得到的其他收入”等项得到，价格暗补由财政用于物价补贴部分扣除肉类等价格补贴和发放给企业的补贴得到，以生活费收入的5%估算实物收入的规模。蔡昉、杨涛（2000）中基本沿用了农调总队的方法，但他们的估算结果具有较大的差异性。山西省课题组（1998）的估算方法与农调总队的也基本一致，所不同的是，以每年城镇全民和集体单位用于住宅的固定资产投资额除以城镇人口的方法取得城镇居民人均住房补贴额，在此基础上减去城镇居民公有住房所缴的房租，由此得到住房补贴额。[1]

2. 城镇居民所享有的隐性补贴

尽管农村居民的自产自消部分已经被归算入农村居民纯收入，但城镇居民的实物性收入并没有计入可支配收入。由于城乡分割，绝大多数的社会保障也将农村地区排除在外，如医疗保险、失业保险等。这些社会保障支出也是不包括在个人收入之中的。由于社会保障费用通常是由个人与工作单位共同承担的，工作单位为个人支付的那部分社会保障支出通常也没有计入个人收入。社会保障与工作单位性质、就业特征之间存在密切的关联。如果所有的就业机会对于所有的社会成员都是平等的，则每一个社会成员将以相同概率随机地获得由社会保障所产生的经济福利。但我国城乡之间是严重分割

[1] 这些研究的估算方法存在一些不足。第一，山西省课题组对住房补贴的处理方法则存在两方面的缺陷，一是混淆了存量与流量，当年的住宅投资只是流量概念；二是只考虑了住房的供给成本而忽略了影响住房租金的需求因素。第二，都没有考虑教育补贴、养老金及其他相应的社会保障等因素。第三，统计年鉴上的保险福利费用只是针对离退休人员而言的，使用者没有说明如何将这一信息推广到全体城镇居民。第四，实物性收入与货币收入的比例关系缺乏充分的根据，根据赵耀辉和李实（2004）对抽样调查数据的研究，1988年、1995年及1999年调查职工的实物收入占总收入的百分比分别为2.51%、1.47%及0.27%；卢中原等（1997）的结果中也显示，1990年及1995年实物收入占人均可支配收入的比重分别为2.76%和1.89%。由此可见，这些估计结果中，既包含了一些对城镇居民实际收入高估的因素，也存在低估的可能，因而对城乡居民收入差距的影响方向不能简单断定。

的，只有城镇居民才可以获得正规就业，而农村居民是无法获得这些就业机会的。因此，农村居民无法从城镇居民所享有的社会保障中获益。这些为城镇居民所单独享有的社会保障成为导致城乡居民实际收入差异的一个重要来源。

经济转轨过程中，城镇居民仍能获得某些实物性收入。此外，一些城镇居民仍能够以低于市场价值的价格获得某些物品。例如，某些城镇居民租赁的公有住房租金就低于市场租金，政府对于城镇居民也提供了相对更多的教育补贴。所有这些都构成城镇居民的实际收入，但它们都是以隐性的方式存在的。我们称之为“隐性补贴”。如果没有这些补贴，城镇居民需要花费其收入中更多部分才能获得相当的效用水平。这些隐性补贴包括以下几个方面：

（1）公有住房补贴。如果居民居住在公有住房中，并且所实际支付的租金低于市场租金，他们就获得了公有住房补贴。在20世纪90年代中期，大多数的城镇居民仍居住在由当地政府或工作单位提供的公有住房中。CHIP 1995年的数据显示，在这一调查年份中仍有57%的城镇居民居住在公有住房中。利用这一数据，汪利娜和魏众（1999）估计了居住在公有住房的城镇居民所获得的实际住房补贴，大约为每平方米每月10元左右。这一补贴是由于市场租金与居民实际支付租金之间的差异造成的。根据他们的估计，1995年城镇居民所获得的人均住房补贴大约为1 296元。但住房改革急剧改变了住房的所有权结构。表8.1表明，居住在公有住房的城镇住户比重由1995年的57%下降到2002年的16%，而私有住房产权从43%上升到80%。住房改革导致了城镇私有产权比重的急剧上升。

2002年住房补贴的计算方式为居民所支付的实际租金与市场租金之差。市场租金的信息由回答者本人提供。[1]对于一些没有报告所居住公有住房的市场租金价值的住户，我们以预测值代替。预测值是根据回归分析做出的，住房的市场租金为因变量，自变量包括住房面积、地理位置以及住房条件等。回归分析只包括那些产权为公有并且报告了市场租金的样本。通过这一方式，2002年的人均住房补贴为1 358元。

---

[1] 问卷中有一个调查问题：如在市场出租该房屋，估计月租金为多少元？

表 8.1　住房产权结构（1995 年与 2002 年）

	1995 年		2002 年	
	住户	百分比	住户	百分比
公有住房	3 935	56.75	1 064	15.57
房改私房	Na	Na	4 199	61.43
私有住房	2 952	42.57	1 263	18.48
其　　他	47	0.68	309	4.52
合　　计	6 934	100	6 835	100

资料来源：CHIP 1995 与 2002。

（2）医疗补贴。我们只估计了城镇居民所享有的医疗补贴，因为在 2002 年的农村地区，几乎没有任何形式的公共医疗保障。[1]城镇居民所享有的医疗补贴是根据 2002 年住户调查中所询问的“请估计 2002 年公家为您支付的医疗费”问题的回答情况直接得到的。2002 年的数据表明有 4 178 个城镇居民通过公费医疗体制或工作单位获得了医疗费用报销，平均金额为 1 283 元。如果在全部城镇样本人口中平均化，则可得到城镇居民中人均医疗补贴为 293 元。

（3）教育补贴。一个被广泛接受的事实是，城乡居民在受教育机会以及教育质量等方面存在巨大的差异。一般说来，与城镇居民相比，农村居民所获得的受教育机会及教育质量都相对较低。此外，教育融资体制的城乡差异也导致城镇地方政府对城镇居民提供了更多的教育补贴。[2]我们认为在城乡居民收入比较时，应当把教育补贴考虑进来。但这部分补贴无法从住户调查数据中获得，因为在多数情形下，回答者对此并无感觉。由于我们不能直接得到教育补贴的数量，因此也只能通过间接方式得到相应的教育补贴规模。教育补贴的计算方式为：生均教育补贴＝生均教育经费支出－生

［1］在 2003 年部分农村地区推行新型农村合作医疗试点以前，农村居民全部自费承担相关的医疗服务费用。

［2］城镇居民所获得的教育补贴大大高于农村居民，这是由于城乡教育经费筹措渠道不同造成的。农村居民不仅要交纳学杂费，还要承担教育附加费，这也是一种非正规的税负。但城镇居民只需要交纳学杂费，相对于农村的教育质量来说，城镇居民所交纳的学杂费也是较低的。考虑到城镇子女拥有更多的受教育机会以及享有更高的教育质量，城市地方政府必须对教育提供更多的补贴。

均学杂费。[1]我们首先根据这一方式计算分城乡、分类别的生均补贴数量，然后根据抽样调查数据中各类受教育者在城/乡总人口中所占比重取加权平均，得到城乡的人均教育补贴。

在教育经费统计中，关于高中的生均教育经费与学杂费都没有分城乡的统计结果，我们采取按一定比例分摊的办法确定城乡高中阶段的生均教育补贴。1995年的估计结果表明，小学与初中阶段的生均教育补贴城乡差距分别为1.69和1.53（农村为1），因此我们假定高中阶段生均教育补贴的城乡差距为1.6∶1；2002年的计算结果显示，小学与初中阶段的生均教育补贴城乡差距分别为1.76和1.84（农村为1），因此我们确定2002年高中阶段生均教育补贴的分摊比例为1.8∶1。影响人均教育补贴的另一个重要因素是各类受教育者的分布状况。尽管大学、中专等类别教育的生均补贴可能是没有城乡差异的，但接受这些教育的机会仍存在城乡差异，农村学生接受高等教育的机会明显要大大低于城镇学生，这也导致教育补贴分布的城乡差异。我们估计的2002年城乡居民所享有的教育补贴分别为499元与247元（见表8.2）。显然，城镇居民所获得的教育补贴是农村居民的2倍。

表8.2　教育补贴（2002年）

	各类在校学生的比重(%)		生均补贴数(元)		人均补贴数(元)	
	城镇	农村	城镇	农村	城镇	农村
大学	2.39	0.66	8 810.95	8 810.95	202.65	61.68
中专	0.56	0.84	3 194.14	3 194.14	15.97	25.55
高中	3.88	2.28	3 122.63	1 626.37	115.04	69.63
初中	4.41	6.72	1 610.20	872.85	70.85	58.48
小学	6.22	9.32	1 254.02	713.61	77.75	66.37
合计					498.64	247.22

注：各类在校学生的比重指的是城乡各类学生占城镇或农村总人口的比重，根据抽样调查数据计算得到。

资料来源：《中国教育经费统计年鉴》(2002)；《中国统计年鉴》(2003)。

(4) 社会保障。我国的社会保障具有明显的城市偏向性。城镇职工能够获得各种类型的社会保障，而农村居民则被拒之门外。但在通常的收入定义

[1] 在各年度的教育经费统计年鉴上直接有生均教育经费支出数据，但没有直接的生均学杂费数据，这里是根据各类学校的学杂费收入除以相应人数得到的。

中，这些社会保障的价值并没有被计入居民收入。这就导致了一个问题：如果这些社会保障以市场原则购买，则相应的费用应该为多少？换句话说，城镇居民所享有的这些社会保障应当按照市场估价后计入收入。在国家统计局的收入定义中，无论是个人还是单位缴纳的社会保障费用都没有包括在个人可支配收入之中。这些缴费应当被看作居民收入的一部分，其理由是，它们是为了应付未来的不确定性而做出的强迫性储蓄。到 2002 年为止，农村地区的社会保障几乎仍为空白，新型农村合作医疗以及农村低保都是从 2004 年以后才开始在农村地区进行试点的。

① 住房公积金。我国的住房公积金制度改革最初于 1991 年在上海试行。1994 年，国务院发布了《国务院关于深化城镇住房制度改革的决定》，要求全面推行住房公积金制度，《住房公积金管理条例》于 1995 年出台实施。根据《住房公积金管理条例》的规定，职工的住房公积金由两个部分组成，职工缴存部分与单位缴存部分，其中职工住房公积金的月缴存额为职工本人上一年度月平均工资乘以职工住房公积金缴存比例；单位为职工缴存的住房公积金的月缴存额为职工本人上一年度月平均工资乘以单位住房公积金缴存比例。按规定，这一比例在 5%—20%之间，原则上覆盖全部城镇职工，单位与个人的缴存比例相同，这就意味着个人所享有的住房公积金数额为其实际缴存额的 2 倍。2002 年住户调查中询问了职工的公积金缴费情况，因此，根据个人缴费信息以及个人与单位共付的缴费比例关系来确定应计入居民收入的住房公积金数额。

② 养老保险。在改革前，养老保险是由国家和单位包揽，在经济体制的市场化改革过程中，职工养老保险制度也在逐步改革，要求职工个人与单位共同负担基本养老保险费用。因此，在养老保险中也如住房公积金类似，存在单位补贴的部分。根据行业统筹企业养老保险缴费比例标准，单位的费率为工资总额的 20%，个人缴费大约为工资总额的 8%。因此，该项补贴的数量约为职工支付的 2.5 倍，该项实际收入为职工支付的 3.5 倍。类似的，2002 年城镇住户调查询问了个人缴纳的养老保险金额，这一金额乘以 3.5 计入居民收入。

养老保险改革只发生在企业部门。政府机构与事业单位仍遵循原有的养老保险体制。虽然政府机构与事业单位职工不需要缴纳养老保险费，但他们退休后所获得的养老金甚至要更高于企业部门。2002年住户调查数据显示，政府机构与事业单位退休人员所获得的平均养老金是企业部门退休人员的1.84倍，因此，我们以企业部门从业人员养老保险费的1.84倍来代替政府机构与事业单位从业人员缴纳的养老保险费用。

③ 医疗保险。1998年国务院《关于建立城镇职工基本医疗保险制度的决定》中规定，基本医疗保险费由用人单位与职工共同缴纳，用人单位缴费率应控制在职工工资总额的6%左右，职工缴费率一般为本人工资收入的2%。因此，我们可以认为职工医疗保险中的补贴数量为职工支付的医疗保险费用的3倍左右，该项实际收入为职工支付的医疗保险的4倍。对于那些本人没有缴费的政府机构与事业单位从业人员，以企业部门从业人员医疗保险费缴费方式来确定其应缴数量。

④ 失业保险。根据1998年《失业保险条例》，失业保险费由城镇企业事业单位按照本单位工资总额的2%缴纳，城镇企业事业单位职工按照本人工资的1%缴纳失业保险费。[1]因此，可以认为失业保险中的补贴数额为职工支付的保险费用的2倍，该项实际收入为职工支付的失业保险的3倍。

表8.3给出了这些计入个人收入的分项社会保障支出的描述性统计量。城镇居民中，由于社会保障支出而产生的个人收入大约为1 933元。其中养老保险所占份额最大，占社会保障总支出的53%。而各项支出的分布特征却是极不均等的。

表8.3　社会保障支出描述（2002年）

	均值	标准差	百分比	基尼系数
住房公积金	474.47	625.18	24.54	0.587 8
养老保险	1 021.68	1 044.03	52.85	0.503 3
医疗保险	332.81	320.72	17.22	0.474 4
失业保险	99.25	119.85	5.13	0.536 1
其　　他	4.91	51.79	0.25	0.982 9
社会保障总支出	1 933.13	1 848.92	100.00	0.470 6

注：观测值为2002年城镇住户调查的全部样本规模，20 632个个人。

[1] 1993年的《国有企业职工待业保险规定》要求，企业按照全部职工工资总额的0.6%缴纳待业保险费，不要求职工个人交纳相关的保险费。因此，我们可以根据这一比例与职工工资总额计算1995年调查数据中职工所享有的失业（待业）保险费。

(5) 实物收入。实物收入也是根据 2002 年城镇住户调查直接计算的。调查中，实物收入（或非现金收入）是对应不同消费品类型询问的。所涉及的消费品类型包括肉食、鱼类、蔬菜与水果等食品，以及衣着或其他日常消费品。2002 年实物性收入的均值为 193 元，基尼系数为 0.80。

3. 城镇所获隐性补贴的规模

表 8.4 给出了城镇居民所获得的各类隐性补贴的描述性统计量。其中比重最大的是社会保障支出，占隐性补贴总量的 45%；其次为实物性住房补贴，占 32%。这些隐性补贴的分布也是极不均等的。综合考虑到各类隐性补贴形式，城镇居民所获得的隐性补贴总量为 4 275 元，远远高于农村居民所获得的人均收入水平。而总量隐性补贴分布的不均等程度也要远高于城镇地区的人均收入分布的不均等[1]，表 8.4 估计的基尼系数为 0.42，当然要比单项隐性补贴的分配差距水平要小得多。

表 8.4　城镇居民所获得隐性补贴的描述性统计量

	均值	标准差	百分比	基尼系数
实物性住房补贴	1 358.35	1 823.67	31.77	0.582 4
医疗补贴	293.43	2 311.61	6.86	0.941 2
教育补贴	498.57	762.53	11.66	0.687 4
社会保障支出	1 933.13	1 848.92	45.22	0.470 6
实物收入	191.64	857.30	4.48	0.795 3
隐性补贴合计	4 275.12	4 157.03	100.00	0.415 9

注：各类补贴计算所依据的观测值的数量为 20 632 个个人，即城镇住户调查的样本规模。

8.3.3　城乡收入差距的重新估计

根据前面估计的城乡居民所享有的各类隐性补贴，我们再对城乡居民收入差距以及城乡内部的居民收入不均等性、全国居民收入分布的不均等性进行重新估计。此外，对不同省份城乡地区的生活费用差异也进行调整，调整的依据来自 Brandt 和 Holz (2006) 所生成的地区价格指数。

表 8.5 给出了根据不同收入定义计算的 2002 年城乡人均收入及城乡人均

[1] 根据国家统计局的收入定义，2002 年城镇居民人均收入的基尼系数为 0.32。

收入比率。显然，如果居民收入不进行地区价格差异进行调整时，根据国家统计局收入定义计算的城乡人均收入比率为3.12。这一比率与经常引用的国家统计局所公布的结果非常接近。然而，如果包括隐性补贴，则城乡人均收入比率将达到4.35；而如果再进一步加入自有住房的估算租金，城乡人均收入比率略有下降，为4.28。

此外，表8.5的结果也说明了如果对城乡价格指数进行调整，城乡居民收入差距将会发生多大程度的变化。尽管经过价格指数调整后，城乡居民收入比率有了明显下降，但如果考虑到隐性补贴，则城乡居民收入差距仍然非常高。如表8.5所示，当收入界定从定义Ⅰ调整到定义Ⅱ，则居民收入比率从2.24增长至3.1。

表8.6给出了根据不同收入定义计算的城乡基尼系数以及全国基尼系数。如果对居民收入不进行地区价格指数调整，根据国家统计局的收入定义计算的城乡基尼系数分别为0.32与0.36，全国基尼系数为0.457。如果考虑到隐性补贴，全国基尼系数急剧上升，达到0.5以上。计入隐性补贴后，城乡内部的收入不均等性也有小幅变化。

对居民收入进行价格指数调整后，城镇居民内部的基尼系数变化要大于农村居民内部的基尼系数变化，当然对全国基尼系数的影响最大。根据表8.6的描述，根据收入定义Ⅰ计算的基尼系数下降6个百分点；根据收入定义Ⅱ计算的基尼系数下降6.5个百分点。但值得注意的是，对地区价格指数以及隐性补贴进行调整后，全国基尼系数比不做任何调整时略有下降。

表8.5 根据不同收入定义计算的城乡居民收入差距（元）

	城镇	农村	城镇/农村
不进行价格指数调整			
收入Ⅰ（国家统计局定义）	8 083.65	2 591.83	3.12
收入Ⅱ（收入Ⅰ＋补贴）	12 358.77	2 839.29	4.35
收入Ⅲ（收入Ⅱ＋归算租金）	14 081.29	3 289.18	4.28
进行价格指数调整			
收入Ⅰ（国家统计局定义）	5 487.53	2 452.57	2.24
收入Ⅱ（收入Ⅰ＋补贴）	8 340.35	2 686.53	3.10
收入Ⅲ（收入Ⅱ＋归算租金）	9 502.62	3 109.93	3.06

表 8.6 根据不同收入定义计算的城乡内部及全国收入不均等性

	基尼系数		
	城镇	农村	全国
不进行价格指数调整			
收入Ⅰ(国家统计局定义)	0.320	0.367	0.457
收入Ⅱ(收入Ⅰ＋补贴)	0.323	0.351	0.507
收入Ⅲ(收入Ⅱ＋归算租金)	0.323	0.349	0.504
进行价格指数调整			
收入Ⅰ(国家统计局定义)	0.299	0.364	0.399
收入Ⅱ(收入Ⅰ＋补贴)	0.296	0.349	0.442
收入Ⅲ(收入Ⅱ＋归算租金)	0.296	0.345	0.438

8.3.4 结论

对城乡居民收入差距的估算在很大程度上取决于居民收入是如何定义的。城乡居民货币收入的巨大差异，对公共服务利用的可及性以及生活费用在城乡之间也各不相同，这为城乡居民收入的直接比较设置了障碍。本章试图同时考虑隐性补贴与地区价格差异的影响，对城乡居民收入差距重新进行估计。城镇居民在享用社会保障、公有住房以及其他公共服务等方面具有特殊的优势，我们的估计表明，城镇居民所获得的各类隐性补贴远远高于农村居民。这将导致城乡居民收入差距进一步扩大。尽管对地区价格差异的调整引起了城乡差距的缩小，但经过价格指数调整的城乡居民收入差距依然非常高。包括隐性补贴也将导致全国收入不均等性估计结果的进一步上升。

8.4 城乡分割的歧视性影响

城乡二元分割不仅带来农村户籍人口所享有的低公共福利、低社会保障特征，而且仅仅因为是城乡户籍长期分割，甚至会带来更为严重的城乡对立和城乡歧视性特征。近年来户籍政策开始逐渐弱化，有越来越多符合条件的农村居民成功地将他们的户口转变为城市户口。

8.4.1 倾向得分匹配与双重差分方法的结合

在我们的样本中，有大约 6.5%的人在近三年成功地由农村户口转变为城市户口。但是少有文献重视这一重大转变，大部分学者在研究中仍将户籍类型看作是恒定的，从而忽略了户籍类型的转变。在本章中，我们通过关注这些户籍属性发生转变的群体，从而估计户口在中国城乡收入差距中的歧视性作用，在此基础上进一步区分了不同发展水平城市的户口歧视价值。在本章中，我们充分利用面板数据及样本量大的特点，最大程度地利用倾向得分匹配和双重差分方法的优点，即同时控制可观测变量、随时间不变与随时间同步变化的不可观测因素影响，从而获得户口歧视对个体收入的影响。Glazerman，Levy 和 Myers（2003）也指出："倾向得分匹配方法是一种能显著降低偏差的非参数统计方法，尤其是与双重差分法等其他方法相结合的时候则更为有效。"根据倾向得分匹配及双重差分方法的基本原理，我们可以得到综合方法的基本思路：

$$\begin{aligned} ATT_{DID\text{-}PSM} &= E[(Y_1^T - Y_1^C) - (Y_0^T - Y_0^C) \mid X,\ D=1] \\ &= E[Y_1^T - Y_0^T \mid X_0,\ D=1] - E[Y_1^C - Y_0^C \mid X_0,\ D=0] \end{aligned}$$

与前面一样，D 是项目参与的虚拟变量（1 是处理组，0 是控制组），T 是处理组，C 是控制组，Y_0 是指事前组的收入，Y_1 是指事后组的收入。对于综合方法，最重要的是在简单倾向得分模型的基础上，把结果变量从截面的收入水平置换成面板数据下差分后的收入水平。

8.4.2 数据与变量定义

1. 数据

本章中所用到的个体、住户及村庄（小区）层面的数据都来源于"城乡劳动力流动数据（RUMIC）2007 与 2008"，这一数据由澳大利亚国立大学、北京师范大学与国家统计局等机构联合实施，它主要由城市、农村和流动人口等三部分样本构成。[1]在数据调查过程中，使用了分层线性随机抽样的

[1] 在这里，非常有必要区分一个概念，那就是农村样本和农村户口的差别。在数据中，农村户口的个体有三种来源，包括城市样本、农村样本和流动人口样本；与此相类似，城市户口的个体也存在这三种来源。换句话说，在城市样本、农村样本和流动人口样本中，都同时存在农村户籍和城市户籍人口。但是，一般来说，在城市样本中占多数的还是城市户籍人口，而在农村样本和流动人口样本中，农村户籍也是占主要部分。

方法来获取样本，它要求访谈员入户并询问他们关于个体与家庭的相关信息；另外，该数据也同样调查了村庄和小区层面的数据。总体上看，该问卷包括了个体和家庭的人口学特征、户口信息、收入和支出等方面的信息。而对于城市水平上的数据，它来自 1992—2009 年的《中国城市统计年鉴》和《中国统计年鉴》。它包括每一个城市的地理、人口和其他社会经济特征。

总体来看，我们有市、县、村庄（社区）、住户和个体层面的数据。为了避免重复计算的问题，我们把流动人口样本中与农村/城市样本中重复的个体予以剔除。[1]其次，为了与收入差距分解的文献保持一致，我们把样本限定在年龄为 15 岁至 75 岁的人群。再次，为了能严格地使用双重差分分析方法，在农村样本、城市样本及农民工样本的基础上，我们把 2007 年为农村户口而到 2008 年转变为城市户口的个体定义为处理组，同时两年中都为农村户口的个体（主要来自农村样本和流动人口样本，很少部分来自城市样本）被定义为控制组。[2]最后，我们剔除在两年中都同为城市户口的个体[3]；同时数据中还存在极个别 2007 年为城市户口而 2008 年为农村户口的个体，由于数量极为有限（12 个），所以我们在样本中也予以剔除。最终，如表 8.7 所示，我们得到 9 586 个农户共 33 870 个个体的平衡面板数据，其中有 778 个个体属于处理组（2007 年为农村户口，而 2008 年为城市户口），33 092 个个体属于控制组（2007 年与 2008 年都为农村户口）。[4]

---

[1] 在这套数据中，流动人口的定义主要是基于户籍制度而给出的。对于工作和生活在城市，然而其户口仍然为农业户口的个体则被定义为流动人口。

[2] 我们把流动人口样本也纳入数据库主要有两个原因：首先是要控制自选择问题，因为农村中只有最聪明或接受了良好教育的人群才有可能流入城市并获得城市户口。如果仅仅考虑固守在农村的样本而去衡量城乡之间的收入差距则肯定会存在高估的现象。其次，为了得到户口的价值，那么加入流动人口样本而去估计户口的价值就更为容易，因为流动人口与城市户口个体之间都工作和生活在城市，最大的不同则在于他们的户口属性不一样。在其他特征更为接近的情况下，来分析流动人口和城市户籍人口的收入差距可能会得到一个更为准确的估计。当然还有另一种方法来处理基础数据，就是只使用农民工样本。但是只使用农民工样本会带来两个问题，一是无法控制严重的自选择问题，农村居民向城市流动的过程与他们获取户口的过程往往互为影响；二是样本量会大大减少（农民工样本中，户口从农村变为城市的只有 142 个），从而匹配法的准确性可能降低。

[3] 本章中，也可以把两年都为城市户口的个体定义为控制组，从而剔除都为农村户口的个体，并得到户籍歧视的价值。两种处理方法得到的结果是一致的，有兴趣的读者，可以向作者索要。

[4] 在 34 876 个个体中，778 个属于处理组，33 092 个个体属于控制组，同时还有 1 006 个缺失值。

表 8.7 处理组与控制组样本分布与描述

处理组			控制组		
户口发生变化组（2007 年为农村户口，而 2008 年则改变为城市户口）* （观测值＝778）			户口稳定组（在农村样本、流动人口样本及城市样本中两年都为农村户口） （观测值＝33 092）		
297 个在城市样本中	339 个在农村样本中	142 个在流动人口样本中	354 个在城市样本中	29 306 个在农村样本中	3 432 个在流动人口样本中

注：* 表示在我们的样本中，2008 年，778 个个体把农村户口转变为城市户口。然而，却几乎没有个体把城市户口转为农村户口（在所有 33 870 个样本中仅有 12 个把城市户口转到农村户口），所以在本章中提到的户籍变化个体都是指从 2007 年的农村户口转向 2008 年的城市户口。对于 778 个在 2008 年把户口转变为城市户口的个体来说，29.3％的是通过教育途径获得城市户口的，有 3.6％与 2.8％是通过参军和转干而获得城市户口；另外，还有 25.2％是由于土地被征用而得到的，而且通过在城市购房而得到城市户口的比例为 13.0％；最后，还有 26.2％的城市户口是通过其他途径获得的。由此可知，数据中转换户口的主要途径来自教育、土地征用、城市购房等。

资料来源：作者根据 RUMIC 2007 与 2008 的计算。

在此基础上，我们还需要对样本作一些相应的调整。第一次调整来自样本本身的权重调整。因为我们的数据并不是在全国范围所有县乡的调查，而只是选择了一些城市作了调查，所以我们需要对样本进行权重调整从而让它具有全国的代表性。根据 Song 等（2011）的方法，我们采用 3 级权重指标（地区、省份、城乡）来对变量进行调整。[1]

另外，由于使用的是不同年份的面板数据，我们根据物价水平对收入水平又进行了第二次调整，把 2007 年收入按国家统计局公布的 CPI 数据折算为 2008 年的收入，从而消除物价因素对收入差异的干扰，这样两年间的收入水平就更有比较性。

最后，由于在同一个年度里的不同区域里，城乡之间、地区之间的生活费用可能存在很大的不同，同一收入水平在不同地区间的实际购买力差异较大。如果不做调整而简单地计算，那么就必然会高估城乡收入差距，因为生活在城市的人群在具有高收入的同时，也具有更高的生活成本。所以，我们也利用地区生活支出价格指数来对收入进行第三次调整。具体来讲，就是复

[1] 详细加权过程可见 Song 等（2011），它是利用国家统计局 2005 年人口抽样调查数据计算的样本权重。由于在抽样方案设计的时候，我们严格按照分层线性随机抽样方法确定了每个地区、省份、城乡的样本调查量，所以根据全国实际的人口分布状况我们推导了样本个体所能代表的权重，从而使得抽样数据具有全国代表性。

制 Brandt 和 Holz（2006）的购买力平价方法对2007年、2008年的地区生活支出价格指数进行延伸，从而对收入进行调整以纠正地区间、省份间、城乡间的生活成本差异。

2. 因变量定义

由于我们的研究在于解释户籍的歧视性效应，也即户籍歧视所带来的收入差距的不可解释部分，所以在对收入差距进行分解时，就必须剔除那些由户籍所带来的明显的直接效应。因此，在进行收入定义时，也尽可能地剔除那些实际的补贴收入，包括城市户籍人口享有的住房补贴、失业保障金或食物补贴等，因而我们的收入由经营性收入、财产性收入和转移性收入构成。[1]在这种定义下，我们能在最大程度上剔除其他因素的干扰，因为所有由户籍制度所带来的直接能观测到的影响都没有被纳入进来，那么剩下的就应该是歧视性影响了。进一步说，在剔除显性的收入差距影响因素后，同工不同酬歧视现象也就被排除了，剩下的歧视性收入差距就只能来源于职业选择歧视了[2]，这样本章所考察的就是，职业选择过程中的户籍歧视对收入差距的影响。

3. 谁能得到城市户口

影响个体是否获得城市户口的因素有很多，为了对个体获得城市户口的可能性有个准确的估计，我们尽可能多地把相关影响变量都考虑进来。一般来说，影响个体获得城市户口的因素主要有两类：一类是从城市户口需求角度来看的个体自身竞争力；另一类是从城市户口供给角度来看的城市政府的户籍制度和规定。一方面，受过良好教育、具有较高技术等级的个体更有可能获得城市户口；而另一方面，个体获得城市户口的概率也受到城市规定的制约，因为城市政府有充分的权力和自由来根据自身的条件制定不同的户籍准入制度。在通常情况下，城市政府会制定一系列相关政策来调整和优化本地的人口结构，从而最大程度地吸引外来人才来促进本地的发展。所以，诸

---

[1] 家庭人均收入指标是在个体层面上定义的，它是由个体性收入（如工资性收入）和无法个体分割的人均家庭性收入（如人均家庭经营性收入）所构成的。另外，在回归时我们还在家庭层面进行了集聚（cluster），从而考虑了家庭不同成员之间的差异性。

[2] 在当今的中国，劳动力市场分割和歧视问题比较严重，一般除了某个具体的职业、行业的收入歧视（同工不同酬）外，还存在更为严重的职业选择歧视，而这种歧视难以显现却又是巨大的（赖德胜等，2012）。

如城市的财政支出压力、公共服务提供能力、城市的开放水平等都会影响到个体获得城市户口的可能性（吴开亚和张力，2010）。一般来说，接受过良好教育、具有较高技术等级的人才，与有实力到该地进行投资创业的企业家更有可能被城市政府所接受；同时，对于同一个个体，在竞争激烈的东部发达城市获得城市户口则相对要更难一些。总体上，影响个体城市户口获得的供给和需求因素都列在表8.8中。

表8.8 影响城市户口获得的供给和需求因素

<table>
<tr><th colspan="3">影响城市户口获得的个体因素（需求角度）</th><th colspan="2">影响城市政府给予户口的因素（供给角度）</th></tr>
<tr><td rowspan="10">投资</td><td rowspan="4">实际投资</td><td>总投资（万元）</td><td>人均GDP（元/人）</td><td rowspan="4">城市政府提供公共服务的能力</td></tr>
<tr><td>家庭人均投资（万元）</td><td>人均预算内财政收入（元/人）</td></tr>
<tr><td>人均资产（万元）</td><td>第二、三产业占GDP比重（%）</td></tr>
<tr><td>自创企业雇佣的人数（个）</td><td>人均固定资产投资（元/人）</td></tr>
<tr><td>纳税</td><td>实际纳税额（万元）</td><td>人均预算内财政支出（元/人）</td><td rowspan="6">城市政府公共支出压力</td></tr>
<tr><td rowspan="5">购买住房</td><td>在城市是否有固定住所（是=1）</td><td>人均教育支出（元/人）</td></tr>
<tr><td>是否在城市购买了商品房（是=1）</td><td>城市户籍人口占总人口的比例（%）</td></tr>
<tr><td>住房价值（万元）</td><td>登记失业率（%）</td></tr>
<tr><td>家庭人均住房价值（万元）</td><td>城市人口增长率（%）</td></tr>
<tr><td>是否住市区（是=1）</td><td>人均社会保障支出（元/人）</td></tr>
<tr><td rowspan="8">就业</td><td rowspan="3">高端人才就业</td><td>技术等级</td><td rowspan="2">人均实际外资使用额（万美元/人）</td><td rowspan="8">城市的经济开放水平</td></tr>
<tr><td>是否城市急需行业或职业（是=1）</td></tr>
<tr><td>非农行业工作年限</td><td>人均进出口总额（万美元/人）</td></tr>
<tr><td rowspan="5">普通就业</td><td>受教育层次</td><td rowspan="2">每万人客运量（万人次/万人）</td></tr>
<tr><td>工作经验</td></tr>
<tr><td>是否在该城市购买社保（是=1）</td><td>人均货运总量（万吨/人）</td></tr>
<tr><td>在该城市工作的年限</td><td>电话用户数（个/人）</td></tr>
<tr><td>在现单位/企业工作的年数</td><td>网络用户数（个/人）</td></tr>
</table>

续表

影响城市户口获得的个体因素（需求角度）			影响城市政府给予户口的因素（供给角度）	
家庭团聚	婚姻	配偶的年龄	职工平均工资（元/人）	居民生活水平
		配偶的教育年限与工作经验	人均居民年末储蓄余额（元/人）	
		配偶的户口类型（城市户口=1）		
	家庭成员照顾	被投靠者的年龄、教育、技术与工作经验	城市行政级别	城市的行政权力结构
			地区与省份的虚拟变量	
	随父母落户	父母在本市户口类型（城市=1）	城市人均道路面积（平方米/人）	其他
		落户子女的年龄要求	城市教授和研究员数（每百人数）	
		落户子女的教育水平要求	人均住房面积（平方米/人）	
特殊贡献	特殊贡献	是否作过重要贡献或获得重大奖项		
其他	其他	土地是否被政府征用（是=1）		
		是否参军（是=1）		
		健康状况（良好=1）		
		性别（男性=1）		
		民族（汉族=1）		

注：相似的分类可参见吴开亚和张力（2010）。

8.4.3　户口歧视价值估计

在这一节，我们将综合使用倾向得分匹配和双重差分的方法来估计城市户口的平均处理效应。具体来讲，这一过程被分成若干个不同的步骤。如果城市户口是随机给定的，那么我们就可以直接比较处理组和控制组的收入差异，从而得到城市户口的价值。然而，事实并非如此，城市户口的获得不但取决于个体的受教育程度、年龄、性别和技术水平等因素，而且还取决于户籍给予的城市政府一方，包括城市政府提供公共服务的能力和支出能力等。下面，我们将构建一个项目参与概率的 logit 模型（在本章中是获得城市户口的概率），并把同时影响城市户口获得及收入水平的协变量都包含进来，从而预测每个个体获得城市户口的概率得分。在得到个体获得城市户口的预测概率后，接下来就是要检验这些协变量在处理组和控制组之间是否存在显著差异，即平衡性检验。在条件外生假设下，我们要求所有协变量在处理组和控制组之间是平衡的，其分布也没有系统性差异。[1]也就是说，平衡性检验的目标就是要保证平均倾向得分及协变量在两组之间是“一致”分布的。换句话说，我们为每一个处理组匹配的控制组都与处理组本身的分布是一样的，所以可以根据上述的处理组和控制组去估计户籍歧视对收入的净影响。[2]

根据上面的匹配质量检验，我们发现处理组和控制组是基于同一个个体在是否获得城市户口上的两种不同表现。因此，在理论上估计城市户口对收入水平的影响就变得容易，因为这两者之间的收入差异即是户口歧视对收入的净影响。然而在实践中，仍然存有不同的个体匹配方法，如一对一匹配、k 最近邻域匹配、半径匹配、核密度函数匹配与 Mahalanobis 匹配等。原则上，不管用什么匹配方法，最后的结果应该不至于相差太大（Vandenberghe and Robin，2004）。在本章中，我们采用 Leuven 和 Sianesi（2003）的建议，从 k 最近邻域匹配方法开始，同时也使用核密度函数匹配、一对一匹配、半径匹配等方法进行估计。为了保证结果的稳健性，我们都采用 bootstrap 技术来重复运行 500 次从而保证有一个稳定的估计，表 8.9 报告了估计结果。

---

[1] 在具体操作过程中，我们可以分成四步来保证协变量在处理组和控制组的平衡性。首先，根据预测的倾向概率得分从上到下对所有观测值进行排序。其次，把所有的样本进行若干个分层，同时在每一个分层下分别对协变量进行平衡性检验。再次，如果在某些分层下，部分协变量在处理组和控制组之间仍然是有系统差异的，那么在这一小分层下，继续分成若干个小层，然后进行平衡性检验。最后，当然仍然有可能，个别变量在不断地分层下还是不能平衡，那么我们采取加入变量高阶项或交互项的办法，然后用第三步的方法以此类推，直到所有的协变量在所有分层下都能达到平衡，从而保证在处理组和控制组中没有显著差异（Becker and Ichino，2002）。

[2] 共同支撑检验。如果所有处理组个体都获得很高的预测得分，而控制组个体都获得很低的预测得分，那么倾向得分匹配模型仍然是无效的，因为在这种情况下处理组和控制组的匹配质量较差。所以，在正式估计平均处理效应之前，还需要检验共同支撑假设，以确保倾向得分在两个组中有足够多的重合区域。共同支撑假设把处理组和控制组中倾向得分靠近两个尾端的个体予以剔除，使得两组中倾向得分的最大值和最小值一样。这样在减少一定样本量的同时，却极大地提高了匹配质量。Heckman 和 Vytlacil（2001）就指出，非参数匹配方法唯有在公共支撑领域才是有效的。所以，我们在处理组中继续剔除了 14 个观测值，因为这 14 个样本难以在控制组中找到合适的匹配个体；而在控制组中，我们没有剔除任何样本，从而最大化控制组中的样本框。最后，我们在处理组和控制组的样本量分别为 270 个与 25 164 个。

从该表可以发现，无论采用何种估计方法、何种匹配参数，城市户口的歧视性效应都是稳定存在的，这表明纵然考虑到内生性和自选择问题之后，城市户口对个体收入仍然具有一种显著的歧视性影响。

表 8.9　使用不同的匹配方法来估计平均处理效应

	匹配参数	共同支撑样本量	处理组在两年间收入变化	控制组在两年间收入变化	收入变化的二次差分（也即平均处理效应）	标准误
k 最近邻域匹配法	$\delta = 0.00$	25 434	721	426	295 ***	99.23
	$\delta = 0.01$	25 434	721	426	295 ***	99.23
	$\delta = 0.1$	25 434	721	426	295 ***	99.23
	$\delta = 0.5$	25 434	721	426	295 ***	99.23
	$\delta = 0.001$	25 434	721	426	295 ***	99.23
一对一匹配	$k = 20$	25 434	721	585	136 **	66.85
	$k = 10$；$\delta = 0.01$	25 434	721	438	283 ***	69.87
	$k = 20$；$\delta = 0.01$	25 434	721	585	136 **	66.85
	$k = 10$；$\delta = 0.001$	25 434	721	433	288 ***	69.89
	$k = 10$；$\delta = 0.1$	25 434	721	438	283 ***	69.87
	$k = 10$；$\delta = 0.5$	25 434	721	438	283 ***	69.87
半径匹配	R；$\delta = 0.005$	25 434	721	626	96	64.10
	R；$\delta = 0.1$	25 434	721	557	165 **	63.26
	R；$\delta = 0.01$	25 434	721	622	99	63.94
Kernel 函数匹配	*k*；*epan*；*bw*；0.06	25 434	721	572	149 **	63.30
	k；*epan*；*bw*；0.03	25 434	721	607	114 *	63.59
	K；*norm*；*bw*；0.01	25 434	721	612	109 *	63.73
平均	/	25 434	721	509	213	

注：（1）上述所有方法都在公共支撑领域的基础上采用了匹配替代的方法；（2）k指用来计算匹配结果的邻域个数，δ 是指半径大小；（3）表中 * 表示统计显著性，其中 *** 表示 $p<0.01$，** 表示 $p<0.05$，* 表示 $p<0.1$。

表 8.9 的最后一行表明，平均来看，处理组中个体自身在两年中的收入变化为 721 元，在控制组中则为 509 元；从而在两组中收入变化的差异为 213 元，这也就是户口歧视对收入的纯影响。而这一效应反映在表 8.9 的第 6 列中，就是当采用不同的匹配方法时，户口歧视的估计价值在 96 元至 295 元之间。换句话说，户口的纯歧视性效应能降低农村户口个体的收入在 1.6%至 4.8%［（96～295）/6 171.6×100］之间。平均来看，纯歧视性效应

会减少农户收入的 3.5%（213/6 171.6×100）左右。也就是说，如果没有户口歧视的存在，农村个体的收入会有显著的增加。而根据数据定义，本章的歧视性收入差异主要来源于职业选择歧视，这就说明获得城市户口起到了一个信号显示的作用，它使得新获得城市户口的农民或农民工免受职业选择的歧视。数据中职业分布的变化也从侧面佐证了这一点，在得到城市户口后，这些居民中好职业的比例从 2007 年的 17.1%迅速提高到 2008 年 22.7%，这也说明获得城市户口后原先的农民或农民工受到的职业选择歧视更少。[1]

在此基础上，我们继续计算了剔除户口歧视因素后的收入差距情况。根据表 8.11 的结果，我们发现在剔除户口歧视的影响前，基尼系数为 0.498 7，泰尔指数为 0.445 5，而在剔除户口的歧视性影响后，其基尼系数下降为 0.488 3,泰尔指数下降为 0.428 7。总的来看，在剔除户口的歧视性因素后，收入差距得到明显的下降。

8.4.4 敏感性分析

在得出城市户口具有职业歧视效应的基础之上，我们还需要对估计结果进行稳健性检验。尤其是在实验数据缺乏的情况下，敏感性检验就显得尤为重要（Dehejia，2005）。如果城市户口的确会对个体收入水平产生歧视性影响，我们也可以合理地推断：在越是发达的城市，这种歧视性效应将会更加明显，因为越发达的城市其户口的吸引力也就越高。根据官方的城市分类和 RUMIC 抽样调查方法，我们将中国的城市分为三大类：发达城市（包括 3 个直辖市和 15 个副省级城市[2]）、中等城市（17 个普通省会城市+重庆）和发展中城市（其他地、县级城市），然后比较不同城市的户口歧视价值。在本节中，分析步骤和上一小节基本相同，包括使用 logit 模型分析城市户口获得的概率参数，对处理组和控制组进行平衡性检验、实施共同支撑假设、匹配效果检验，等等。最后，我们得到不同城市户籍歧视的平均处理效应，结果如表 8.10 所示。

---

[1] 这里所谓的好职业，是指小时工资更高、工作时间更少而社会保障覆盖率更高的职业。

[2] 在 2008 年全国 282 个城市中，共有 15 个副省级城市。其中，有 10 个省会城市和 5 个一般的地级城市。另外，重庆地处西部地区，所以放到“中等城市”定义中。

表 8.10　不同城市水平的平均处理效应

	参　数	发达城市	中等城市	发展中城市
k 最近邻域匹配法	$\delta=0.01$； $k=10$	490	190	48
	$\delta=0.1$； $k=10$	445	190	48
	$\delta=0.5$； $k=10$	560	190	48
	$\delta=0.001$； $k=10$	559	181	48

注：(1) 所有的匹配分析参数都是可替换并得到共同支撑；(2) k 指用来计算匹配结果的邻域个数；δ 是指匹配半径大小；(3) 由于使用不同匹配方法估计的结果基本相同，所以本表仅列出了 k 最近邻域匹配法的估计结果。

从表 8.10 可以看出，发达城市的户口歧视效应要显著高于其他两类城市。平均而言，发达城市的户口歧视效应大约会将农村户籍人口的收入减少 7.9% (490/6 171.6×100)；相对而言，这个数字在中等城市和发展中城市中分别只有 3.1% (190/6 171.6×100) 和 0.8% (48/6 171.6×100)。上述结果表明，拥有发达城市户口的个体将获得更多的歧视性收入。

从户口歧视对整体收入不平等的影响来看，如表 8.11 所示，无论是用基尼系数还是泰尔指数来衡量，在剔除户口因素后，整体收入差距都有较大幅度的下降，而且越是在发达城市中，这种效应就越大。

表 8.11　户籍歧视对城乡收入差距的影响（2008 年）

城　市	基尼系数			泰尔指数		
	剔除户口影响前	剔除户口影响后	系数变化比率(%)	剔除户口影响前	剔除户口影响后	系数变化比率(%)
全　国	0.498 7	0.488 3	2.123 7	0.445 5	0.428 7	3.921 5
发达城市	0.371 7	0.367 1	1.266 9	0.238 5	0.233 1	2.316 3
中等城市	0.411 0	0.405 9	1.268 9	0.294 7	0.290 1	1.585 7
发展中城市	0.420 5	0.416 9	0.870 8	0.348 9	0.343 5	1.551 5

注：本表是把户籍的歧视性收入加到农村户口个体上，从而得到剔除户口后的收入不平等指数；当然，本章还尝试在城市户口个体中减去户籍歧视性收入，从而得到户籍歧视剔除后的收入不平等指数。当然，两者结果基本类似。

8.5　缩小城乡收入差距的着力点

20 世纪 90 年代后期以来，城乡居民之间的收入差距表现出逐步上升的趋势性特征。根据国家统计局对居民收入的官方定义，城乡居民收入比率从1997年的2.47上升到2003年的3.23。[1]从世界范围来看，中国的城乡居民收入差距要远远高于许多其他国家。当然不管以何种定义来估算，中国的城乡差距都是世界各国中最高的，如果再考虑到城镇居民所享有的各种隐性补贴、公共服务和实物福利，则中国的城乡差距水平还会更高，由此也形成了中国特色的城乡二元分割体系，并带来城乡居民的长期歧视性影响。

解决城乡收入差距问题，当务之急应该是从体制上解决劳动力市场的分割问题。我们现在对农民工的歧视，对农民工户口的限制，实际上反映了劳动力市场分割的问题。所以，从这个角度来说，我们最迫切的政策应该是尽力去消除现存的劳动力市场中的分割状况，即形成一个一体化的劳动力市场，使得农民有更多的进城机会，有更多的在城里找到工作的机会，而且是一个获得平等的就业和公平的收入待遇的机会。

在农村税费改革之前，中国的税收体制具有明显的累退性特征。税收体制的累退性表现在两个方面：由于城乡税收制度的不统一，低收入的农村居民比高收入的城镇居民缴纳更多的税费；在农村内部，由于绝大部分税费按照土地规模和住户人口征收，低收入农户比高收入农户承受更高的税费率。对农村居民来说，这种税收体制不仅扩大着农村内部的收入差距，也拉大了城乡之间的收入差距，不利于减缓贫困，甚至还会带来贫困发生率的上升。正如我们一次简单的模拟分析所表明的，如果把农户的所有税费全部减免，那么他们的人均收入将增加5.4%，也就是说他们与城镇居民之间的收入差距将会缩小13个百分点。而农村内部收入差距的基尼系数将会下降1.4个百分点。显而易见，这种税收体制不仅失去了社会的公平性，也不具效率。从21世纪初，中央政府已经意识到这种不合理的税收体制所带来的严重后果，开始逐步取消农村的各种税费。从近两年的情况来看，农村税费改革的进程大大超出了原来的计划安排，这也意味着这项改革具有的天然合理性和公正性。

城镇中农民工子女的就学问题也需要从政策上加以考虑。大批的农民工

---

[1] 这些数字是由本文作者根据《中国统计摘要（2005）》第102页上的数据计算得到的。

进城就业和居住，但在进城后还难以在短期内改变自己的身份。如因其身份问题而使其下一代在受教育问题上受到歧视，可能使阶层倾向固化。如果现在不改变农民工子女就学和将来就业中出现的歧视问题，我们的社会将来会付出更大的代价。

中国是一个劳动力资源极为丰富的经济体，城镇中的大量下岗失业人员，大量寻找工作的农民工，农村中大量的处于闲置与半闲置状态的劳动力，这部分是经济不够发展的结果，又有一部分是收入差距扩大的结果。从这个意义上来说，实现充分就业和抑制收入差距的过度扩大都需要进一步发展经济，使得经济增长始终保持在一个高水平上。只有通过高速经济发展，才能逐步吸纳城镇中的下岗失业人员，给予农民工更多的就业机会，消化农村剩余劳动力。从这一点出发，收入分配政策的重点可能不在于考虑如何提高个人所得税率，而应该考虑如何提高就业率。中国的个人所得税的问题不是税率太低，而是实际征收方式太乱，造成实际税率与名义税率相差甚大，通过个人所得税征收效率的提高，即使维持不变的税率，也会使税收额有很大的提高。为此，我们的税收政策和金融制度都要做出相应的改革与调整，给予中小企业和民营企业更多的关注和支持。

对缩小收入差距起到间接作用的是社会保障体系的改革与调整。我们现今的社会保障制度存在着严重的不公平性，一部分人享受过度保障，一部分人则无任何保障。中国毕竟是一个发展中国家，不可能给国民提供过高水准的社会保障，这是可以理解的，但是根据不同的就业身份对不同的人实行迥然不同的保障待遇则是让人难以接受的，因为它违反了最基本的社会公平原则。因此，我们有必要重新考虑现存社会保障制度的合理性，逐步建立一种水平不高但覆盖面广的社会保障体系。更通俗一点而言，是建立一个低水平、广覆盖的社会保障体系。所谓“低水平”是指对社会成员提供最基本的，也是国家财力能够承受的社会保障项目；所谓“广覆盖”是指社会保障要覆盖到全部社会成员，不仅是城镇居民，也包括农村居民，不仅是城镇正式职工，也包括农民工。

最后，中国收入分配差距的扩大有着复杂的背景和原因。简单化地将收入差距的扩大归因于市场化改革是不正确的，因为根据我们的研究，过大的收入差距一定程度上来自一些领域和部门改革的不到位和市场的扭曲。在经济领域的市场化改革的推进过程中，政府部门没有作出相应的转型，政府职权没有作出重新的界定，政府官员的行为没有受到相应的约束，那么市场化改革进程就会背离初衷。原来设想的竞争性的市场经济可能演变为垄断性的市场经济，权力操纵下的市场经济，有缺陷的市场经济。原来设想的各种生产要素共同参与的公平的收入分配模式可能演变为权力参与或者权力与资本勾结共同掠夺社会财富的分配模式。因此，解决收入分配不公问题，不仅是一个收入再分配问题，而且涉及经济、社会和政治的各个层面，也只有将改革深入到社会和政治领域，才能从根本上解决收入分配不公的问题。

第 9 章　地区之间收入分配格局演变

9.1　引言

改革开放以来，中国的高速经济增长带来了居民收入的提高，但也伴随着收入差距的扩大。2003 年以前，基于 CHIP 数据的一些研究结果显示，1988 年全国基尼系数为 0.395 3，到 2002 年收入分配变得更加不均等，基尼系数达到 0.468 2（古斯塔夫森、李实、史泰丽、岳希明，2008）。根据国家统计局公布的结果，2003 年全国居民人均可支配收入基尼系数为 0.479，在 2008 年达到峰值 0.491 后开始出现了下降，如 2015 年为 0.462（国家统计局住户调查办公室，2017）。李实（2018）指出最近 10 年我国收入差距的扩大趋势虽然有所减缓，但是仍然处于高位水平上，其中过大的城乡之间收入差距是重要的原因。

在经济和社会发展方面，中国的城乡之间、地区之间存在着很大的差异，1988—2002 年中国收入分配不平等在很大程度上来自城乡之间和地区之间的收入差距（李实、罗楚亮、史泰丽，2013）。基于 CHIP 数据研究发现，1988 年、1995 年及 2002 年我国的城乡之间收入差距不断扩大，对全国总体收入差距的解释程度分别为 33.48%、37.41%和 40.2%（罗楚亮，2006；史泰丽、岳希明、古斯塔夫森、李实，2008）。2002—2007 年城乡间的收入差距持续扩大，并且对全国收入差距的贡献度逐渐提高，2007 年的城乡间收入差距大约解释了全国性收入差距的一半（李实、罗楚亮、史泰丽，2013）。2007—2013年，城乡间收入差距的缩小是导致这一时期全国居民收入差距缩小的主要原因，但它对于当年的全国收入差距仍具有非常高的解释份额（罗楚亮，2017）。同时，东部与西部之间存在的收入差距也受到人们的关注，虽然它没有城乡之间收入差异那么明显（李实、罗楚亮、史泰丽，2013）。

为了缩小城乡间的收入差距，政府实施了一系列政策，诸如低保、各种惠农政策、社会保障制度和户籍制度改革等，来促进农村发展、提高农民收入。类似地，为了缩小沿海和内地的差距，政府采取了一系列平衡区域发展的政策，如“振兴东北”“中部崛起”战略。21世纪以来，随着影响收入分配的新政策的出台，中国城乡之间和地区之间收入差距对全国收入差距的影响无疑会发生变化。本章考虑利用CHIP2002和2013两年的数据，将城乡和地区放在同一个框架下，考察地区之间的收入差距的变化及其对全国收入差距变动的影响。本章的结构安排如下：第二部分介绍数据和收入的定义；第三部分讨论地区之间收入差距的变化；第四部分计算地区收入差距对全国收入差距的贡献；第五部分探究地区收入差距的决定因素；最后是总结。

9.2 定义和数据

9.2.1 数据的来源

本章数据来源于CHIP2002和2013（即2002年和2013年中国住户收入调查数据）中的城镇住户调查数据和农村住户调查数据。[1]CHIP数据追踪了中国收入分配的动态情况，其中收入信息大部分直接来自国家统计局的过录数据，是目前全国性住户收入情况的权威数据之一。中国住户收入调查（CHIP）已经相继进行了五次入户调查，分别编号为CHIP1988、CHIP1995、CHIP2002、CHIP2007和CHIP2013。调查由中外研究者共同组织，是“中国收入和不平等研究”的组成部分，并得到国家统计局大力协助。

[1] 本章分析的内容未考虑农民工调查数据。

CHIP2002 和 CHIP2013 样本覆盖范围有些差异。为了保证两个年度调查数据的可比性，本章参照史泰丽等（2008）的做法，在分析中使用了两次调查中相同地区的子样本（来自相同省份的农村和城镇样本）（史泰丽、岳希明、古斯塔夫森，2008）。城镇和农村样本均包括北京、辽宁、江苏、广东、山西、安徽、河南、湖北、重庆、四川、云南和甘肃。本章先将全国样本分成城乡、两个地区，然后继续考虑城乡内部各自的东、中、西部，将其分为六大地区：城镇东部、城镇中部、城镇西部、农村东部、农村中部和农村西部，家户样本量分别为 1 460、1 778、1 215、2 454、2 485、1 895 个。[1]

9.2.2　收入的调整

本章研究的目标变量是家庭人均可支配收入。[2]2012 年底，国家统计局对城乡住户调查进行了一体化改革，居民收入统计口径发生了变化，所以本章对国家统计局的原始收入变量（NBS 收入）进行了调整（王冉，2015）。在罗楚亮、史泰丽和李实（2017）对 2007 和 2013 年 NBS 收入调整的基础上，进一步对 2002 年和 2013 年的 NBS 收入变量进行调整，以增加其可比性。

两年收入变量的调整主要包括：（1）2013 年的城镇住户中，“辞退金”被归为工资性收入，因此将 2002 年的“辞退金”从转移性收入中扣除，并加入工资性收入；（2）2013 年住户的工资性收入包括从雇主获得的实物收入以及雇主支付的社会保障缴费，因此这些项目被重新加入 2002 年的居民工资性收入中；（3）“出让知识产权等无形资产收入”在 2013 年被计为经营性收入，因此将其从 2002 年的财产性收入扣除，计入家庭经营性收入；（4）为了与 2013 年一致，2002 年财产性收入中扣除了“其他投资收入”这一项；（5）2013 年“消费贷款利息”的处理与 2002 年 NBS 收入以及国际惯例不一致，因此将 2013 年被扣减的“消费贷款利息”重新增加到财产性收入中；（6）2013 年将“报销的医疗费用”计入转移性收入，这一项没有包括

[1] 本章中的全部数据结果是基于个人而非家户计算的。可以将其视作加权的家庭平均数，权数即为家庭成员的数量，观测数是被调查的家庭成员的总数。

[2] 在我们的分析中，每个住户的可支配收入除以家庭人口数得到家庭人均可支配收入。2002 年农村收入是家庭人均纯收入，城镇收入是家庭人均可支配收入。住户一体化改革之后，2013 年城镇和农村收入均为家庭人均可支配收入。

在 2002 年 NBS 收入中。为了保持一致性，将“报销的医疗费用”从 2013 年的收入扣除；(7) 2013 年 NBS 收入中不包括“遗产及一次性馈赠所得”“一次性赔偿所得”“博彩所得”“压岁钱”“婚丧嫁娶礼金所得”等。为了保持两年的一致性，将 2002 年城镇住户的“赔偿收入”、“捐赠收入（包括礼金、礼物）”和农村住户的“婚、丧、嫁、娶礼金”、“送给亲戚/亲属/邻居朋友的礼品或礼金等”从 NBS 收入项目中扣除。

另外，国家统计局所计算的家庭可支配收入遗漏了一些收入，比如租赁公有住房的隐性补贴和自有住房的估算租金（卡恩、格里芬、李思勤，1994；卡恩、李思勤，1999）。因此，在对 2002 年和 2013 年 NBS 收入进行可比性的调整之后，继续加入了租赁住房隐性补贴和自有住房估算租金[1]，最终得到“人均 CHIP 收入”（下文简称“人均收入”）。

同时，本章对 CHIP 数据样本进行了权重调整，计算了城乡加地区加省份的权重（岳希明、史泰丽、蔡萌，2017）。此外，为了使地区间的收入具有可比性，利用布兰特和霍尔茨（Brandt and Holz，2006）列出的购买力平减指数对名义收入进行了调整，并且对于 2013 年的数据，利用国家统计局公布的各省份的城、乡消费者价格指数，将购买力平减指数进行更新（Brandt and Holz，2006）。最后，计算 2002 年和 2013 年的收入时，采用 2002 年的不变价格。[2]

9.3 地区之间收入差距

9.3.1 不同地区的人均收入差距

表 9.1 列出了 2002 年和 2013 年不同地区人均收入差距。整体上，从

[1] 2013 年 NBS 收入中将自有住房估算租金计入了财产性收入，但 NBS 所采用的估算方法是不正确的。因此在 2013 年的调整 NBS 收入中，将这一项扣除了。参照岳希明和 Terry Sicular（2017）的方式，利用市场租金估计城镇住户的自有住房估算租金，至于农村住户，由于缺少市场租金的信息，按收益率得到自有住房估算租金。参照罗楚亮、史泰丽和李实（2017）的方式，在城镇住户中，隐性住房补贴根据城镇住户实际支付的住房租金和按照市场机制预测的住房租金之间的差额来估计的。

[2] 按照国家统计局公布的消费者价格指数进行平减调整，2002 年至 2013 年，全国价格水平分别上涨 37.23%。

2002 年到 2013 年，不同地区的人均收入水平（2002 年不变价格）均有所提高，2013 年全国人均 CHIP 收入达到 15 678 元。但是，不同地区之间的人均收入仍然存在很大差距。

一方面，城镇居民的人均收入水平均远高于农村居民，但是城乡收入差距呈现缩小的趋势。2002 年东、中、西部的城乡收入比均在 2.00 以上，尤其是在西部，城乡收入比达到 3.77。但是，到 2013 年，东、中、西部的城乡收入比均下降了，其中西部的城乡收入比下降幅度最大，从 3.77 倍下降到 2.80 倍。

另一方面，城乡内部的不同地区之间收入也存在很大的差距，但同样呈现缩小的趋势。整体水平上，城乡内部的东部地区人均收入水平均要高于中西部，这一差异呈现逐年缩小的特征，到了 2013 年，城、乡的东/中、东/西地区收入比基本都下降了。进一步的分析显示，农村的东、中部地区收入差距要大于城镇东、中部地区收入差距。例如，2002 年城镇东/中地区收入比为 1.37 倍，而农村地区的这一比值达到 1.61（见表 9.1）。

表 9.1　2002 年和 2013 年不同地区人均收入差距

地区/城乡	2002 年			2013 年		
	城镇	农村	整体	城镇	农村	整体
			人均 CHIP 收入(元)			
东部	10 540	4 121	7 024	25 833	10 725	19 287
中部	7 713	2 556	4 164	20 407	8 085	13 817
西部	8 465	2 244	4 126	20 490	7 317	12 775
整体	9 233	2 983	5 254	22 888	8 723	15 678
			地区收入比			
东部/中部	1.37	1.61	1.69	1.27	1.33	1.40
东部/西部	1.25	1.84	1.70	1.26	1.47	1.51
中部/西部	0.91	1.14	1.01	1.00	1.10	1.08
			城乡收入比			
东部	—	—	2.56	—	—	2.41
中部	—	—	3.02	—	—	2.52
西部	—	—	3.77	—	—	2.80

9.3.2　不同地区的收入不平等状况

通过表 9.1 我们发现，农村内部的东、中、西地区收入差距要大于城镇，表 9.2 进一步表明了 2002 年和 2013 年不同地区人均收入不平等的状况，其中使用了三个常用的收入不平等程度指标：基尼系数、平均对数离差和泰尔指数。整体上，基尼系数显示全国不平等程度从2002年的0.440 9略微下降到2013年的0.439 9。而平均对数离差和泰尔指数却显示不平等程度有略微的上升。[1]

对城乡之间以及城乡内部进一步比较收入不平等程度。一方面，两年的城镇收入不平等程度基本上要低于农村，尤其在东、西部地区。例如，2002年城镇东部的收入基尼系数为0.309 7，而农村东部的收入基尼系数为0.327 3，农村东部比城镇东部的基尼系数高出5.68%，2013年该差异也达到4.02%。另一方面，在城镇地区内部，2002年和2013年的三个不平等指数指标均揭示出东部的收入不平等要高于中、西部。但是，2002年城镇中部的收入不平等程度要小于西部，到了2013年要大于西部，尽管表9.1结果显示中部的收入水平一般情况下要高于西部地区。农村地区内部的不平等特征在2002年呈现同样的特征：东部的收入不平等程度要大于中、西部，中部的收入不平等程度要小于西部。

表9.2　2002年和2013年不同地区的收入不平等状况

地区/城乡	2002年			2013年		
	城镇	农村	整体	城镇	农村	整体
			基尼系数			
东部	0.309 7	0.327 3	0.403 9	0.372 8	0.387 8	0.435 0
中部	0.282 5	0.274 5	0.406 6	0.319 4	0.348 6	0.413 8
西部	0.299 9	0.313 2	0.464 0	0.313 8	0.389 1	0.441 1
整体	0.309 3	0.335 6	0.440 9	0.350 1	0.386 0	0.439 9
			平均对数离差			
东部	0.160 7	0.179 5	0.279 3	0.247 7	0.261 1	0.341 8
中部	0.135 5	0.126 0	0.272 6	0.175 3	0.205 1	0.296 3
西部	0.154 8	0.170 4	0.373 1	0.171 0	0.259 0	0.352 6
整体	0.161 6	0.191 1	0.335 8	0.214 0	0.254 4	0.346 9
			泰尔指数			
东部	0.160 8	0.187 9	0.273 4	0.247 4	0.256 7	0.329 8
中部	0.131 0	0.129 0	0.280 0	0.165 9	0.215 0	0.281 5
西部	0.153 4	0.161 6	0.371 5	0.162 7	0.253 6	0.319 7
整体	0.161 5	0.198 6	0.330 2	0.213 9	0.256 2	0.330 8

注：在计算平均对数离差和泰尔指数时，将那些收入等于0的样本删掉了（2002年的数据删掉1个样本，2013年的数据删掉41个样本）。

[1] 李实、罗楚亮和史泰丽（2013）指出，这三个指标的上升幅度之所以不同，是由于这三个指标对处于收入分配序列中不同位置的收入所赋予的权重不同。不过，就本章研究目的——地区间收入差距来看，最终结果并不会受到太大影响。

9.3.3　农村与城镇地区内部收入不平等及其来源

表 9.2 的结果显示出城乡内部的不同地区之间较大的收入差距，本节进一步通过基尼系数分解来分析差异的来源。将总收入的基尼系数分解为各分项收入集中率的加权平均（周海明，2015）：

$$G=\sum_{j=1}^{J}\theta_j C_j \tag{9.1}$$

其中，G 是总收入的基尼系数；θ_j 是第 j 项收入在总收入中的份额；C_j 是第 j 项收入的集中率[1]。相应地，基尼贡献表示为（$\theta_j C_j$）/G，若某项收入的基尼贡献大于其在总收入中的份额 θ_j（即分项收入的集中率大于总收入的基尼系数），则该项收入对于总收入的分配有扩大不平等的作用，即它在总收入中的比重上升，会使总收入的基尼系数提高（卡恩、李思勤，1999）。表 9.3 和表 9.4 呈现的分析结果，可以用来分析和比较农村与城镇内部地区不平等原因。

在农村，东部地区的基尼系数大于中、西部地区。2002 年工资性收入是东、中、西的内部收入不平等扩大的主要贡献因素之一，其中东部地区工资性收入占总收入的份额以及基尼贡献的份额最高，分别达到 44.93%、49.96%。对于农村地区的中、西部收入不平等贡献较大的是经营性收入，均超过了 50%，不过经营性收入对西部地区的不平等起的是扩大的作用，而对中部地区的不平等起的是缩小的作用。而到 2013 年，工资性收入对东部地区收入不平等的基尼贡献降低到 45.08%，但是占总收入的份额上升了，并且起到缩小差距的作用。相反的是，在东部地区，财产性收入与自有住房估算租金不仅是占总收入的份额上升了，而且基尼贡献比重也提高了（超过了 10%），起到扩大不平等的作用，并大于其对中、西部地区不平等的贡献。由此可见，农村东部地区的不平等程度高于中西部地区，主要是由工资性收入和经营性收入导致的，并且财产性收入和自有住房估算租金扩大不平等的作用越来越大。

---

[1] 集中率的计算方法与基尼系数相同，不过基尼系数根据自身收入排序，集中度则根据总收入排序。某项收入的集中率可能会成为负值，如果该项收入主要集中分布在低收入组中。

在 2002 年城镇，东、中、西部地区中，工资性收入占总收入的份额与基尼贡献份额均要远大于对应的农村地区。基尼贡献在不同地区分别达到 89.42%、72.62%和 81.46%，其中对于东、西部的不平等起到扩大作用。2013 年，经营性收入、财产性收入和自有住房估算租金的基尼贡献均有较大幅度提高。尤其是财产性收入，在东、中、西部均起到扩大不平等的作用。养老金的分布不均等，主要还是集中在收入相对较高的城镇家庭，2013 年在东中西部均起到了缩小不平等的作用。

表 9.3　农村地区不平等原因之比较

收入及其构成	东部			中部			西部		
	份额（%）	集中率/基尼系数	基尼贡献（%）	份额（%）	集中率/基尼系数	基尼贡献（%）	份额（%）	集中率/基尼系数	基尼贡献（%）
2002 年									
工资性收入	44.93	0.363 9	49.96	27.83	0.275 2	27.90	29.59	0.411 5	38.87
经营性收入	48.19	0.275 7	40.60	66.51	0.275 7	66.80	64.04	0.264 6	54.10
财产性收入	0.75	0.577 3	1.32	0.21	0.289 6	0.22	0.13	0.405 6	0.17
净转移收入	−1.70	0.114 0	−0.59	−0.18	−2.597 2	1.70	1.55	0.638 6	3.16
养老金	1.13	0.662 3	2.28	0.04	−0.180 3	−0.03	0.11	0.307 4	0.11
自有住房估算租金	6.71	0.313 7	6.44	5.59	0.166 8	3.39	4.57	0.244 9	3.58
隐性住房补贴	—	—	—	—	—	—	—	—	—
人均 CHIP 收入	100	0.327 2	100	100	0.274 5	100.00	100	0.313 2	100.00
2013 年									
工资性收入	45.91	0.380 8	45.08	36.51	0.386 8	40.51	28.44	0.460 5	33.65
经营性收入	23.09	0.409 1	24.36	29.02	0.347 0	28.89	34.00	0.367 0	32.07
财产性收入	6.09	0.704 4	11.06	6.59	0.678 7	12.84	7.92	0.602 2	12.26
净转移收入	3.10	−0.439 4	−3.51	10.81	0.071 0	2.20	10.75	0.088 4	2.44
养老金	4.77	0.480 7	5.91	2.72	0.346 9	2.71	3.38	0.409 4	3.56
自有住房估算租金	17.05	0.389 3	17.11	14.35	0.312 3	12.85	15.50	0.401 7	16.00
隐性住房补贴	—	—	—	—	—	—	—	—	—
人均 CHIP 收入	100	0.387 8	100.00	100	0.348 6	100.00	100	0.389 1	100.00

注：净转移收入不包含养老金。

表 9.4　城镇地区不平等原因之比较

收入及其构成	东部 份额(%)	东部 集中率/基尼系数	东部 基尼贡献(%)	中部 份额(%)	中部 集中率/基尼系数	中部 基尼贡献(%)	西部 份额(%)	西部 集中率/基尼系数	西部 基尼贡献(%)
2002 年									
工资性收入	79.87	0.346 7	89.42	73.85	0.277 8	72.62	74.73	0.326 9	81.46
经营性收入	3.20	0.001 5	0.02	3.67	0.077 2	1.00	3.13	−0.116 6	−1.22
财产性收入	0.97	0.498 6	1.57	1.22	0.417 5	1.80	1.43	0.533 7	2.54
净转移性收入	−2.89	0.560 0	−5.22	−1.08	0.500 5	−1.91	0.04	−4.262 2	−0.63
养老金	14.32	0.237 8	10.99	18.20	0.368 9	23.76	16.09	0.286 0	15.34
自有住房估算租金	3.97	0.221 6	2.84	3.99	0.189 6	2.68	4.32	0.173 0	2.49
隐性住房补贴	0.56	0.213 6	0.38	0.16	0.077 1	0.04	0.26	0.016 9	0.01
人均 CHIP 收入	100	0.309 7	100.00	100	0.282 5	100.00	100	0.299 9	100.00
2013 年									
工资性收入	58.42	0.378 1	59.25	59.10	0.293 2	54.26	50.63	0.290 1	46.81
经营性收入	6.15	0.395 4	6.52	8.77	0.401 4	11.02	4.56	0.239 7	3.48
财产性收入	5.80	0.673 2	10.47	6.34	0.550 3	10.92	11.27	0.570 9	20.51
净转移性收入	−3.54	0.568 4	−5.39	−1.91	0.563 9	−3.38	−1.00	0.788 1	−2.50
养老金	17.69	0.313 8	14.89	15.91	0.310 0	15.44	20.51	0.278 1	18.18
自有住房估算租金	14.76	0.342 9	13.57	11.55	0.319 3	11.54	13.72	0.304 2	13.29
隐性住房补贴	0.73	0.355 9	0.69	0.25	0.260 8	0.20	0.31	0.234 2	0.23
人均 CHIP 收入	100	0.372 8	100.00	100	0.319 4	100.00	100	0.313 8	100.00

注：净转移收入不包含养老金。

9.4　地区收入差距对全国收入差距的贡献

如前所述，城镇与农村之间存在收入差距，城镇与农村内部的不同地区之间也存在一定的收入差距。本节接下来测量地区收入差距对总收入差距的贡献度，在这里使用一个常用的指数平均对数离差（MLD）：

$$I(y)=\frac{1}{n}\sum_{i=1}^{n}\ln\left(\frac{\mu}{y_i}\right) \tag{9.2}$$

其中，μ 是总体样本的平均收入；y_i 是第 i 个样本的收入；n 为样本量。MLD 指数可以将总收入差距分解为地区内差距和地区间差距，本章分析的是地区差异对全国收入差距的贡献，首先关心的是城乡收入差距对全国收入差距的贡献（Shorrocks，1980）：

$$I(y)=\sum_{r=1}^{2}\frac{n_r}{n}I_r+I(\mu_1,\ \mu_2) \tag{9.3}$$

式（9.3）中，$r=1$，2，代表城镇和农村。n_r 和 I_r 分别是城、乡地区的人口规模和收入不平等指数（MLD）。μ_1 和 μ_2 分别为城镇和农村的平均收入水平。城镇和农村内部收入不平等指数的加权之和称为城乡内部不平等（即“组内差距”）。I（μ_1，μ_2）为城乡之间不平等（即“组间差距”）。但是，我们还需要考虑城乡内部的东、中、西部地区之间也存在的地区差距。参照古斯塔夫森等（2008）的方法，将城、乡地区内部收入不平等分别进一步分为东、中、西部地区之间的收入不平等和东、中、西部地区内部的收入不平等（Gustafsson and Li，2003）：

$$I_r(y)=\sum_{s=1}^{3}\frac{n_{rs}}{n_r}I_{rs}+I(\mu_{r1},\ \mu_{r2},\ \mu_{r3}) \tag{9.4}$$

上式中的 $s=1$，2，3，表示东、中、西部地区，例如，n_{11} 和 I_{11} 分别是城镇东部地区的人口规模和收入不平等指数（MLD）。将式（9.3）和式(9.4)结合起来，那么全国的收入差距可以表示为：

$$I(y)=\sum_{r=1}^{2}\sum_{s=1}^{3}\frac{n_{rs}}{n}I_{rs}+\sum_{r=1}^{2}\frac{n_r}{n}I(\mu_{r1},\ \mu_{r2},\ \mu_{r3})+I(\mu_1,\ \mu_2) \tag{9.5}$$

由式（9.5）可知，全国收入不平等指数可以分解成 9 项，其中 3 项表示城镇的东、中、西地区内部收入不平等，另有 3 项表示农村的东、中、西地区内部收入不平等，2 项反映城乡内部的地区之间收入不平等，最后一项反映城乡之间收入不平等。

表 9.5 列出了 2002 年和 2013 年全国收入不平等及其分解结果。根据平均对数离差，2002—2013 年整体收入不平等略有上升。但是城乡之间的不平等程度在缩小，MLD 指数从 2002 年的 0.155 4 缩小为 0.112 3，对整体不平等的贡献份额下降了 13.90 个百分点。相反的是，城镇和农村内部的不平

等程度有所提高，且城镇内部不平等的贡献份额提高的更多，从17.49%上升到 30.29%。

表 9.5　2002 年和 2013 年全国收入不平等及其分解（按平均对数离差）

	2002 年	2013 年
整体收入不平等	0.335 8	0.346 9
(%)	100	100
整体收入不平等：		
城乡之间不平等	0.155 4	0.112 3
(%)	46.28	32.38
农村内部不平等	0.121 7	0.129 5
(%)	36.23	37.33
城镇内部不平等	0.058 7	0.105 1
(%)	17.49	30.29
城、乡内部不平等：		
地区之间不平等	0.025 5	0.010 2
(%)	7.59	2.95
农村内部东部不平等	0.037 8	0.044 4
(%)	11.26	12.80
农村内部中部不平等	0.030 3	0.036 2
(%)	9.01	10.42
农村内部西部不平等	0.031 6	0.042 1
(%)	9.42	12.13
城镇内部东部不平等	0.028 0	0.055 1
(%)	8.33	15.90
城镇内部中部不平等	0.014 8	0.026 9
(%)	4.39	7.75
城镇内部西部不平等	0.012 5	0.019 7
(%)	3.71	5.67

进一步考虑城乡内部东、中、西部地区的不平等问题，发现城乡的内部不平等主要还是来源于城乡的东、中、西地区内部收入不平等。而城乡内部的东、中、西部地区之间的不平等程度对于整体收入不平等的贡献份额很小，同时也呈现缩小的趋势，贡献份额从 2002 年的 7.59%下降到 2003 年的 2.95%。

总体来说，城乡内部的地区之间收入不平等、城乡之间收入不平等对于全国收入不平等的贡献处于缩小的趋势，到 2013 年贡献份额总和只占 35.33%。

9.5 地区收入差距的决定因素

9.5.1 地区之间收入差距的变化

根据已有结论，城乡之间与城乡内部的东中西部地区之间的收入差距正在减小，对全国收入不平等的贡献份额也正在减小。但是这一差距的影响因素很多，比如家庭特征的差异（史泰丽、岳希明、古斯塔夫森、李实，2008）。本章为了控制影响收入的其他因素，保证城乡之间以及城乡内部不同地区之间的可比性，选择了教育特征（户主教育程度、家庭总人口的平均教育年限）、家庭结构特征（户主年龄、家庭总人口的平均年龄、家庭人员规模、正在就业成员比例、正在上学成员比例、65岁以上且不就业成员比例、不健康成员比例、家庭总人口的男性占比、家庭总人口的党员占比）。城乡之间以及城乡内部不同地区之间的教育特征、家庭结构特征的差异显著，存在普遍现象：城镇和城镇东部地区户主的受教育程度较高、年龄较大，家庭成员的平均教育年限较高、年龄较大、家庭规模较小、党员比例较高。[1]这意味着这些变量至少部分地解释了地区间收入差距。进一步对城乡以及不同地区收入函数进行回归：

$$\ln(y_g) = \alpha_g + \beta_g^0 X_g + \beta_g^1 Z_g + \varepsilon_g \tag{9.6}$$

其中，g 代表8个不同的地区：城镇（整体、东部、中部、西部）、农村（整体、东部、中部、西部）。y_g 为地区内的人均收入水平，α_g 为常数项，X_g 为教育特征和家庭结构特征变量，Z_g 为区域变量（对城镇、农村整体进行回归时，区域变量为东、中、西部地区；对城镇或农村的东、中、西部地区进行回归时，区域变量为该地区对应的省份变量），β_g^0 和 β_g^1 为对应的系数，ε_g 为误差项。城镇与农村、东部与中西部的明显差异，并且教育特征、家庭结构特征，以及区域特征均可能会影响居民的收入水平，所以本章在控制这些特征的情形下，进一步考虑地区收入差异的变化。混合横截面对

[1] 限于篇幅，本章不列出具体的描述性统计结果，下文的OLS回归结果同样不列出。

于评价某一事件或政策的影响可能非常有用（杰弗里·M.伍德里奇，2010）。本章在此利用两个年份的混合数据，加入“2013 年”、“地区”虚拟变量和交互项“2013 年×地区”：

$$\ln(y^*)=\alpha^*+\beta^{0*}X+\beta^{1*}Z+\beta^{2*}\times 2013\text{年}+\beta^{2*}\text{地区}+\beta^{3*}\times 2013\text{年}\times\text{地区}+\varepsilon^* \tag{9.7}$$

式（9.7）中的系数 β^{2*} 表明了两类不同地区的整体人均收入水平从 2002 年到 2013 年的变化。系数 β^{2*} 度量了与时间变化无关的地区差异导致的人均收入水平差距。本章关注交互项“2013 年×地区”的系数 β^{3*}，其度量了不同地区的收入水平差距随时间变化的幅度。

表 9.6　2013—2002 年城乡之间收入差异的变化

	总体	东部	中部	西部
2013 年	0.994***	0.907***	1.010***	1.072***
	(0.011)	(0.019)	(0.016)	(0.019)
城镇	0.701***	0.616***	0.669***	0.852***
	(0.012)	(0.021)	(0.019)	(0.024)
2013 年×城镇	−0.079***	−0.067***	−0.049**	−0.134***
	(0.015)	(0.025)	(0.023)	(0.027)
家户样本量	25 154	8 691	9 206	7 257
调整 R^2	0.642	0.621	0.641	0.690

注：括号内是标准差；*** 表示在 0.01 的水平上显著，** 表示在 0.05 的水平上显著，* 表示在 0.1 的水平上显著。

表 9.7　2013—2002 年城乡内部东—中西部收入差异的变化

	城镇(东—中)	城镇(东—西)	农村(东—中)	农村(东—西)
2013 年	0.930***	0.943***	0.942***	1.051***
	(0.016)	(0.017)	(0.017)	(0.018)
东部	0.256***	0.157***	0.299***	0.476***
	(0.014)	(0.015)	(0.021)	(0.025)
2013 年×东部	−0.083***	−0.098***	−0.095***	−0.168***
	(0.021)	(0.022)	(0.026)	(0.030)
家户样本量	9 045	8 112	8 852	7 836
调整 R^2	0.593	0.591	0.494	0.499

注：同表 9.6。

表9.8 2013—2002年城乡内部中—西部收入差异的变化

	城镇(中—西)	农村(中—西)
2013年	1.088*** (0.023)	1.096*** (0.021)
中部	−0.096*** (0.015)	0.191*** (0.022)
2013年×中部	−0.014 (0.022)	−0.074*** (0.027)
家户样本量	7 697	8 766
调整 R^2	0.593	0.511

注：同表9.6。

表9.6、表9.7和表9.8描述了2002—2013年城乡之间以及不同地区之间收入差异的变化。表9.6表明了全国及其三大地区内部的城乡之间收入差距的变动情况。从中我们可以得到三个重要发现。首先，这一期间城乡居民平均收入水平有很大的提高，而三大地区之间居民收入上升幅度有所差别，西部地区上升最快，其次是中部地区，东部地区上升幅度最小。其次，城乡之间居民收入差距仍很明显，而与三大地区相比，东部地区的城乡差距是最小的，西部地区是最大的。最后，年份与城镇变量的交互项系数表明，不论对全国而言，还是对三大地区而言，城乡之间收入差距都有不同程度的缩小，而且西部地区缩小幅度最为明显，不仅大于东部地区，也大于中部地区。上述结果进一步表明了城乡之间收入差距的缩小状况，以及城乡收入差距缩小幅度在不同地区之间存在的差异。

表9.7中给出的估计结果显示了城镇内部东部与中部，东部与西部差距及其变化，以及农村内部东部与中部，东部与西部差距及其变化。不难看出，不管是在城镇内部还是在农村内部，与中部和西部相比，东部地区居民具有更高的收入水平，而且越是在农村内部，东部地区居民收入比中部和西部高出越多，其中东部与西部居民的收入差距是最大的。然而，我们还可以看出，与2002年相比，2013年的东部地区与中部和西部的居民收入差距都有一定程度的缩小，其中缩小幅度最大的是农村内部东部与西部的收入差距。

表9.8中的估计结果表明了城镇内部中部与西部，农村内部中部与西部

收入差距的变化情况。在城镇内部中部地区居民收入要低于西部居民，而在农村内部情况却是相反，中部居民收入高于西部地区。对于城镇内部来说，中部与西部的居民收入差距几乎没有发生变化，而对于农村内部来说，中部与西部的居民收入差距出现了进一步缩小的态势。

9.5.2　基于收入函数的收入差距的分解

回归方程的估计系数表明了单一解释变量对被解释变量水平的影响程度，但是无法表明对被解释变量不平等的影响。在式（9.6）的基础上，G·Fields 分解采用方差作为衡量不平等的指标（Fields，2003）：

$$\mathrm{var}(\ln(y^{**}))=\mathrm{cov}[\alpha^{**}+\beta_1^{0**}X_1+\beta_2^{0**}X_2+\beta^{1**}Z+\varepsilon^{**},\ \ln(y^{**})] \tag{9.8}$$

其中将 X 分成两组变量：教育特征变量（X_1）、家庭结构特征变量（X_1），Z 的区域变量：农村中部、农村西部、城镇东部、城镇中部和城镇西部。β_1^{0**}、β_2^{0**} 和 β^{1**} 为对应的系数。y^{**} 为全国总体的人均收入水平，α^{**} 为常数项，ε^{**} 为误差项。进一步得到：

$$S_{X1}=\frac{\mathrm{cov}[\beta_1^{0**}X_1,\ \ln(y^{**})]}{\mathrm{var}(\ln(y^{**}))}=\frac{\beta_1^{0**}\sigma(X_1)\mathrm{cor}[\beta_1^{0**}X_1,\ \ln(y^{**})]}{\sigma(\ln(y^{**}))} \tag{9.9}$$

其中 S_{X1} 为教育特征的方差贡献率，即对以方差衡量的对数收入不平等的贡献程度，S_{X1} 值大于 0 表示教育特征会加大收入不平等程度，S_{X1} 值小于 0 表示教育特征会缩小收入不平等程度。同理，S_{X2}、S_Z 与 $S_{\varepsilon**}$ 分别表示家庭结构特征、地区特征、随机扰动项的方差贡献率。

表 9.9　2002 年和 2013 年不平等程度的 G·fields 分解结果（%）

	2002	2013
教育特征(总体)	15.47	15.66
家庭结构特征(总体)	14.57	12.86
地区(总体)	34.37	22.55
随机扰动项	35.60	48.94

表 9.5 的群组分解中，“地区”因素对于总体收入不平等的影响是在没

有控制影响收入的其他因素的情形下得到的。表 9.9 通过 G · Fields 分解来反映在控制其他因素的情形下，“地区”对于总体差距的解释程度。2002 年和 2013 年地区因素对于收入不平等的解释份额分别为 34.37%、22.55%，均略低于相应年份的 MLD 分解的组间差距贡献份额。同样，地区因素对于收入不平等的解释份额也呈现下降趋势，下降了 11.82 个百分点，这与农村劳动力的跨区域流动具有逻辑上的一致性。

9.5.3 城乡收入差距的分解

表 9.9 显示教育特征和家庭结构特征均对收入不平等具有重要的解释作用。进一步，本章想利用 Oaxaca-Blinder 分解考察这些特征因素对于不同地区之间收入差距的影响（Oaxaca，1973；Blinder，1973）。本章将不同地区分成了十组[1]，组（1）—组（4）分别对应城乡之间的收入差距分析，组（5）—组（7）分别对应城镇东中西部之间的收入差距分析，组（9）—组（10）分别对应农村内部东中西部之间的收入差距分析。在式（9.6）的基础上，以城镇与农村整体的收入差距分析为例：

$$\begin{aligned}
\ln(y_u)-\ln(y_r) &= (\alpha_u+\beta_u^0\bar{X}_u+\beta_u^1\bar{Z}_u)-(\alpha_r+\beta_r^0\bar{X}_r+\beta_r^1\bar{Z}_r)\\
&= \underbrace{[(\bar{X}_u-\bar{X}_r)\beta_*^0+(\bar{Z}_u-\bar{Z}_r)\beta_*^1]}_{\text{禀赋效应}}\\
&\quad+\underbrace{[\bar{X}_u(\beta_u^0-\beta_*^0)+\bar{X}_r(\beta_*^0-\beta_r^0)+\bar{Z}_u(\beta_u^1-\beta_*^1)+\bar{Z}_r(\beta_*^1-\beta_r^1)+(\alpha_u-\alpha_*)+(\alpha_*-\alpha_r)]}_{\text{系数效应}}
\end{aligned} \tag{9.10}$$

其中，u 和 r 分别代表城镇和农村。α_*、β_*^1、β_*^2 系数的作用是为了解决指数基准问题：采用詹恩（Jann，2008）的方法，在变量中加入表示群体的虚拟变量（这里指“城镇居民”），对包含城镇和农村的全样本进行回归估计。Oaxaca-Blinder 分解方法将城镇和农村的收入差距分成了两部分：禀赋效应的贡献（变量特征差异对于城乡收入差距的影响）、系数效应的贡献

[1] 组（1)—组（10）分别对应：城镇总体—农村总体、城镇东部—农村东部、城镇中部—农村中部、城镇西部—农村西部、城镇东部—城镇中部、城镇东部—城镇西部、城镇中部—城镇西部、农村东部—农村中部、农村东部—农村西部、农村中部—农村西部。

（系数回报差异对于城乡收入差距的影响）。表 9.10 给出了 2002 年和 2013 年不同地区收入差异的变化 Oaxaca-Blinder 分解结果。[1]

表 9.10　2002 年和 2013 年不同地区收入差异的变化 Oaxaca-Blinder 分解结果

	组(1)	组(2)	组(3)	组(4)	组(5)	组(6)	组(7)	组(8)	组(9)	组(10)
					2002 年					
对数收入差异	1.159	0.957	1.095	1.343	0.287	0.213	−0.074	0.425	0.600	0.174
	贡献(%)	贡献(%)	贡献(%)	贡献(%)	贡献(%)	贡献(%)	贡献(%)	贡献(%)	贡献(%)	贡献(%)
禀赋效应	39.96	34.42	34.97	38.32	12.54	14.99	4.26	20.04	14.81	−5.32
教育	20.56	21.22	19.30	20.57	1.06	12.49	−32.33	9.58	11.14	19.47
家庭结构	15.04	14.77	16.85	15.37	11.48	2.50	36.59	10.46	3.66	−24.79
地区	4.36	−1.57	−1.18	2.38	—	—	—	—	—	—
系数效应	60.04	65.58	65.03	61.68	87.46	85.01	95.74	79.96	85.19	105.32
					2013 年					
对数收入差异	1.004	0.891	0.955	1.115	0.164	0.157	−0.007	0.229	0.382	0.153
	贡献(%)	贡献(%)	贡献(%)	贡献(%)	贡献(%)	贡献(%)	贡献(%)	贡献(%)	贡献(%)	贡献(%)
禀赋效应	41.51	45.05	37.35	36.77	17.54	58.47	−805.45	17.90	15.62	18.50
教育	24.29	27.97	22.93	19.83	13.55	44.83	−597.00	22.43	17.78	17.92
家庭结构	14.97	17.21	15.60	15.16	3.99	13.64	−208.45	−4.53	−2.16	0.58
地区	2.24	−0.13	−1.17	1.78	—	—	—	—	—	—
系数效应	58.49	54.95	62.65	63.23	82.46	41.53	905.45	82.10	84.38	81.50

注：组（1）的地区变量为东、中、西部；组（2）—组（5）的地区变量分别为对应的省份；组（6）—组（10）未控制地区变量。

在系数效应部分。城乡整体之间的收入差距中，系数效应在两个年份之间中的贡献份额出现下降趋势，从 2002 年的 60.04％下降到 2013 年的 58.49％。尤其是在东部地区，城乡收入差距的系数效应贡献份额下降幅度最大，下降了约 10 个百分点。但是在西部地区，城乡收入差距的系数效应贡献份额出现增大的现象。在城镇的不同地区之间，系数效应在东中部、东

[1] 本章在系数效应部分未列出分项的贡献，因为“户主教育程度”的虚拟变量类别超过两个，其系数效应的分项分解结果就存在任意性，无法进行解释。但这种“识别问题”并不会对总体分解结果、禀赋效应的分项分解结果产生影响，因此它们揭示的结论依然成立。

西部之间收入差异的贡献份额较大，但在两个年份之间也出现下降趋势。例如 2002 年，城镇东中部地区的收入差距中系数贡献份额为 87.46%，到 2013 年，下降为 82.46%。而农村的不同地区之间，系数效应贡献份额的下降主要体现在东西部、中西部的地区差异之间。不过整体上，城乡内部的不同地区之间收入差距的系数效应贡献份额基本上要略高于城乡之间。比如，2013 年，农村的不同地区之间的系数效应贡献份额均在 79%以上，而城乡整体之间收入差距的系数效应贡献份额只有 58.49%。

在禀赋效应部分。城乡整体之间的收入差距中，教育和家庭结构的相对贡献份额在两年间均比较大。整体上，教育差异的贡献份额从 2002 年的 20.56%上升到了 2013 年的 24.29%。但这种情形主要存在于东部地区，在中、西部教育差异对于城乡收入差距的贡献份额较小，并呈现缩小的趋势。而在城乡内部的不同地区之间，教育差异对于收入差距的贡献份额扩大主要体现在城镇东中部、城镇东西部、农村东中部和农村东西部之间。家庭结构的相对贡献份额基本上要小于教育特征的相对贡献份额。

9.6 总结

本章利用 CHIP2002 和 CHIP2013 住户调查数据，考察了 21 世纪以来城乡间与地区间收入差距的变化以及对全国收入差距的贡献。本章主要有以下发现：一方面，在市场化改革和一些地区发展政策的影响下，2002—2013 年，城乡间和地区间居民收入差距基本上呈现显著缩小的趋势。城乡间以及城乡内部不同地区之间的教育特征、家庭结构特征的差异仍然显著存在。Oaxaca-Blinder 分解结果表明教育和家庭结构等特征的系数回报差异对于城乡收入差距的影响正在减小，这与农村劳动力的跨区域流动具有逻辑上的一致性。但是，在城乡整体之间、城镇东中部、城镇东西部、农村东中部和农村东西部之间，教育差异对于收入差距的影响仍在扩大。

另一方面，对城乡以及城乡内部不同地区进一步比较收入不平等程度。整体上，城镇收入不平等程度均要低于农村。在城乡内部，东部的收入不平等要高于中、西部地区。进一步分析地区收入差距对全国收入差距的贡献。

MLD的群组分解表明，城乡内部的地区之间收入不平等、城乡之间收入不平等对于全国收入不平等的贡献处于缩小的趋势，到2013年贡献份额总和只占35.33%。在控制其他因素的情形下，G·Fields分解同样显示出，这一时期“地区”因素对于收入不平等的解释份额呈现下降趋势，下降了近12个百分点。

总体上，2002—2013年期间，城乡之间、城乡内部的不同地区之间的收入差距基本上呈现显著缩小的趋势，其对全国收入差距的影响作用也逐步减小。这些结果表明，一系列影响收入分配问题的政策起到了缩小地区间收入差距的作用，不同地区之间的分割程度也在减弱。在许多影响因素中，教育禀赋的差异对地区收入差距的影响仍呈现扩大趋势，这也进一步强调了人力资本均等化对于缩小收入差距具有重要的意义。另外，虽然城乡之间收入差距有所下降，但在现有收入分配格局下，我们仍需把提高农民收入增长，缩小城乡之间收入差距，作为收入分配制度改革的重要任务。解决当前的收入分配问题需要从全局出发，综合考虑，制定一套完整、有效的收入分配与再分配政策体系，及时出台一些有效的收入分配与再分配政策，以抑制收入差距扩大的趋势，从根本上消除收入分配不公问题。由于中国经济正处在一个关键的发展时期，在收入分配制度改革上要将消除收入分配不公作为中心内容。

第 10 章　主要政策的收入再分配效果

改革开放初期，中国还是一个平等主义盛行的国家，但从 20 世纪 80 年代初开始，全国的收入差距急剧扩大，近年来收入不平等持续在高位徘徊。最新的统计结果显示，全国现在的基尼系数估计为 0.47 左右，远高于全球平均水平。《中共中央关于全面深化改革若干重大问题的决定》中指出：“要坚持社会主义基本经济制度和分配制度，调整收入分配格局，完善以税收、社会保障、转移支付等为主要手段的再分配调节机制，维护社会公平正义，解决好收入差距问题，使发展成果更多更公平惠及全体人民。”

10.1　收入分配政策体系

10.1.1　初次分配

初次分配环节是国民收入分配的基础环节，合理的初次分配是夯实收入分配结构公平合理的重要基础。要理解居民收入差距的产生机制首先要从初次分配开始，并厘清家庭收入的形成过程。一般来说，家庭成员收入形成的起点是市场收入，也被称为初次收入，包括工资性收入、经营性收入和财产性收入。与之相关的各种市场化政策，如义务教育、职业培训、资源禀赋分配政策等都会影响个体资源的禀赋及市场的回报率水平。中国的商品市场体系虽然已基本建立起来并且发挥了积极作用，但是生产要素市场仍是不完善的，存在着较为严重的行业垄断、市场扭曲和分割。这不仅导致了生产要素配置上的低效率，而且由此带来严重的收入分配差距问题。

收入初次分配的政策取向，主要应该是解决市场扭曲和市场不完善的问题。尤其是，要创造机会公平的竞争环境，完善劳动、资本、技术、管理等要素按贡献参与分配的初次分配机制。首先，要改革城乡分割的户籍制度和实施全国统一的居住证制度以消除劳动市场中的城乡身份藩篱，减少对低工资就业者的就业歧视、工资歧视和社会保障方面的歧视，建立和完善公平、有效的劳动力市场秩序和环境。其次，是允许更多的民间资本进入金融市场，对于中小企业给予一定的政策支持，建立和完善公平、有效的资本市场秩序。对于资本市场来说，特别在金融部门中，国有大资本占据垄断地位，而民间资本很难参与到金融活动中，而且在一些高盈利行业和领域仍然存在着国有资本的垄断和对民营资本的排斥与阻碍。再次，是推进资源税制度改革，打破行政性垄断，妥善解决资源价格扭曲问题。尤其是要完善资源价格形成机制，推进土地制度改革。最后，是推进同工同酬。我国城市劳动力市场内部实际上是二元的劳动力市场——事业单位和国企分为正式的有编制的劳动力队伍，以及非正规的无编制劳动力队伍。在单位内部分配上，则是按员工身份进行分配，直接表现就是同工不同酬，因此要进一步推进同工同酬。最后，在一定程度上说中国还没有真正的土地市场，政府对土地的垄断与控制严重阻碍了土地市场的形成与发展。土地市场的形成是与农民利益密切相关的，有助于农民收入提高，也有利于改善农村内部收入分配，降低收入差距。建立有效的土地市场涉及土地制度改革、产权制度的保护、土地交易市场的完善等一系列问题，更重要的是要还土地的权力于农民。

10.1.2　再次分配

政府部门介入的再分配过程，其中既包括政府向居民家庭的转移性支出，也包括居民向政府缴纳的个人所得税和社会保障缴费。市场收入加上转移性收入，再减去个人所得税和社会保障缴费就形成了居民家庭的可支配收入。这是家庭最终可自由支配用于消费和积累的收入，是再分配过程的结果。就再分配政策的倾向性而言，转移性支出和个人所得税是不同的。转移性支出主要是政府通过社会保障、社会救济等转移支付制度支付给居民家庭的。由于政府的转移性支出在再分配过程中主要承担着提高低收入人群收入水平的作用，因此转移性收入的再分配目标主要为“提低”。而个人所得税和社会保障缴费是居民家庭缴纳给政府的，且税负和缴费额的比例会随收入水平的升高而增加，因此个人所得税和社会保障缴费有着限制高收入人群收入水平的作用，其应发挥的再分配效果为“调高”。社会保障缴费率的上限降低了其累进性和在限制高收入人口收入水平的作用，但个人所得税的“调高”特征依然比较显著。

对于全球大多数国家来说，市场化收入分配的收入差距水平都比较高，即初次分配后的收入差距水平在不同国家层面的差异并不大。以中国和OECD国家的情况作为对比，在由市场因素决定的居民收入差距上，我国略高于OECD国家，但相差不大。真正有差异的是政府的二次分配，即政府的再分配政策不但可以显著改善或扩大市场化收入差距水平，而且也成为各国收入差距存在明显区别的主要原因。虽然中国的市场化收入差距与OECD国家基本类似，但是我国以可支配收入衡量的收入不平等现象比发达国家明显，这主要是由我国政府收入再分配政策的调节力度不足所造成的，因此政府政策而不是市场本身才是未来收入差距缩小的关键。[1]

10.1.3 三次分配

目前，我国第三次分配尚处于起步阶段，第三次分配有广义和狭义之分。广义的第三次分配，是指动员社会各方面的力量，调动各方面的积极性，所建立的社会救助、民间捐赠、慈善事业、志愿者行动等多种形式的制度和机制，它是社会互助对于政府调控的补充。狭义的第三次分配仅仅包括慈善捐助，是指社会公众建立在自愿基础上，在习惯与道德的影响下把可支

[1] 所以有研究提出，寄希望于市场力量改善我国收入不平等状况将很难取得明显效果。通过增加对低收入群体的转移性支出并且提高个人所得税平均税率等财税政策才是解决我国收入分配不平等问题的关键所在（蔡萌、岳希明，2016）。

配收入的一部分捐赠出去。其实质是通过高收入阶层的自愿捐献，利用社会的机制来援助低收入阶层。总的来看，三次分配是再次收入分配后的有益补充，如慈善捐助等第三次分配在发达国家收入分配调节中发挥了显著的效果。

当前我国公益慈善事业发展尚处于起步阶段，2016 年 3 月 16 日，《慈善法》经全国人民代表大会审议通过，于 2016 年 9 月 1 日起正式施行。经济新常态下提高居民收入占比，也需要进一步挥发三次分配的作用，大力培育推动慈善事业发展，促进慈善事业健康发展。一般来说，经济发展状况对慈善捐赠水平有着最直接的影响。近年来，我国各省、自治区、直辖市的捐赠水平很不均衡，广东省全年捐赠额高达 65.6 亿元；山东、江苏也都在 30 亿元以上；浙江超过 20 亿元。[1]总体来看，经济增速、慈善捐赠和三次分配紧密相关，尤其是在设计良好的慈善捐赠规定之下，它会带来收入分配的第三次分配。一般认为，以居民间收入再转移为基础的三次分配，在全球平均层面其直接影响并不大，也不会显著改善二次分配的结果。但是在少数三次分配体系良好的国家，通过制定有针对性的激励政策，如通过税收等相关政策来引导富人向低收入群体转移，也在很大程度上会改善收入分配的最终结果。

10.1.4　分配秩序

虽然从分配的层次、结构看存在着三次分配，但是这三次分配中都存在着不合理、不稳定的分配秩序。既存在市场本身自发拉大的收入差距，又有因市场化不足造成的分配混乱，而政府直接干预也使市场分配秩序混乱。由于体制改革中出现的新旧体制并存或新体制缺位、错位等原因造成双轨制，缺乏有效的监管机制及新的分配体制不配套甚至错误等原因，给大量非法、

[1] 总体来说，这大致与各省市经济发展水平相当。根据中民慈善捐助信息中心的统计结果，2014 年广东、北京、上海、江苏、浙江、山东等经济相对发达省份的捐赠总额排在全国前列，而海南、宁夏、青海、西藏等经济欠发达省份捐赠总量则相对较低，也即慈善捐赠与经济水平紧密相关。在经济进入新常态的背景下，各地方的经济形势普遍下滑，企业利润和居民收入增速也都受到显著影响，从而企业和个人的慈善捐赠自然也会受到影响。根据温州市 2014 年慈善捐赠的统计数据就发现，温州市近两年的慈善捐赠收入总额、慈善捐款人数及人均捐赠额都出现了显著下降的趋势，这跟温州市经济形势下行有密切的关系（彭建梅，2015）。

不合理的收入提供了实现的机会。

近年来，我国出现一大批暴富高收入群体，譬如演艺明星、网红、体育明星等。除合理合法收入外，这些人群的收入以及其纳税情况成为社会关注的热点，各种偷税漏税等大幅拉大了收入差距。尤其是，在明星收入高、来源广的背景下，相关单位刻意掩盖收入事实，不履行代扣代缴义务；再加上信息网络构建不完善，为明星隐藏收入埋下隐患。当前，垄断行业改革滞后，行业之间收入差距大。对于垄断行业职工的过高收入，纵然是“合法收入”，但却不是“合理收入”。尤其是，作为垄断部门的既得利益者，不仅可以从其强势市场地位中获取高额收益，还不断强化和扩充其强势地位，使得要素流动的市场壁垒难以消除，市场竞争的完善难以实现。

现阶段我国正处于市场经济建立时期，现行体制还没有建立足够的渠道和能力制约和监督政府官员，使“权力资本”，进入不该进入的收入分配领域，进一步破坏了收入分配秩序，如贪污腐败和灰色收入等。更为值得担忧的是，随着市场化的扩张，使得权力资源也逐步卷入市场交易，由于交易市场的货币化、期权化、国际化、金融资本化等等，使得权钱交易的空间得到大量释放和扩张，因而导致收入差距也成倍增长。

10.2 主要再分配政策及其比较

10.2.1 主要再分配政策及其比较

经过 40 年收入分配改革，中国收入再分配政策体系基本健全，建立了以财政转移支付、税收政策和社会保障制度为主要支柱的再分配政策体系，虽然货币政策、产业政策及各种宏观社会政策也会间接影响收入分配，但并不构成我国收入分配调节政策的主体。目前，我国财政转移支付主要是指针对居民、家庭以及社会机构进行的资金补助。根据补助对象，转移支付主要分为三大类：一是优抚支出，包括病故/牺牲抚恤金、伤残抚恤金、烈军属、复员军人退伍生活补助费以及义务兵优抚金；二是社会救助支出，包括城镇居民和农村居民的最低生活保障支出、其他农村和城镇生活救济支出[1]。三是社会福利支出，主要是针对失能、高龄独居、孤儿等老弱病残群体的救助。关于税收政策，目前我国税收制度共设有 18 个税种，其中直接税税种 10 个和间接税 8 个。[2]在所有税种中，与居民收入分配紧密相关的主要包括个人所得税、房产税、增值税、消费税等。社会保障政策主要是养老保险、医疗保险、失业保险、生育保险和住房公积金，即通常所提到的“五险一金”，其中对收入分配影响较大的主要集中在养老、医疗和住房公积金上面。

由于财政、税收和社保构成我国收入再分配政策的重要基础，因此考察这些政策的收入再分配效应非常重要。在过去 40 年中，我国政府采取了一系列措施来调节收入分配，取得了很大成就。在财政转移支付政策方面，社会福利、社会救助和抚恤等转移支付支出总规模不断升高，享受转移支付的群体不断增加。在社会保障政策方面，我国各项社会保障的制度设计在逐步完善，如积极推进城乡社会保障制度的整合，推进医疗保险关系转移和异地结算，保障流动人口和异地安置退休人员的医疗保险服务，全面实施城乡居民大病保险制度等，特别是建立了覆盖城乡居民的养老保险制度和医疗保障体系，这对保障低收入群体生活和改善收入分配差距方面起到重要作用。过去 40 年，人们对税收的观念经历了变化，从社会主义公有制内部分配关系不需要税收的“非税论”转变为税收是社会主义经济建设的基石。相应的，税收制度改革也在推进，从 70 年代初期合并税种、简化税制为重点到目前税收种类齐全，从仅有工商税、工商所得税等为数不多的税种发展到现在涵盖 18 个税种的现代税收体系。近年来随着个人所得税加快推进、房地产税配套措施不断完善、增值税顺利转型、消费税稳中求进，税收体系在调节收入分配方面起到越来越重要的作用（万海远、李实、

[1] 例如特困人口生活补助、临时救济、流浪乞讨人员救助等、农村医疗救助和城市医疗救助。这里还包括一些专项救助，例如医疗救助、自然灾害救助、住房救助、教育救助等。

[2] 在 2016 年全面实施“营改增”之后，营业税退出历史舞台，而环境保护税于 2018 年 1 月 1 日正式开征，至此目前我国税收制度共设有 18 个税种。其中直接税包括：个人所得税、企业所得税、房产税、土地增值税、城镇土地使用税、契税、耕地占用税、车辆购置税、车船税、船舶吨税。而间接税税种 8 个，分别为：增值税、消费税、关税、城市维护建设税、印花税、资源税、烟叶税、环境保护税。

孟凡强等，2018)。

10.2.2 再分配政策的主要作用

在家庭收入生成过程中，最初是家庭成员获取从业收入，其中既包括被雇佣的家庭成员得到的工资薪金收入，也包括从事个体经营的家庭成员得到的净营业收入。除了从业收入或劳动收入之外，居民家庭同时得到财产性收入，如存款利息、股票分红等。从业收入和财产性收入是劳动要素和资本要素从市场上得到的报酬，因此通常称为市场收入或初次收入。市场收入并不是一个家庭可以自由支配、可以完全用于消费支出和财产积累上的收入，经过收入再分配过程形成的可支配收入，才是住户可以用于最终消费和财产积累的收入。就政府部门而言，收入再分配过程包括政府向居民家庭的转移性支出，以及居民家庭向政府缴纳个人所得税和社会保障缴费，前者是通过低保等财政转移支付实现的，这部分收入对家庭而言为转移性收入（岳希明、陈保同，2015)。从这个角度看，一个家庭的可支配收入等于初次收入分配结果的市场收入加上转移支付，再减去个人所得税和社会保障缴费。因此，财政转移支付、税收和社会保障制度设计能在很大程度上改变居民从市场收入到可支配收入的过程，从而影响收入分配差距水平。

对比财政、税收和社保三大政策体系，全球主要国家的经验都表明，相对来看，对低收入群体进行直接干预的财政转移支付政策最为有效，税收政策其次，而社会保障的再分配效果相对最小（见表10.1)。[1]而在我国，通过比较再分配政策前后的基尼系数，发现居民收入差距主要还是再分配政策力度不足的结果。我们发现，在市场决定的收入差距上，我国与OECD各国相差不大，但在政府收入再分配政策力度上，我国显著不足。所以说，市场力量并不是导致我国居民收入分配不平等状况较发达国家严重的主要原因，转移支付、个人所得税等再分配政策才是重点（蔡萌、岳希明，2016)。

---

[1] 但是我国转移支付政策的收入再分配效应相对 OECD 国家而言较低，而个人所得税的调节作用则强于 OECD 国家的相应水平。

表 10.1　中国与 OECD 国家主要政策的再分配效应比较

	基尼系数		收入再分配政策效应			相对效应(%)	
	市场收入	可支配收入	总效应	转移支付	个人所得税	转移支付	个人所得税
	(1)	(2)	(3)=(1)-(2)	(4)	(5)	(6)=(4)/(3)×100	(7)=(5)/(3)×100
芬　兰	0.492	0.267	0.225	0.181	0.044	80.44	19.56
奥地利	0.488	0.267	0.221	0.181	0.040	81.90	18.10
瑞　典	0.459	0.239	0.220	0.185	0.035	84.09	15.91
比利时	0.486	0.267	0.219	0.170	0.049	77.63	22.37
法　国	0.485	0.266	0.219	0.190	0.029	86.76	13.24
德　国	0.524	0.310	0.214	0.184	0.030	85.98	14.02
丹　麦	0.472	0.262	0.210	0.176	0.034	83.81	16.19
荷　兰	0.488	0.280	0.208	0.159	0.049	76.44	23.56
挪　威	0.450	0.250	0.199	0.166	0.033	83.38	16.62
爱尔兰	0.514	0.317	0.197	0.148	0.049	75.13	24.87
卢森堡	0.464	0.275	0.189	0.152	0.037	80.42	19.58
英　国	0.513	0.332	0.181	0.138	0.043	76.24	23.76
意大利	0.503	0.325	0.178	0.139	0.039	78.09	21.91
葡萄牙	0.537	0.370	0.167	0.122	0.045	73.05	26.95
西班牙	0.458	0.314	0.144	0.122	0.022	84.72	15.28
冰　岛	0.393	0.291	0.102	0.081	0.021	79.41	20.59
平均值	0.483	0.289	0.194	0.156	0.038	80.41	19.59
中　国	0.511	0.469	0.042	0.028	0.014	66.67	33.33

资料来源：Kristjansson (2011)；蔡萌和岳希明 (2016)。

总的来看，我国的转移支付政策瞄准度不精，财政资金效用效率较低，及存在较大的区域和城乡差异。而我国的税收制度中个人所得税对收入分配的调整有限，财产税存在空白。我国的社会保障政策在设计时公平性重视不够，再分配效应的发挥受到抑制等。

10.3　财政政策的再分配效果评价

财政转移支付主要是指针对居民、家庭以及社会机构进行的资金补助。

转移支付具有重要的收入再分配功能。一方面，转移支付的对象一般是贫困、失能、高龄独居的人群，这部分人处于社会底层，自身工作的能力有限或者根本没有工作能力，收入水平普遍较低，因此这部分人群获得补助后会有助于改善收入再分配。另一方面，转移支付除了为低收入个人和家庭提供最低水平的社会保障外，还为某些特定人群提供补助[1]，对这些特定群体的补助也有助于缓解收入分配的不平衡。所以在所有的再分配体系中，一般认为政府转移支付的再分配效果最好。[2]

10.3.1 主要成就

1. 公共转移支付显著缩小收入差距

20世纪90年代以来，我国社会救助制度逐渐发展和完善，从1997年城镇居民最低生活保障制度建立到2007年农村最低生活保障制度建立，标志着我国低保制度逐渐进入全面发展完善阶段。另外，我国也逐渐建立了体系比较完备的专项社会救助制度，例如灾害救助、城乡医疗救助、教育救助、住房救助等。目前，对各类弱势群体都实现了财政政策全覆盖。[3]从表10.2来看，在经过政府公共转移再分配之后，我国居民可支配收入的基尼系数下降了10.98%，这表明公共转移性收入具有显著缩小收入差距的作用（李实、朱梦冰、詹鹏，2017）。相对来看，个人所得税和私人转移收入只缩小了收入差距3.81%，而社会保障缴费则甚至还扩大了收入差距0.12%。相比较来看，公共转移收入使得市场收入差距大幅度下滑，是一项最有力的累积性调节手段。

---

[1] 例如退伍军人、义务兵、见义勇为人员、流浪乞讨人员、孤儿等。

[2] 考察我国市场收入、总收入、可支配收入的基尼系数估计值以及转移支付和个人所得税（包括社会保障缴费）的收入再分配效应时，市场收入基尼系数与总收入基尼系数之差是衡量转移支付收入再分配效应的指标，总收入与可支配收入基尼系数的差异则反映了个人所得税和社会保障缴费的收入分配效果。

[3] 如对城市孤寡老人、符合供养条件的残疾人和孤儿实行集中供养，对农村孤寡老人、符合供养条件的残疾人和孤儿实行集中供养与分散供养相结合；集中供养一般通过举办社会福利院、敬老院、疗养院、儿童福利院等福利机构进行；对于残疾人，通过政府的优惠政策来兴办多种形式的社会福利企业，帮助适合参加劳动的残疾人获得就业机会。

表 10.2　财政转移支付的再分配效应（2013 年）

	基尼系数	基尼系数的变动	基尼系数的变动率(%)
市场收入	0.577 5		
一税费	0.576 7	−0.001 4	−0.25
一社会保障缴费	0.578 2	0.000 7	0.12
＋公共转移收入	0.513 4	−0.063 3	−10.98
＋私人转移收入	0.493 8	−0.019 6	−3.81
＝可支配收入	0.493 8		

注：“基尼系数的变动”表示该项再分配调节收入手段作用后基尼系数与市场收入差距的基尼系数的差值。“基尼系数的变动率”等于基尼系数的变动除以市场收入差距的基尼系数；下同。

资料来源：根据 2013 年 CHIP 调查数据计算的结果，以下几个表均如此计算得出。

2. 离退休金收入的再分配效应最大

在公共转移收入内部，所有的分支项目都具有缩小收入差距的效应，但是其效应的大小存在显著差别。其中，离退休金收入具有最明显的再分配效应，它使得市场收入差距缩小了近 9%（见表 10.3）。而城镇居民和农村居民养老保险收入、其他养老保险收入等也有助于缩小收入差距，但是其程度小了很多，这三项之和的综合效应只是使得市场收入差距的基尼系数下降了1.5%。农村医疗报销款对调节收入差距也起到了一定的作用，它使得市场收入的基尼系数下降了 0.48%。最后，各种农业补贴（包括种粮补贴）也有助于缩小收入差距，导致市场收入差距的基尼系数下降了 0.38%。综合来看，在所有的公共转移支付中，其中离退休金收入具有最明显的再分配效应，仅此一项就使得市场收入差距缩小了近 9%。进一步看，离退休金对于缩小城镇居民之间收入差距的作用就更大，减少了城镇收入差距的 20.73%，而离退休金对于农村居民来说则具有相对较小的效应，只缩小了农村收入差距的 0.67%（岳希明、蔡萌，2018）。

表 10.3　中国税费和公共转移支付的再分配效应

	均值	基尼系数	基尼系数的变动	基尼系数的变动率(%)
市场收入	21 510	0.577 5		
＋公共转移收入	24 452	0.513 4	−0.064 1	−11.10
＋离退休金	24 816	0.528 1	−0.049 5	−8.56

3. 社会救助在收入分配中发挥更大的作用

目前，我国社会救助支出、社会福利支出和抚恤支出都属于民政支出，其中低保金、社会救济以及政策性补助，是主要组成部分，它们也在一定上有助于缩小收入分配差距。根据CHIP2013年的估算结果，低保金、社会救济以及政策性补助这三项的综合效应，使得市场收入差距的基尼系数下降了0.6%左右（见表10.4）。[1]在所有转移支付中，社会救助支出占据主要部分，而且相对于社会福利和优抚类支出，社会救助把大部分贫困人口都纳入了救助范围，再加上社会救助支出的快速增长[2]，因此对于收入再分配来说，社会救助在未来可以发挥更大的作用。社会救助支出是政府对个人转移支付中最大份额的部分，包括最低生活保障支出和其他社会救济支出，其中最低社会保障是主要支出。经过10多年各地共同的努力，低保已基本覆盖到全部城镇和农村。而在城乡低保平均标准与支出水平方面，低保支出呈持续上升趋势（见图10.1）。[3]正是由于城乡低保的对低收入群体覆盖率的上升和支出标准的快速提高，使得社会救助在调节收入分配中可以发挥更大的作用。

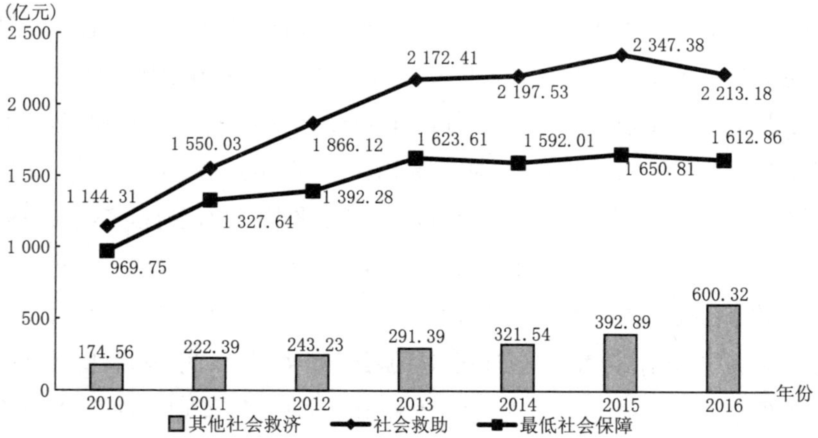

图10.1 社会救助总支出

资料来源：历年《中国民政统计年鉴》和2016年民政统计公报。

[1] 从近年来的发展趋势看，关于民政支出方面的力度较大，民政人均预算内支出的规模在稳步增加。2010年，我国民政预算经费支出为2 697亿，到了2015年升高到了4 926亿，增长了将近1倍。

[2] 在民政预算支出中，优抚支出比重在14%以上，社会救助支出占50%左右，社会福利支出占10%左右，医疗救助占6%左右。

[3] 全国城市低保平均标准从2006年的每月约170元上升到2015年的451元，平均支出水平也从2006年的每月83.6元上升到每月316.6元。截止到2017年，城市最低保障人数达1 396万人，最低生活保障平均标准为523.5元/人/月。目前享受到农村最低生活保障待遇的有1 262万人。2007年农村低保平均支出每月70元，在2015年达到了每月264.8元。

表 10.4　中国税费和公共转移支付的再分配效应（2013 年）

	均值	基尼系数	基尼系数的变动	基尼系数的变动率(%)
市场收入	21 510	0.577 5		
＋低保金	21 543	0.576 1	−0.001 4	−0.24
＋社会救济收入	21 533	0.576 6	−0.000 9	−0.15
＋政策性生活补贴	21 548	0.576 4	−0.001 1	−0.19

4. 农村救助的再分配效应显著高于城镇

在中国特色的城乡二元分割体系下，农村和城镇的差距在各方面都有所体现。财政政策的设计方面，城镇职工建立了比较早的离退休金政策，制度覆盖率也相对很高；相比，农村几乎没有建立离退休制度，极少数农民因各种原因进入离退休制度，但其获得的离退休金额也很少。然而，对于财政转移制度中的社会救助制度来说，国家在农村社会救助的支出力度和覆盖范围，却都要远高于城镇。截至 2016 年底，全国共有城乡低保对象 6 066.7 万人，其中城市低保对象 1 480.2 万人，农村低保对象 4 586.5 万人。城市低保平均标准为 494.6 元/人/月，较上年增长 9.7%，而农村低保平均标准为 3 744.0元/人/年，较上年增长 17.8%（见图 10.2）。普遍来看，农村为城乡社会救助的主要群体，无论是覆盖率、保障水平及其增长率等都要高于城镇（国家发改委就业和收入分配司、北京师范大学收入分配研究院，2017）。因

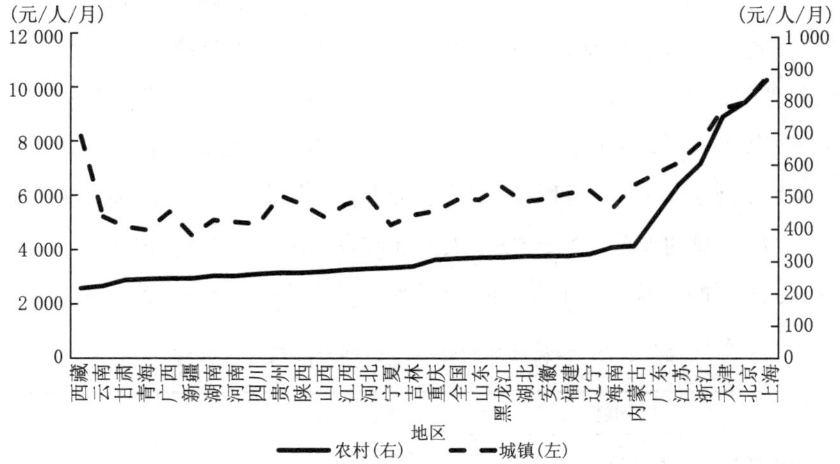

图 10.2　城乡各省最低生活保障平均标准

资料来源：历年《中国民政统计年鉴》和民政统计公报。

此，农村社会救助政策对收入分配的调节效应，要显著高于在城镇的收入再分配效应。如表 10.5 所示，农村社会救助可以使市场基尼系数下降约 0.5 个百分点，但是在农村却显著下降了约 1.1 个百分点。

表 10.5　城镇财政支付项目的再分配效应（2013 年）

		均值	基尼系数	基尼系数的变动	基尼系数的变动率(%)
城镇	市场收入	29 881	0.536 4		
	+低保金	29 921	0.535 2	−0.001 2	−0.23
	+社会救济收入	29 901	0.535 9	−0.000 5	−0.10
	+政策性生活补贴	29 922	0.535 6	−0.000 9	−0.16
农村	市场收入	10 703	0.558 8		
	+低保金	10 735	0.556 3	−0.002 5	−0.45
	+社会救济收入	10 733	0.557 0	−0.001 8	−0.32
	+政策性生活补贴	10 740	0.557 1	−0.001 7	−0.30

5. 惠农补贴显著降低收入差距水平

由于农村居民的可支配收入显著低于城镇，而且全国贫困和低收入人口也都主要集中在农村，因此，为了支持农业的发展、提高农民的经济收入和生活水平、推动农村的可持续发展，中国政府自 2000 年以来对农业、农民和农村给予了一系列的政策倾斜和优惠，提出了一系列支农惠农的政策。直接的政策如农业生产器械、良种补贴，直接的政策如按照人头进行的土地补贴，另外，还有退耕还林还草补贴、粮食直接补贴、重大农业技术推广专项、农田水利和农村基础设施建设补贴等等。总的来看，这些政策性惠农补贴提高了农村低收入群体的收入水平，这些支农惠农补贴也都有助于降低农村居民内部的收入差距水平，从测算结果来看，农村医疗报销款使导致市场收入差距的基尼系数下降了 0.58%；各种农业补贴也使农村内部的收入差距的基尼系数缩小了约 1.06%。总的来看，由于农村医疗报销和农业补贴（包括种粮补贴）主要是农村居民获得的，因此它对于缩小城乡之间的收入差距也具有积极作用。

表 10.6　农村税费和社会保障项目的再分配效应

	均值	基尼系数	基尼系数的变动	基尼系数的变动率(%)
市场收入	10 703	0.558 8		
+农村医疗报销款	10 792	0.555 6	−0.003 2	−0.58
+各种农业补贴	10 878	0.552 9	−0.006 0	−1.06

10.3.2　主要问题

1. 城乡离退休金的再分配效应差异巨大

目前我国农村居民还没有建立正规的离退休金制度，农村居民的生活和收入来源都主要集中在土地经营上；相反，城镇居民已经建立了比较完善的养老保险制度，因此离退休金也成为城镇居民的主要收入来源。这使得离退休金制度的再分配效应存在巨大的城乡分割，这一制度使得 2013 年城镇居民市场收入差距的基尼系数水平降低 20.73％，而农村的市场基尼系数仅下降 0.67％。从人均来看，城镇户籍居民的人均离退休金为农村居民的 21.7 倍、流动人口的 17 倍，这意味离退休金在城乡居民之间、城镇常住人口内部的分布都非常不均等。因此，离退休金制度明显的城乡差异，就成为我国财政再分配政策出现巨大城乡差距的重要原因。

表 10.7　中国城镇税费和社会保障项目的再分配效应（2013 年）

		均值	基尼系数	基尼系数的变动	基尼系数的变动率(％)
城镇	市场收入	29 881	0.536 4		
	＋离退休金	36 564	0.425 2	－0.111 2	－20.73
农村	市场收入	10 703	0.558 8		
	＋离退休金	11 004	0.555 0	－0.003 8	－0.67

2. 城乡养老金的收入分配效应相差巨大

我国明显的二元分割体系，导致城市居民和农村居民拥有完全有别的城乡养老制度体系。城镇居民的养老金覆盖率要远高于农村，人均支出标准是农村的 2.8 倍（蔡萌、岳希明，2018）。根据表 10.8，城镇居民的所有养老再分配中，城镇居民各种养老金收入对缩小收入差距的影响也比较明显，它使得市场收入差距缩小了 2.16％。但是反观农村，各种养老金收入所产生的收入再分配效应都是非常有限的，仅使得农村市场收入差距降低了 1.61％。根据表 10.8，本来农村居民的市场收入差距水平就要高于城镇居民内部的收入差距，再加上农村居民各种养老金的再分配效应还更小，因此最终使得农村居民的可支配收入差距会明显高于城镇。

表10.8 中国城镇税费和社会保障项目的再分配效应（2013年）

		均值	基尼系数	基尼系数的变动	基尼系数的变动率(%)
城镇	市场收入	29 881	0.536 4		
	+城镇居民养老金收入	30 308	0.526 8	−0.009 6	−1.80
	+农村居民养老金收入	29 908	0.535 7	−0.000 7	−0.13
	+其他养老收入	29 920	0.535 2	−0.001 2	−0.23
农村	市场收入	10 703	0.558 8		
	+城镇居民养老金收入	10 750	0.557 2	−0.001 6	−0.28
	+农村居民养老金收入	10 820	0.552 5	−0.006 3	−1.12
	+其他养老收入	10 726	0.557 6	−0.001 2	−0.21

3. 低保和社会救济的再分配效果不明显

在收入不平等中，城乡收入差距占据了重要份额，因此有效缩小城乡收入差距是降低收入不平等的重要举措。但是，无论是低保支出的平均标准还是支出水平，2007年以来农村与城市的差距就日益拉大。[1]2007年，农村低保支出水平与城市低保支出水平相差766元，2010年这个差距升高到1 380元，到2015年又进一步升高到2 032元。虽然绝对水平在增长，但是全国低保支出的实际值增长率呈现逐渐下降的趋势。另外，社会补助和社会福利资金的瞄准效率并不高，有一部分低保群体通过各种社会关系获得社会救助，但实际上这部分人的收入并不满足享受社会救助的条件，此低保金、社会救济以及政策性补助对于收入分配的效果并不明显。根据表10.9，低保金、社会救济和政策性补助的综合效应仅使得市场收入差距的基尼系数下降了0.5%。同时，转移支付对于城镇和农村居民的收入分配效应也是不同的，低保金使得农村内部的收入差距缩小了约0.45%，高于城镇低保金的再分配效应（0.23%），即低保政策有利于缩小城市和农村内部的收入差距。总的来看，本应该发挥主导作用的低保、社会救济以及一些政策性补助的收入再分配影响并没有如预期的那样大，这意味着我国在这些政策的设计等方面还存在一些缺陷。

[1] 社会救助水平的地区差距大。例如2015年，北京和上海的城镇低保支出水平分别为全国平均的2.5倍和2.3倍，在北京和上海的农村低保支出水平分别为全国平均的3.9倍和3.6倍。而从同年可支配收入来看，2015年北京和上海分别为全国的2.2倍和2.3倍。上述原因意味着，我国转移支付支出很大程度上是因为分配不公才导致不平等扩大。

表 10.9　中国税费和公共转移支付的再分配效应（2013 年）

	均值	基尼系数	基尼系数的变动	基尼系数的变动率(%)
市场收入	21 510	0.577 5		
+低保金	21 543	0.576 1	−0.001 4	−0.24
+社会救济收入	21 533	0.576 6	−0.000 9	−0.15
+政策性生活补贴	21 548	0.576 4	−0.001 1	−0.19

4. 政府转移支付支出偏低、结构有所偏差

从抚恤金支出、社会福利事业费和社会救助三项内容来看，从 2001 年到 2015 年，三项支出占财政总支出的比重从 1.07%升高 2.39%，占 GDP 的比重从 0.18%升高到 0.51%。虽然这三项转移支付支出占财政总支出和 GDP 的比重从 2001 年以来呈逐渐升高的趋势，但是占比仍然较低。而且，从财政转移支付在人群间的分配来看，我国转移支付支出主要集中在一小部分人身上。根据全国城镇居民住户调查，2015 年全国居民人均可支配收入中，来自政府的转移性收入占 14%左右，而在所有的政府转移性收入中，82%分配给了行政事业单位退休金和城镇企业职工养老金，与此相反，城镇居民尤其是农村居民的养老金非常少。对于低保政策来说，低保占全国居民可支配收入的比重仅仅是 1.1%。从比率来看，政府退休人员的退休金是农民养老金的 36 倍（关博，2017）。总的来看，由于低保等社会救助政策和针对老幼病残等对象的社会福利政策的主要目的是发挥社会托底作用，其收入再分配功能本身就比较有限。而针对特定人群的离退休转移支付则相对较多，因此，托底性质的社会救助和社会福利转移支付对收入分配的作用非常有限。

10.4　税收政策的收入分配效果评价

10.4.1　主要成就

1. 累进性的直接税比重上升

累退性税收占比较高一直是导致我国整体税制结构呈现累退性特征的主要原因，研究表明，增值税、消费税等间接税通常呈现明显的累退性特征，

扩大了收入差距，而个人所得税等直接税则表现出明显的累进性特征，有利于缩小收入差距。因此，降低间接税比重是我国税收制度改革的重要方向。总体来看，1995—2017 年间，随着税收结构的调整，我国累退性特征明显的间接税比重呈现持续下降的趋势，同时，累进性的直接税占比则呈现不断上升趋势（见图 10.3），到 2017 年，间接税比重下降到 60%左右（61.3%），直接税比重上升到 40%左右（38.7%）[1]，税收结构在向着有利于缩小收入差距的方向调整。

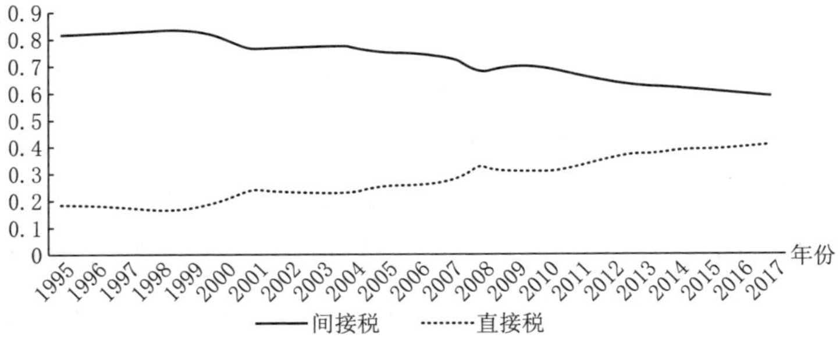

图 10.3　1995—2017 年我国直接税和间接税占比及变化情况

资料来源：根据《中国统计年鉴》《中国税务年鉴》《中国财政年鉴》相关数据整理计算。

2. 个人所得税的收入再分配效应增强

我国最早从 1980 年开始征收个人所得税，其后不断进行调整，其中比较重要的修正有四次：2005 年 10 月，将工薪所得的免征额从 800 元提高到 1 600 元，并于 2006 年 1 月开始执行；2007 年 12 月 29 日将工薪所得的免征额再次提高到 2 000 元，于 2008 年开始执行；2011 年 6 月不仅将工薪所得的免征额提高到 3 500 元；2018 年 10 月进一步将免征额提高至 5 000 元。由于早期中国需要缴纳个人所得税的人群比例仍然占少数，随着不同年份之间收入分布的整体右移，个人所得税逐渐覆盖到更多人群，再加上税收的起征点调整步伐没有及时跟上，因此整体的平均税率持续提升；另一方面，个人所得税的累进性特征越来越强，对中高收入群体的征收力度相对较高，而对低收入群体征收比例较低，所以它的再分配效果也越来越明显（万海远、李

[1] 不考虑船舶吨税和其他税收项，仅考虑 17 项税种的比例。

实、孟凡强等，2018)。从图 10.4 可以发现，经过个人所得税调节后，城镇居民内部的收入差距水平基尼系数普遍都有下降，而且其下降的幅度越来越大。

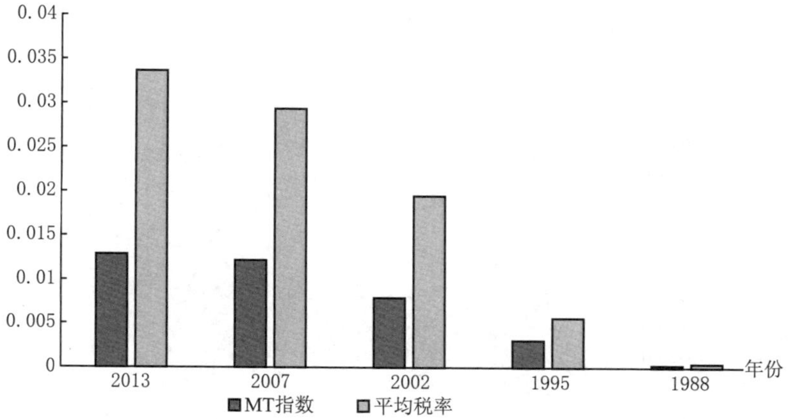

图 10.4　不同税制对不同时期的收入再分配效果

注：根据 CHIP 城镇数据计算得到。2013 年数据使用 2011 年税制结构，2007 年使用 2006 年税制结构，而 2002 年之前的数据都使用 1980 年税制结构。

资料来源：万海远、李实、孟凡强等（2018）。

3. 企业所得税整体上有助于缩小收入差距

近年来，各类企业所得税收入占 GDP 的比重在持续上升（见表 10.10），而企业所得税的收入再分配效应主要通过要素分配渠道实现，而不是直接体现在居民收入分配上，而企业所得税的收入分配效应取决于不同的税负归宿。从目前我国的情况来看，根据不同的税负假定，总体上认为企业所得税的税负主要由资本要素承担。考虑到资本要素大部分为高收入者所持有，企业所得税对居民收入分配的影响应该是累进的，企业所得税整体上应有助于缩小居民收入分配差距（万海远、李实、孟凡强等，2018）。但不同行业的企业向员工转嫁税负的程度不同，其中资本密集型行业的企业的转嫁程度比非资本密集型行业高。此外，不同规模企业资源利用效率的差异以及享受税收优惠政策等方面存在一定的差异，这会引起税负分布差异。投资于中小企业的资本所有者的实际税负小于投资于大企业的资本所有者。企业所得税税负向企业员工转嫁的主要原因在于企业内缺乏合理的收入分配制度，企业经营者和资本所有者在利益博弈中处于强势地位（田效先，2016）。

表 10.10　1994—2017 年我国企业所得税情况

年份	企业所得税（亿元）	企业所得税占各项税收的比重（%）	企业所得税占 GDP 的比重（‰）
1994	687.8	13.6	14.3
1995	827.3	13.9	13.6
1996	915.9	13.0	12.9
1997	963.2	11.7	12.1
1998	925.5	10.0	10.9
1999	811.4	7.6	9.0
2000	999.6	7.9	10.0
2001	2 630.9	17.2	23.7
2002	3 082.8	17.5	25.3
2003	2 919.5	14.6	21.2
2004	3 957.3	16.4	24.5
2005	5 343.9	18.6	28.5
2006	7 039.6	20.2	32.1
2007	8 779.3	19.2	32.5
2008	11 175.6	20.6	35.0
2009	11 536.8	19.4	33.0
2010	12 843.5	17.5	31.1
2011	16 769.6	18.7	34.3
2012	19 654.5	19.5	36.4
2013	22 427.2	20.3	37.7
2014	24 642.2	20.7	38.3
2015	27 133.9	21.7	39.4
2016	28 851.4	22.1	38.8
2017	32 337.4	20.4	—

资料来源：1994—2016 年的数据来自《中国统计年鉴》，2017 年的数据来自国家税务总局网站。

4.“营改增”缩小收入差距

2016 年“营改增”的全面实施是继 1994 年分税制改革以来，中国税收制度的又一次深刻变革。营改增实施以后，大大减轻了企业税负负担，相关研究显示，2016 年全年营改增减税规模超过 5 000 亿元，成为中国 1994 年税制改革以来最大规模的一项减税（汪昊，2016）。营业税与增值税同为间接税，其累退性特征都有加剧收入差距的作用，但营改增仍有优化国民收入分配、缩小收入差距的作用。表 10.11 的结果发现营业税对居民部门收入占比存在长期稳定的负向影响，增值税居民部门收入占比保持长期稳定的正向影响，由此可见营改增提高了居民在国民收入分配中的比重，具有改善国民收入分配的作用，在对营改增前后收入差距基尼系数的变化中也证实了这一点，即营改增之前，税后的基尼系数反倒还在扩大，而在营改增政策实行之后，税后的基尼系数明显下降；而进一步看，营改增不仅提高了城乡居民的收入水平，同时缩小了城乡内部和城乡之间的收入差距，但城镇内部收入差距改善效果优于农村。

表 10.11　“营改增”的收入再分配效应

	营改增前	营改增后
税前基尼系数	0.407 558	0.412 525
税后基尼系数	0.412 525	0.411 612
MT 指数	−0.004 967	0.000 913

资料来源：汪昊（2016）。

5. 财产税的累进性越来越强

将 2017 年各税种的累进性指数与 2007 年进行纵向比较可以发现（见表 10.12），2017 年间接税（增值税、消费税、营业税和其他间接税）的累进性指数普遍比 2007 年的更小，说明我国间接税的累退性越来越强，其中尤其需要说明的是，消费税由 2007 年的累进性税种转变为 2017 年的累退性税种。另外，所得税和财产税的累进性指数则普遍比 2007 年的更大，这说明所得税和财产税的累进性越来越强。这反映出我国税制改革在提高间接税累退性的同时，也明显提高了所得税和财产税的累进性。

表 10.12　不同转嫁假定下分税种累进性指数比较

企业所得税	财产税	增值税	消费税	营业税	其他间接税	个人所得税	企业所得税	财产税
1	1	−0.058	−0.098	−0.058	−0.063	0.033	0.010	−0.002
1	2	−0.058	−0.098	−0.058	−0.063	0.032	0.010	0.019
1	3	−0.058	−0.098	−0.058	−0.063	0.031	0.009	−0.020
2	1	−0.058	−0.098	−0.058	−0.064	0.030	−0.008	0.003
2	2	−0.058	−0.098	−0.058	−0.064	0.030	−0.008	0.019
2	3	−0.058	−0.099	−0.058	−0.064	0.029	−0.008	−0.020
3	1	−0.056	−0.096	−0.056	−0.062	0.031	0.009	0.009
3	2	−0.056	−0.096	−0.056	−0.062	0.031	0.008	0.022
3	3	−0.056	−0.096	−0.056	−0.062	0.030	0.006	−0.018
4	1	−0.057	−0.097	−0.057	−0.063	0.031	0.005	0.006
4	2	−0.057	−0.097	−0.057	−0.063	0.030	0.005	0.021
4	3	−0.057	−0.097	−0.057	−0.063	0.029	0.004	−0.019

注：表中数据为 2017 年与 2007 年有效税率的差值。
资料来源：依据汪昊（2016）提供的方法更新。

10.4.2 主要问题

1. 我国直接税收入份额始终偏低

在我国现行的 18 个税种中，增值税、营业税、消费税、企业所得税、个人所得税是占比较大的几个税种。在 2017 年，不同税种的占比分别是，增值税为 30%左右，消费税为 7%左右，营业税大概为 14%，企业所得税达到 20%左右，个人所得税维持在 5%左右。如果按照税负负担是否可以转嫁，可以把我国的税种划分为直接税和间接税。直接税包括企业所得税、个人所得税、房产税、车船税等，间接税包括增值税、消费税和营业税（2016 年 5 月之前）等。图 10.5 展示了 1995—2017 年我国直接税和间接税的结构变化趋势。从图中可以看出，总体上来看，间接税比重呈现持续下降的趋势，同时，我国直接税占比呈现不断上升趋势，直接税和间接税占比呈现向中间靠拢的状态，到 2017 年间接税比重下降到 60%左右，直接税比重上升到 40%左右。

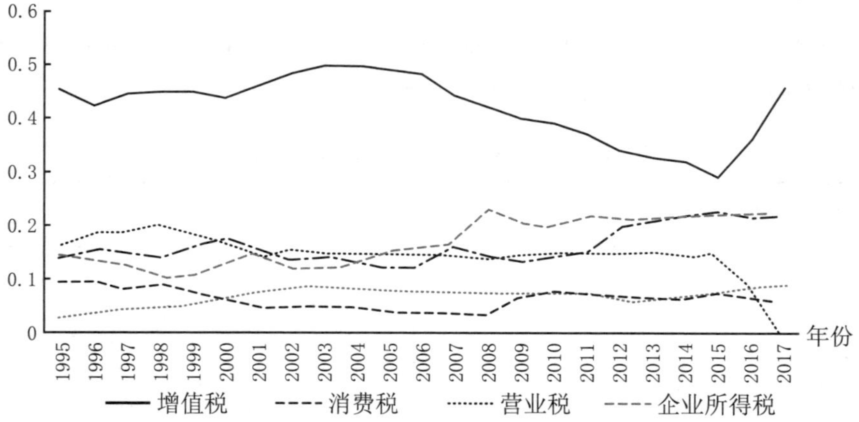

图 10.5 1995—2017 年我国主要税种占比情况

资料来源：根据《中国统计年鉴》《中国税务年鉴》《中国财政年鉴》相关数据整理计算。

2. 高收入群体的有效税率反倒更低

利用《中国税务年鉴 2016》并结合中国家庭收入调查（CHIP）2013 的数据，按照收入十等分组以及三种不同税收归宿假定计算各组以及整体的平均有效税率。我们发现，无论采取哪一种假定，在整体上有效税率都随收入分组述评的上升而下降，这表明收入越高的群体，其承受的税率水平反倒越低，即我国税制在整体上是累退的。在表 10.13 中，有效税率随收入上升而下降趋势最明显的是收入十等分组中前 5 组，后 5 组的有效税率变化幅度小且出现有升有降的变化，这主要是因为个人所得税的累进性在一定程度上抑制了其他税制的累退性。根据不同的税务假定，从适中假定可以看出，有效税率随收入而下降的趋势在第 1、第 2 组最明显，下降趋势最大，从 48.42%下降到 25.90%，下降了近 23 个百分点，使第 1 组家庭在可支配收入微薄的情况下依然保持相对较高的消费，导致第 1 组家庭具有较高的有效税率。

表 10.13　间接税不同税负转嫁假定下的整体税制有效税率（%）

收入十等分组	适中假定	最强假定	最弱假定
1	48.42	55.69	41.16
2	25.90	29.13	22.66
3	23.05	25.52	20.60
4	21.66	23.73	19.59
5	20.37	22.00	18.73
6	19.73	21.15	18.32
7	19.17	20.33	18.00
8	18.87	19.90	17.86
9	19.11	19.97	18.24
10	18.87	19.44	18.32
全体	20.31	21.60	19.00

注：根据《税务年鉴 2016》、中国家庭收入调查（CHIP）2013 计算得出，下同。

资料来源：万海远、李实、孟凡强等（2018），下同。

3. 税收制度总体上扩大了居民收入差距

由于直接税可以简单归类到居民个体或家庭上，而间接税不能简单归类到居民个体，所以在估算整体税制的收入分配效应时，需要对税负归类进行一定的假设前提。总体来看，在所有不同的税收归宿假定下，我国税后收入差距的基尼系数水平都在扩大，这说明我国税收制度对居民收入差距具有负向效应，加剧了我国居民收入的不平等。在表 10.14 中，基尼系数变化大小因税收归宿假定而异，最弱累退性假定时收入差距变化为−0.014，最强时为−0.027，适中累退性假定时为−0.020。这意味着，由于我国整体税率的累退性，使我国的基尼系数最高可提高2.7个百分点，最低可提高1.4个百分点，从而可以看出我国累退性的税制对低收入人群产生了不利影响，税收制度总体上扩大了居民收入差距水平。

表10.14 不同税负转嫁假定下的税收前后基尼系数

间接税的税负转嫁假定		税前基尼系数	税后基尼系数	基尼系数变化	累退性强度
企业所得税	财产税				
1	1	0.421	0.435	−0.014	
1	2		0.438	−0.017	
1	3		0.441	−0.020	
2	1		0.441	−0.020	
2	2		0.444	−0.023	
2	3		0.448	−0.027	累退性最强
3	1		0.435	−0.014	累退性最弱
3	2		0.438	−0.017	
3	3		0.441	−0.020	
4	1		0.438	−0.017	
4	2		0.441	−0.020	累退性适中
4	3		0.444	−0.023	

4. 趋势上看我国税收制度的累退性越来越强

除了分析特定年份中整体税制的收入分配效应外，我们还可以比较这种分配效应在不同年份所出现的变化。在表10.15中，我们比较了2017年和2007年期间，税制收入分配效应的变化情况。将2017年的基尼系数变化情况与2007年进行比较，可以发现这种变化在各种税收归宿假定下均出现负值变化，说明我国整体税制的累退性变得越来越强。在所有的指数变化值中，最大变化值为−0.008，最小变化值为−0.004，平均变化值为−0.006 08，说明我国2015年通过税收调节收入分配的能力较2007年有所下降，基尼系数至少增加了0.4个百分点，至多增加了0.8个百分点，平均增加了0.608个百分点。

表 10.15　基尼系数变化情况的纵向比较

间接税的税负转嫁假定		2007 年基尼系数变化	2017 年基尼系数变化	基尼系数变化的差异
企业所得税	财产税			
1	1	−0.010	−0.014	−0.004
1	2	−0.012	−0.017	−0.005
1	3	−0.014	−0.020	−0.006
2	1	−0.014	−0.020	−0.006
2	2	−0.017	−0.023	−0.006
2	3	−0.019	−0.027	−0.008
3	1	−0.008	−0.014	−0.006
3	2	−0.011	−0.017	−0.006
3	3	−0.013	−0.020	−0.007
4	1	−0.011	−0.017	−0.006
4	2	−0.014	−0.020	−0.006
4	3	−0.016	−0.023	−0.007

进一步看，上面的结果发现我国间接税累退性越来越强，而所得税与财产税的累进性也越来越强，两者相比较的结果是整体税制累退性增强。表 10.16 从分税种的结构比例可以解释这一点。在 2017 年，我国平均有效税率为 20.89%，而增值税、消费税、营业税等间接税的有效税率分别是 8.14%、2.01%、3.09%和 1.24%，累退性税收共占比 69.3%；而在累进性税收中，累进性最高的个人所得税仅仅占比 1.2%，累退性税收占比较高，累进性税收占比较低，这是我国整体税制累退性的最主要来源，也是导致整体税制收入再分配效应不够理想的主要原因。

表 10.16　全国分税种有效税率

收入十等分组	增值税(%)	消费税(%)	营业税(%)	其他间接税(%)	个人所得税(%)	企业所得税(%)	财产税(%)	合计(%)
1	18.41	8.44	8.10	4.31	0.00	4.34	4.82	48.42
2	9.49	4.37	4.17	2.22	0.00	2.93	2.72	25.90
3	8.17	4.16	3.59	1.83	0.00	2.90	2.40	23.05
4	7.49	3.93	3.29	1.68	0.00	2.87	2.40	21.66
5	6.91	3.59	3.04	1.55	0.02	3.00	2.26	20.37
6	6.64	3.33	2.92	1.48	0.02	3.11	2.23	19.73
7	6.32	3.13	2.78	1.41	0.04	3.24	2.25	19.17

续表

收入十等分组	增值税（%）	消费税（%）	营业税（%）	其他间接税（%）	个人所得税（%）	企业所得税（%）	财产税（%）	合计（%）
8	6.08	2.99	2.67	1.35	0.07	3.27	2.44	18.87
9	5.97	2.94	2.63	1.32	0.19	3.46	2.60	19.11
10	5.46	2.82	2.40	1.20	0.70	3.50	2.79	18.87
全体	6.57	3.29	2.89	1.47	0.24	3.29	2.56	20.31

5. 国际比较看我国税收再分配效应不足

总体来看，我国税制不仅未能对收入差距进行必要的调节，反而使其具有累退调节的性质，加剧了分配不公与贫富分化（见表 10.17）。在美国，虽然基尼系数很高，但从税收征收前后社会的收入差距来看，税收制度对收入再分配起到了重要的调节作用。根据美国税务局的数据，美国收入最高的 1%的人群贡献了个税总额的 40%，收入最高的前 10%的人群贡献了 70%，而收入低于平均水平的 50%人群，只缴纳了个税总额的 5%；同样，在英国，税率具有“减少级次、拓宽级距”的趋势，目前英国个税由五级改为了现在的三级全额累进的税率结构，税率分别为 20%、40%、45%，能够使得收入差距的基尼系数下降 0.005 左右。[1]相比较而言，我国的现状是，处于中间的、收入来源主要依靠工资薪金的阶层缴纳的个人所得税占全部个人所得税收入的 50%左右。而应作为个人所得税缴纳主要群体的高收入阶层，缴纳的个人所得税只占 5%左右。由于我国整体税制的累退性特征，税收在调节收入分配方面的效果还很微弱，甚至扩大了我国居民间的收入差距水平（见表 10.17）。

表 10.17　税制特点的国际比较

	中国	发达国家	OECD 国家	美国	英国
宏观税负	自 1995 年以来宏观税负不断上升，但仅占 GDP 的 20%左右	宏观税负较高且基本稳定，能起到有效的调节收入再分配的作用	宏观税负较高，均在 30%—35%之间，且较为稳定	20%—25%左右	40%以上

［1］ 德国的个税税率设计比较特别，采取的是“几何累进税率”。即纳税人适用的税率是随着纳税人的应纳税所得额的增大逐渐一个个百分比增加的；日本实行分类和综合所得税制，其特点是对于某些项目，如利息所得分离课税，按特定的标准税率征税，年度终了不再进入普通总所得。

续表

	中国	发达国家	OECD 国家	美国	英国
个人税制	个税占比较低；具有累退性	个人所得税占比较高；源泉扣缴与自行申报相结合的制度；税制具有累进性			
个人所得税占比	7%左右	远高于中国	个税占总税收比例平均达到 26.3%	35%—40%左右	30%左右
税率结构	具有累退调节的性质，加剧了分配不公和财富分化	累进税率制，减少级次、拓宽级距，有效且最大限度地关注到了公平	德国个税税率采取的是“几何累进税率”，即纳税人适用的税率会随着纳税人的应纳税所得额的增加而逐渐增加	美国收入最高的 1%的人群贡献了个税总额的 40%，收入最高的前 10%的人群贡献了 70%，而收入低于平均水平的 50%人群，只缴纳了个税总额的 5%	在英国，税率具有“减少级次、拓宽级距”的趋势。目前，英国个税由五级改为了现在的三级全额累进的税率结构，税率分别为 20%、40%、45%，全部收入在扣除年税额的基础上按税率标准纳税
直接税种	直接税种较少，造成直接税比重较低	直接税种较多，对不动产和继承征收财产税	在 OECD 国家，大部分国家都征收了房产税，且税率不断提高。其财产税占税收比重稳定在 6%左右	房产税率约为房产价值的 1%—3%	世界上最早开始征收房产税的国家，有较完善和成熟的房产税制度。房产税（印花税）采取阶梯式的累进制计算，根据房产价格的差异有所不同
再分配效果	具有缩小收入差距的作用，但作用非常有限，仅使得基尼系数下降 0.001 4左右	税收发挥的再分配效果非常明显	据估计，OECD 国家的个税再分配效果大体在 0.03 左右或更高	最近几年个税再分配效果有所增强，不过并非来自高收入人群实际税率的增加，而是通过各项政策减少了低收入个体的税负支出	

资料来源：陈吉平、张也弛（2018）。

10.5 社会保障政策的再分配效果评价

10.5.1 主要成就

20世纪末以来，政府开始致力于建设覆盖城乡居民的社会保障体系，力求缩小收入差距，更公平地分配公共服务资源。总结过去近20年以来的成就，社会保障制度设计在不断完善，城镇职工、城镇居民和农村居民都被纳入养老保险和医疗保险等社会保障体系，且覆盖面仍在不断扩大。与之相伴随的是，社会保障支出规模急剧增长，居民社保待遇水平也在不断提高。总体来看，经过近20年的发展，我国社会保障制度建设取得重大突破，初步形成了以社会保险、社会救助、社会福利为基础，以基本养老、基本医疗、最低生活保障制度为重点，以慈善事业、商业保险为补充的社会保障体系框架；实现了由单位和家庭保障向社会保障、由覆盖城镇职工向覆盖城乡居民、由单一保障向多层次保障的根本性转变。社会保障对社会各类群体基本实现了全覆盖，从托底保障、基本保障到补充保障的社保体系也比较健全，总体看应保尽保的目标基本达到，普惠性目标也基本实现，全世界最大的养老保障网和医疗保障网基本形成（见表10.18）。

表10.18 我国多层次社会保障制度体系框架

保障层次	主要保障项目	保障人群	保障目标	政府责任
托底保障	社会救助：城乡低保；受灾人员、医疗、住房、就业、教育、临时救助；特困人员供养 社会福利：老年人高龄津贴、养老服务补贴、护理补贴；孤儿基本生活保障、困境儿童保障；困难残疾人生活补贴、重度残疾人护理补贴 保障服务：幸福院、敬老院等托底保障服务	低收入人群弱势群体	保障基本生活所需，克服灾难性致贫风险	完善保障体系，织密扎牢保障服务网
基本保障	城镇职工保险：养老、医疗、失业、工伤、生育 城乡居民保险：养老、医疗、大病保险 保障服务：普通养老机构和社区保障服务等	全民	减轻养老医疗支出压力，获得一定质量公共服务	确保制度可持续，合理配置公共资源
补充保障	年金：企业年金、职业年金 商业保险：个人储蓄养老保险、个人税收递延型养老保险；个人税优健康险 保障服务：高端养老、医养结合机构	中高收入人群	满足多样化、多层次服务需求	做好基础性制度供给，实施鼓励引导政策，充分发挥市场作用

资料来源：作者根据资料整理。

1. 社会保障覆盖范围不断扩大

我国社会保障制度历经近 20 年的改革发展，覆盖面不断扩大，覆盖城乡居民的社会保障体系基本建立。《人力资源和社会保障事业发展统计公报》的最新数据显示，2016 年全国基本养老、基本医疗、失业、工伤、生育保险参保人数分别为 88 777 万人、74 392 万人、18 089 万人、21 899 万人、18 451 万人。2016 年末全国参加基本养老保险人中，其中参加城镇职工养老保险的人数为 37 930 万人，参加城乡居民基本养老保险的参保人数为 50 847 万人（见图 10.6）。同时，医疗保险制度率先实现覆盖全民，编制了世界上最大的医疗保障网络。2016 年末全国参加城镇基本医疗保险人数为 74 392 万人，其中参加职工基本医疗保险人数 29 532 万人，参加城镇居民基本医疗保险人数为 44 860 万人，参加城镇基本医疗保险的农民工人数为 4 825 万人，参加新型农村合作医疗人数达 7.36 亿人，新型农村合作医疗参合率达到 99%（见表 10.19）。

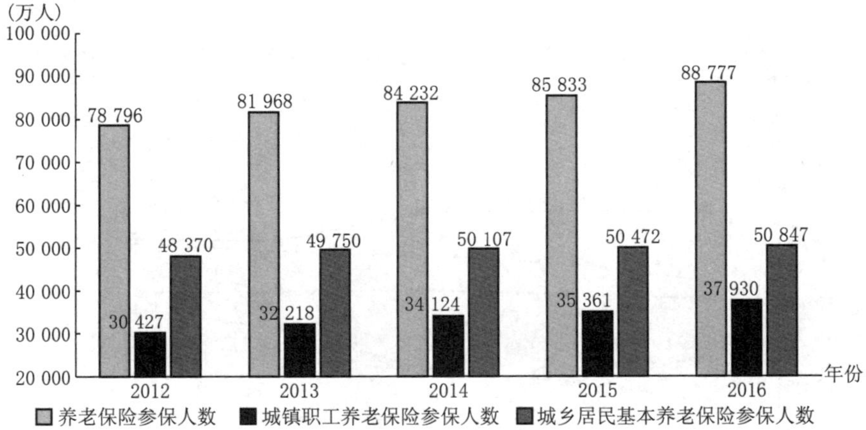

图 10.6　全国养老保险参保人数

资料来源：历年人力资源和社会保障事业发展统计公报。

2010—2014 年，我国城镇职工养老保险就业人员总体覆盖率约 55%—65%，且呈逐年递增趋势，其中，个体灵活就业人员覆盖率从 26.6%上升至 49.2%，单位就业人员覆盖率则从 72.4%下降至 65.7%（见图 10.7）。而对于医疗保险来说，2010—2014 年我国城镇职工医疗保险在职人员覆盖率变化不大，仅从 51.3%提高至 53.5%，近半数就业人员没有进入职工医保制度，未纳入费用征缴范围。

表 10.19 职工社会保险覆盖率情况

	2010	2011	2012	2013	2014
城镇就业人员总数(万人)	34 687	35 914	37 102	38 240	39 310
城镇就业职工养老在职参保总数(万人)	19 402	21 565	22 981	24 177	25 531
城镇就业职工养老在职参保比例(%)	55.90	60.00	61.90	63.20	64.90
城镇单位就业人员数(万人)	18 836	21 006	22 418	26 047	27 852
单位就业职工养老在职参保人数(万人)	13 636	15 307	16 273	17 144	18 297
城镇单位就业职工养老参保比例(%)	72.40	72.90	72.60	65.80	65.70
城镇个体灵活就业人员数(万人)	15 851	14 908	14 684	12 193	11 458
个体灵活职工养老在职参保人数(万人)	4 210	4 688	5 088	5 421	5 635
个体灵活职工养老参保比例(%)	26.60	31.40	34.60	44.50	49.20
城镇就业人员总数(万人)	34 687	35 914	37 102	38 240	39 310
职工医疗在职参保总数(万人)	17 791	18 948	19 861	20 501	21 041
职工医疗在职参保比例(%)	51.30	52.80	53.50	53.60	53.50

注：城镇单位就业人数和个体、灵活就业人数根据历年《中国统计年鉴》计算得来。

资料来源：中国国际经济交流中心：城镇职工养老医疗保险费征缴情况分析，2016年7月8日。

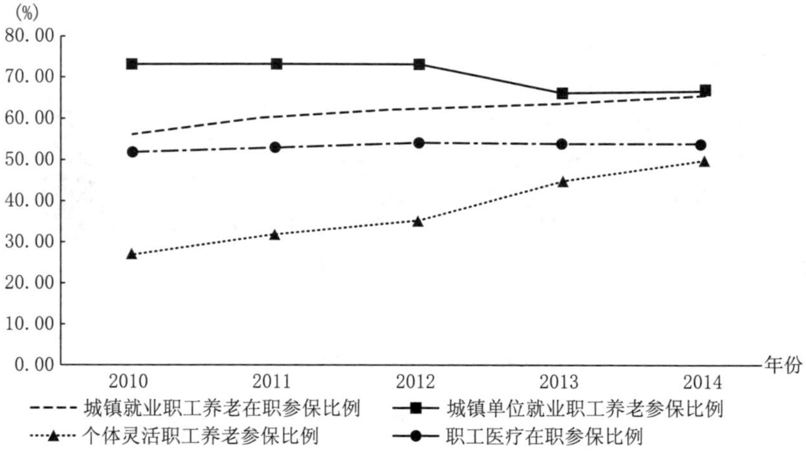

图 10.7 社会保险制度覆盖率

资料来源：国家发改委就业和收入分配司、北京师范大学收入分配研究院(2017)。

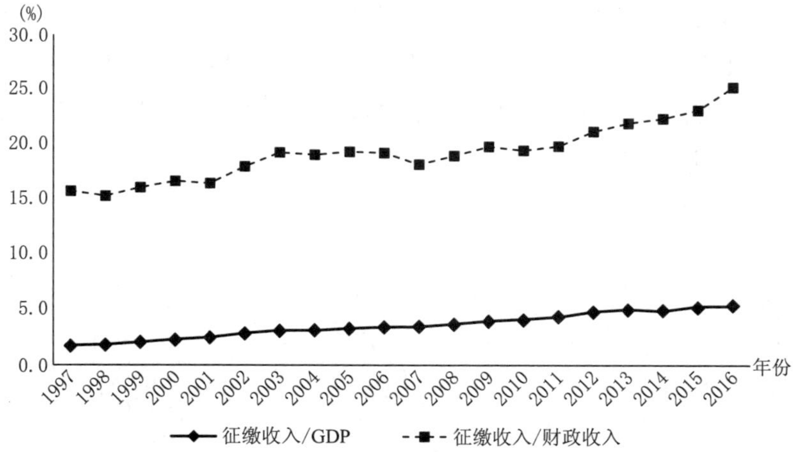

图 10.8　社保基金征缴收入占比

资料来源：国家发改委就业和收入分配司、北京师范大学收入分配研究院(2017)。

2. 社会保障支出规模快速增长

20 世纪 90 年代以来，我国社会保障支出无论是从总量还是相对水平来看都呈现出急剧增长的态势。图 10.9 显示了改革开放以来社会保障支出规模的变化情况。[1]从图中可以发现，20 世纪 90 年代之前，政府社会保障支出虽然在不断上涨，但总量很少，都在 100 亿元以下，在图中几乎显示不出这一不断增长的变化趋势。90 年代之后，社会保障支出开始迅猛增加。1999 年社会保障支出突破 1 000 亿元；之后，社会保障支出一路飙升至 2010 年的近 1 万亿元；最新统计数据显示，2016 年，社会保障支出（包括就业补助）规模已增加到 21 548 亿元。从我国社会保障支出占财政支出的比重来看，在 90 年代中期之前，政府社会保障支出绝对规模在不断增加，但增长速度与同期政府总的财政支出的增长速度基本持平，财政总支出中用于社会保障支出的相对

[1] 按照《中国财政年鉴》（各年）统计科目，财政支出中的“社会保障支出”包括“抚恤和社会福利救济费”“社会保障补助支出”“行政事业单位离退休经费”以及“全国社会保障专用基金”，1996 年以前不包括由“行政管理费”开支的离退休经费；而事实上，根据我国近年来的“医疗保险”制度设计要求，在历年财政支出中的“卫生经费”科目中有一部分为用于补贴新型农村合作医疗保险以及城镇居民基本医疗保险的支出，这部分支出应该记为“社会保障支出”的一部分；但由于公开数据中没有历年各省市用于补贴医疗保险计划的相关信息，在这里的分析中并未考虑这一因素。

比重基本维持在2%左右。而在“十五”期间，政府财政用于社会保障的支出比重迅速上升至10%左右的水平，并且在“十一五”期间一直维持在这一水平。“十二五”期间，我国社会保障支出占一般财政预算支出的比重持续升高，2016年比重达到11%。

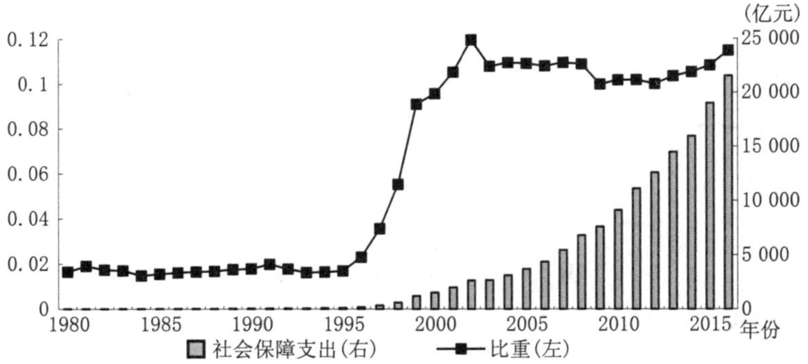

图10.9 政府社会保障支出金额及占财政支出比重（1980—2016年）

资料来源：根据历年《中国财政年鉴》相关数据计算整理。

另外，从社会保障水平看，我国社会保障支出规模持续提高，无论是从财政社会保障支出、财政对社会保险基金的补助，还是从社会保障总支出的角度看，我国社会保障支出水平都明显增加（见图10.10）。这使得社会保障总支出占GDP的比重持续提高，从1998年的2.62%到2014年的8.2%。总体看，我国各层次社会保障待遇水平逐步提高。随着我国不断加大社会保障财政投入，社会保障的待遇水平明显提升。在养老保险方面，国家连续11次上调企业退休人员养老金，企业退休人员基本养老金水平由2004年的月均647元提高到2017年的2 000多元，连续较大幅度调整基本养老金，对改善企业退休人员生活、促进社会公平发挥了积极作用。

3. 社会保障对低收入群体受益更大

在再分配政策的作用下，高收入人群的部分收入向低收入人群转移，使得低收入层的收入提高，从而起到了缩小收入差距和维护社会公平的作用。图10.11不仅考察了社会保障制度对整体人群的再分配效果，还分析了对不同收入组人群的具体影响。将个体样本的市场收入由低到高划分为10等分组后，可以看出在经过再分配调节后，第7分组以下的人群的收入都有了明显

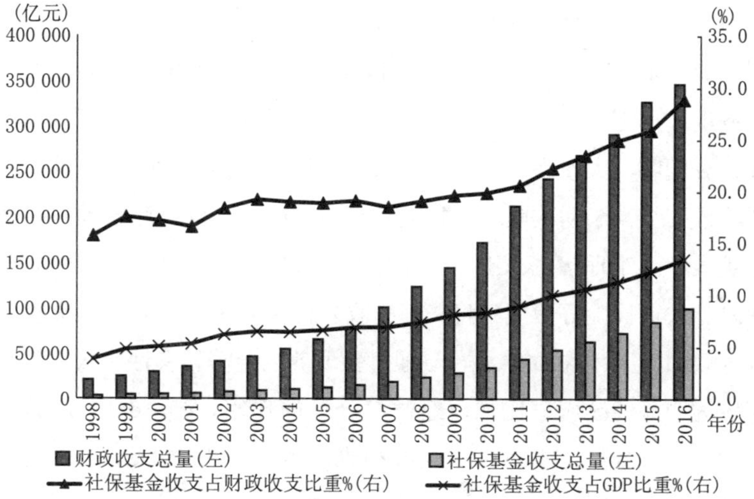

图 10.10　社保基金收支与财政收支同期占比情况

资料来源：国家发改委就业和收入分配司、北京师范大学收入分配研究院（2017）。

的增长，但增长的幅度随着收入组的增加而不断减少。经过社会保障项目的调节后，最低组的可支配收入增加最多，比市场收入增长了 15 倍左右，第二低位组的可支配收入增加也较多，约为市场收入的 5 倍左右。而高收入人群虽然经过再分配作用后收入水平有所下降，但下降幅度很小。相对而言，高收入人群转移出去的收入不足其市场收入的 1%。由此可见，社会保障对低收入人群的再分配作用较大，但对高收入人群的调节作用相对较小。

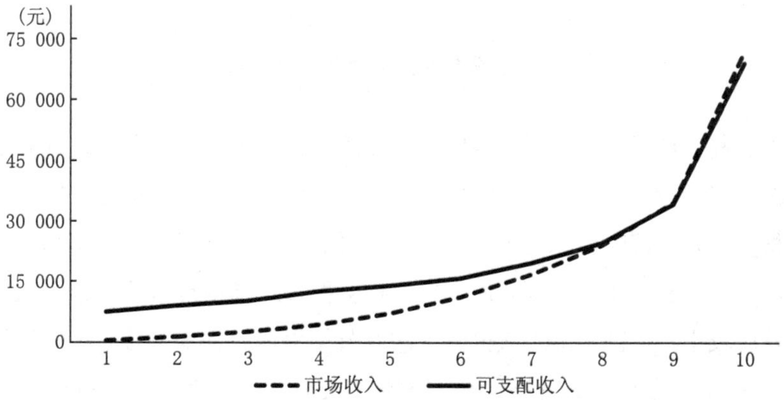

图 10.11　分收入组的收入再分配效应

资料来源：根据 2013 年 CHIP 调查数据计算的结果，下同。

4. 社保对老年人的收入增长效应最大

图10.12进一步考察了社会保障对每组人群的收入再分配的影响，对社会保障制度作用下的代际收入再分配状况进行了分析。从中可以看出，市场收入和再分配收入大致在50—54岁以后出现逆转趋势，即50岁以上人群的再分配收入明显高于初次收入，且随着年龄的增长，再分配收入与初次收入的比值越大。不难理解，小于50岁的人群通过缴纳个人所得税、养老保险、医疗保险、失业保险等费用，将一部分收入转移出去，因此可支配收入低于市场收入。而50岁以上的人群[1]通过领取养老金等转移性收入，可支配收入有了较为明显的改善。比如，经过再分配的作用，60—64岁人群的收入增长了129个百分点，65—69岁人群的收入增长了约240个百分点。可见，社会保障实现了代际间的收入转移。

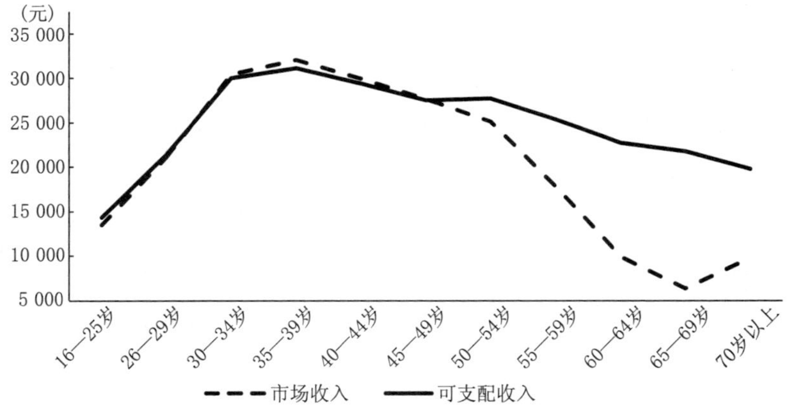

图10.12 分年龄组的收入再分配状况

为了进一步考察不同年龄组间社会保障的再分配效果，我们还计算了各个年龄组的市场收入与可支配收入的基尼系数。从图10.13的结果可以看出，整体来看，社会保障对各个年龄组人群的收入再分配都起到了缩小收入差距作用，但其作用的程度有所不同。社会保障对低年龄组的人群收入的再分配效应较小，对高年龄组人群收入的调节作用较大。不难看出，经过社会保障的再分配作用，50岁以上人群的收入差距有了明显的下降，其中，

[1] 在城镇地区，女性的退休年龄为50岁或55岁，男性的退休年龄为55岁或60岁。

55—64 岁人群的市场收入的基尼系数下降了近 24%，65 岁以上人群的收入差距缩小了近 18%。也就是说，社会保障通过就业人群与老年人群间的收入转移实现了对收入再分配的调节效果。

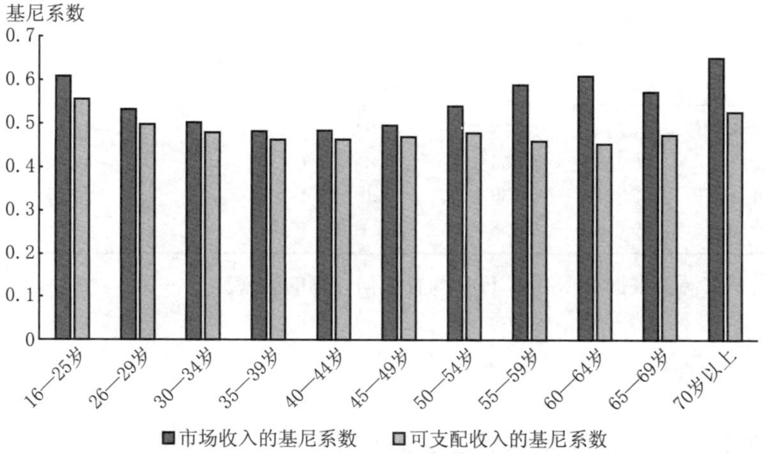

图 10.13　社会保障制度的再分配效应（分年龄组）

5. 社会保障发挥了缩小收入差距的职能

随着社会保障的待遇水平明显提升，社会保障发挥了一定的收入再分配职能。如表 10.20 所示，经过社会保障的作用后，2013 年全国居民的收入从初始的 21 510 元增加为 25 125 元，即经过税费和各项社会保障项目的调节后，居民收入比以前有了很大的改善。2013 年全国居民的市场收入差距的基尼系数大约为 0.577 5[1]，可支配收入差距的基尼系数为 0.493 8。由此可见，经过各项社会保障项目的作用，收入差距的基尼系数下降了约 8 个百分点。换句话说，市场收入差距经过再分配过程后下降了 14.5%。分城乡来看，社会保障对收入再分配的调节作用对城市地区更为明显。在城市户口的居民内部，经过社会保障的调节后，居民的收入提高了约 21%，收入差距的基尼系数下降了 25%左右。相比而言，在农村地区，经过再分配的过程后，居民的收入从初始的 10 703 元提高到 12 187 元，收入差距的基尼系数则从

[1] 因为本章使用的个体样本为 16 岁以上的劳动力和老年人群，且仅保留了市场收入和可支配收入为正值的样本，因此，收入差距的基尼系数相对较高。

0.558 8 下降为 0.485 5，下降了约 13%。此外，对于农民工而言，社会保障制度的再分配效应几乎没有，经过税费和各项社会保障项目的调节后，收入差距的基尼系数仅仅下降了 4%左右。

表 10.20 社会保障收入对基尼系数的影响（2013 年）

	市场收入		可支配收入		基尼系数的下降幅度(%)
	均值(元)	基尼系数	均值(元)	基尼系数	
全部样本	21 510	0.577 5	25 125	0.493 8	−14.49
农业户口	10 703	0.558 8	12 187	0.485 5	−13.12
城镇户口	29 881	0.536 4	36 220	0.404 6	−24.57
农民工	30 651	0.388 9	30 474	0.373 5	−3.96

资料来源：根据 2013 年 CHIP 调查数据计算的结果。

10.5.2 主要问题

在充分肯定我国社会保障制度所取得的巨大成就的同时，我们也发现社保体系在实行初期追求效率和覆盖面，但相对忽视了相对公平。在实践中，现行的社会保障体系仍存在一定的缺陷，这在很大程度上削弱了我国社会保障的再分配职能。主要体现在以下几方面：

1. 社会保障支出规模与其他国家相比仍然偏低

尽管近些年我国的社会保障制度规模急剧增长，但与其他国家相比，仍存在一定差距。由表 10.22 我们可以发现，匈牙利社会保障支出占 GDP 比率为最高，达到 24.0%，墨西哥社会保障支出占 GDP 比率为 7.6%，甚至伊朗的这一比率也达到 7.4%，而对比来看，我国社会保障支出占 GDP 的比率仅为 4.9%，只比印度多一个百分点。从社会保障支出占财政支出比来看，中国为 23.1%，也远低于其他 OECD 国家，仅为德国 46.2%的一半。所以，无论是从社保支出占总财政支出的比率，还是从社保支出占 GDP 的比率来看，中国都属于社会保障支出水平很低的国家。采用对 2012 年世界 56 个国家和地区的数据回归得出社会保障支出占 GDP 比重与人均 GDP 的关系曲线的方法，可以预测中国的人均 GDP 所对应的社会保障支出规模。研究显示，中国社会保障支出占 GDP 比重的预测值是 10.5%，而实际值为 7.2%，这意味着即使考虑人均 GDP 水平，中国的社会保障支出规模也是偏低的。财政部社会保障司课题组指出 2002—2006 年间，中国的社会保障水平在 5.41%—5.60%之间，不仅低于美国、德国、法国等发达国家的社保支出水平，而且也低于同为发展中国家的哈萨克斯坦、波兰和匈牙利，以及拉美的阿根廷、巴西和乌拉圭（蔡萌、岳希明，2018）。国外经验表明，凡是注重社会保障调节收入分配作用的国家，政府对社会保障的财政投入比例也更高，社会保障占财政支出比例的大小直接影响其再分配作用的发挥。而我国社会保障支出比例过低，相对于较大的经济规模来说，社会保障能调节的居民收入比例较为有限，难以对整体的收入差距带来较大程度的调整。

表 10.21　中国同其他国家社会保障支出水平对比

社会保障支出占 GDP 比率(%)		社会保障支出占财政支出比率(%)	
匈牙利	24.0	德　国	46.2
波　兰	17.8	瑞　典	41.4
捷　克	12.4	英　国	39.5
土耳其	11.9	法　国	38.6
俄罗斯	10.4	意大利	38.4
墨西哥	7.6	日　本	34.0
伊　朗	7.4	中　国	23.1
智　利	6.1		
中　国	4.9		
印　度	3.9		

资料来源：邵雪松、杨燕红（2011）；万海远（2016）。

2. *养老保险缩小收入差距的效应并不大*

在所有分项社会保险费支出中，无论是从存量结构占比还是发展趋势上看，养老保险和医疗保险都是其中的主要组成部分。从表 10.22 的结果来看，2010—2014 年我国城镇职工养老保险企业在职职工参保人员和以个人身份参保缴费人员[1]合计为 17 824.9 万人、19 968 万人、21 359.2 万人、22 565.3 万人、23 838.7 万人，人均每年缴费为 5 647.4 元、6 385 元、7 062.4 元、7 555.9 元、7 823.8 元，以上一年度在岗职工平均工资为缴费基数计算，实际费率分别为 17.7%、17.4%、17.1%、16.3%、15.6%。然而，对于占比占比最大的养老保险基金，其对收入分配差距的抑制作用并不大。根据表

[1] 由于机关事业单位在缴费水平上与企业职工存在显著差异，本章对职工养老保险费征缴水平的测算中仅包括企业职工和个体灵活就业参保者。

10.23的结果发现，虽然养老保险制度总体上是缩小了收入差距，但是其幅度非常微小，仅缩小基尼系数约0.03%。因此，总体上虽然养老保险是我国社会保障制度中最重要的组成部分，但是其缩小收入分配差距的效应并没有预期的那样大。

表10.22 职工养老保险实际缴费情况

	参保缴费人数（万人）	基金征缴收入（亿元）	人均每年缴费（元）	国内生产总值（亿元）	企退人员月均养老金（元）	城镇全体单位平均工资（元）	城镇居民可支配收入（元）	实际费率（%）
2010年	17 824.9	10 066.4	5 647.4	408 903	1 369	31 944.2	19 109.4	17.7
2011年	19 968	12 749.5	6 385	484 123.5	1 511	36 651.6	21 809.8	17.4
2012年	21 359.2	15 084.7	7062.4	534 123	1 721	41 346.2	24 564.7	17.1
2013年	22 565.3	17 050.1	7 555.9	588 018.8	1 893	46 231.6	26 955.1	16.3
2014年	23 838.7	18 651	7 823.8	636 138.7	2 050	50 013.6	29 381	15.6
平均增速		16.70%	8.50%	11.70%	10.60%	11.90%	11.40%	

注：本表中“城镇全体单位平均工资”根据城镇单位就业人数、平均工资和城镇私营单位就业人数、平均工资加权平均得来。

资料来源：中国国际经济交流中心：《城镇职工养老医疗保险费征缴情况分析》，内部资料，2016年7月8日。

表10.23 中国税费和公共转移支付的再分配效应（2013年）

	均值	基尼系数	基尼系数的变动	基尼系数的变动率（%）
市场收入	21 510	0.577 5		
—养老保险费	20 888	0.577 4	−0.000 1	−0.03
—医疗保险费	21 282	0.578 2	0.000 7	0.12
—失业保险费	21 473	0.577 2	−0.000 3	−0.05
—其他缴费	21 491	0.577 5	0.000 0	0.01

资料来源：根据2013年CHIP调查数据计算的结果。

3. 医疗保险显著扩大收入分配差距

从社会保障支出的结构来看，医疗保险支出持续上升，由1998年的3.3%上升至2016年的23%，现已成为我国社会保险的第二大支出（见表10.24）。然而医疗保险制度从建立以来，它就一直是扩大居民收入分配差距的重要原因。从表10.23的结果来看，在加入医疗保险缴费之后，市场化收入的差距水平甚至还在扩大，基尼系数显著扩大了0.12%。表10.23的结果表明，社会保险缴费略微扩大了收入差距，具有一定的累退性。进一步观察几项社会保障缴费的再分配效果后，我们发现在几项社会保障缴费中，只有失业保险缴费和养老保险缴费具有微弱的缩小收入差距的作用，分别使得市场收入差距缩小了 0.05%和 0.03%。这表明虽然有些社会保险缴费（如医疗保险）与工资是等比例的，但是放入家庭收入中后，这些缴费具有明显的累退性，即高收入人群的缴费占其收入的比例小于低收入人群。[1]由于我国医疗保险的报销起付线在一个属地范围是固定的数额，因而对高收入者来说，起付线相对较低，而对于低收入者来说，起付线反而相对较高。[2]这容易造成医疗服务利用的横向不平等。而封顶线和报销比例在同一属地范围内采用的也是统一的标准。对于低收入者来说，一旦身患大病，即便享受报销，自己承担的医疗支出和比例仍然较高，需要自付的医疗费用仍然承担不起。因此，很可能无力享受医疗服务，选择放弃就医。而高收入群体由于可以更多地利用医疗资源，因而更可能从这种补偿模式中受益，报销补偿就主要惠及看得起病、医疗服务利用率高的高收入群体，很可能会产生低收入者补贴较高收入者的“逆向转移”现象。这意味着医疗保障不能有效缓解医疗服务利用的纵向不平等。[3]因此从缴费方式、报销比例和补偿模式等来看，我国医疗保险政策的制度设计不利于低收入群体医疗服务利用和医疗保险补偿受益的公平性。

表 10.24　社会保险基金支出总额和构成

年份	合计（亿元）	养老保险（%）	医疗保险（%）	失业保险（%）	工伤保险（%）	生育保险（%）
1998	1 633	92.6	3.3	3.2	0.6	0.4
1999	2 108	91.3	3.3	4.3	0.8	0.3
2000	2 385	88.7	5.2	5.2	0.7	0.3
2001	2 749	84.5	8.9	5.7	0.7	0.3

[1] 将个人的市场收入由低到高划分为 10 等分组后发现，对高收入个体而言，医疗保险费仅占其全部收入的 1%左右，但在低收入组人群中，其占比约为 4%。

[2] 医疗保险的待遇直接决定对医疗服务的利用，高收入的医疗报销起付线相对较低，低收入者的医疗报销起付线反而相对较高。医疗服务的利用包括及时就医、获得的医疗质量和私人医疗支出等。由于不同收入群体的医疗资源利用率也会存在差异，因而医疗保障报销的起付线、封顶线、自付比例和补偿模式等会影响不同收入阶层参与医疗保障获得的收益，进而对收入分配产生作用。

[3] 而且我国医疗保险重点用于补偿住院和门诊大病医疗支出，且报销比例随医疗机构级别的提高而下降，这样的规定不能满足那些因患慢性病需要长期到门诊复诊开药的人群，以及大病患者的需求。

续表

年份	合计（亿元）	养老保险（%）	医疗保险（%）	失业保险（%）	工伤保险（%）	生育保险（%）
2002	3 472	81.9	11.8	5.4	0.7	0.4
2003	4 017	77.7	16.3	5.0	0.9	0.3
2004	4 627	75.7	18.6	4.6	1.0	0.4
2005	5 401	74.8	20.0	3.8	1.2	0.5
2006	6 472	75.7	19.7	3.0	1.4	0.6
2007	7 889	75.6	19.8	2.8	1.5	0.7
2008	9 924	74.5	21.0	2.5	1.7	0.7
2009	12 302	72.3	22.7	3.0	1.8	0.7
2010	15 018	71.6	23.6	2.8	1.8	0.7
2011	18 639	71.7	23.8	2.3	2.1	0.7
2012	23 330	71.6	23.8	1.9	2.4	0.9
2013	27 916	71.0	24.4	1.9	2.4	1.0
2014	33 003	70.7	24.6	1.9	2.4	1.1
2015	38 989	71.6	23.9	1.9	2.1	1.1
2016	46 888	72.5	23.0	2.1	1.8	1.1

资料来源：国家发改委就业和收入分配司、北京师范大学收入分配研究院（2017）。

4. 地区间社会保险待遇还存在很大差距

目前，我国社会保障各区域之间的转移接续存在诸多问题的原因之一，就是社会保障待遇在各个省市之间存在明显差距，各个险种的统筹层次参差不齐。社会保障作为一项社会经济政策，与经济发展的关系十分密切，社会保障待遇水平也应与经济发展水平相适应，我国东、中、西各个地区省市之间本身经济发展的不均衡和人均收入的差异，就必然导致社会保障待遇水平在不同区域间的不平衡现象。所以，在同样缴费水平下，不同地区居民最后享受到的社保人均待遇水平也有很大差异，总的趋势是北京、上海等较发达省市的人均待遇水平要明显更高，由此也会进一步扩大地区间收入差距水平（见表 10.25）。

表 10.25 各地区各项社会保险的人均待遇水平（元/人）

地 区	基础养老金待遇	失业保险待遇	工伤保险待遇	生育保险待遇
全 国	20 900.42	22 084.22	21 326.03	6 218.11
北 京	30 385.73	128 108.71	35 773.90	7 486.13
天 津	23 263.57	64 843.23	22 073.89	6 984.29
上 海	26 608.82	63 882.40	34 211.95	24 738.40

续表

地　区	基础养老金待遇	失业保险待遇	工伤保险待遇	生育保险待遇
广　东	23 084.34	21 106.32	19 192.10	5 244.19
江　苏	20 880.86	17 535.94	31 459.84	4 002.57
山　东	25 437.08	18 543.11	23 534.96	8 666.24
福　建	21 783.72	17 139.68	20 709.45	7 174.76
山　西	23 187.62	13 085.15	21 023.35	7 755.09
内蒙古	22 463.23	17 980.65	23 329.33	8 122.54
吉　林	16 096.15	12 511.11	16 275.44	2 252.53
安　徽	19 802.76	23 283.78	12 498.57	5 180.07
江　西	15 702.77	10 628.38	15 125.67	3 490.15
河　南	19 998.75	12 948.02	24 740.61	3 716.75
湖　南	16 738.46	14 491.95	21 911.68	2 840.29
广　西	18 161.35	11 481.94	18 265.63	5 532.91
贵　州	19 698.69	63 577.39	29 285.56	3 342.39
甘　肃	20 609.18	24 262.25	22 279.68	4 715.17
宁　夏	21 621.27	14 230.71	49 821.15	5 619.52

资料来源：宋晓梧（2015）。

5. 国际比较看社保再分配功能发挥得还很不够

由于存在上述几个问题，我国社会保障政策的再分配效应发挥得还远远不够，与其他国家相比还略有差距。图 10.14 显示了 18 个欧盟国家社会保障政策的整体再分配效应，并且与中国进行比较。在该图中，德国、芬兰、爱尔兰、意大利、葡萄牙和英国等 6 个国家市场收入的基尼系数都高于中国市场收入的基尼系数，但在社会保障政策的再分配作用下，可支配收入的基尼系数都有了大幅度地下降，降幅在 31.3%—45.7%之间，最后都远低于中国可支配收入的基尼系数。其他国家市场收入的基尼系数都接近或略低于中国，但可支配收入的基尼系数都下降较大幅度，更大大低于中国。在这些国家中，社会保障再分配作用最大的是芬兰，芬兰市场收入的基尼系数为 0.492,比中国 2013 年的 0.473 还高，但在政府社会保障政策干预下，可支配收入的基尼系数变为 0.267，远低于中国。社会保障政策干预再分配作用最小的是冰岛，其原因可能是其市场收入基尼系数也最低，仅为 0.393，同时政府干预的作用也使得其基尼系数下降了 26%。从平均水平来看，18 个欧盟国家市场收入的基尼系数为 0.443，低于中国 2014 年的 0.469。但是，在社会保障的作用下，这些国家的可支配收入基尼系数降为 0.29，远低于中国的 0.469。从下降幅度来看，欧盟国家政府的社会保障政策使得其基尼系数的平均值下降了 40%，相比之下，中国仅下降了 12.3%。

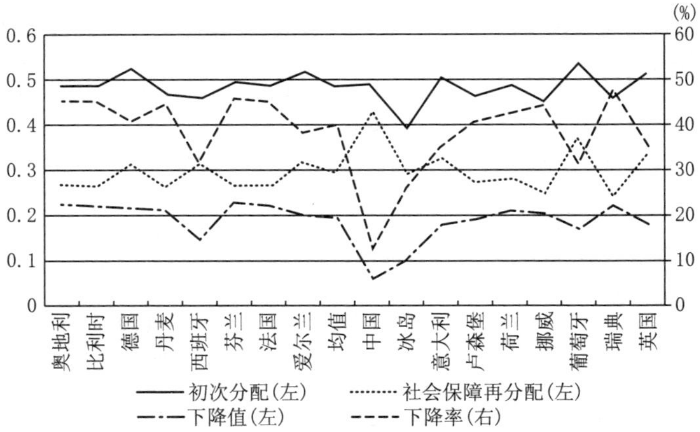

图 10.14　社会保障对收入差距调节效应的国际比较（2013 年）

资料来源：世界银行 WDI 数据库和联合国大学世界收入不平等数据库、世界概况数据库、经济合作与发展组织数据库。万海远（2016）。

第 11 章　建立公平的收入分配制度

11.1　收入分配改革紧迫性

11.1.1　由收入分配带来的社会风险在提高

1. 收入增速在下降

在经济增速下降和收入增长持续下滑的背景下，收入分配不公和收入分配秩序混乱所带来的贫富分化问题，有可能会触发经济增速下降背景下社会不稳定的来源。对穷人与富人进行同期的横向比较可以发现，穷人收入份额出现了持续下降的趋势，但是穷人纵向比较来看，在过去经济强劲增长的带动下，其收入水平仍在持续提高。然而，一旦经济开始放缓并进入下行通道，穷人就有可能面临收入水平出现停滞甚至逆向下滑的问题，激发个体对社会分配差距的不满，由此影响社会的稳定。在此基础上，若出现更为严重的大规模失业现象，则直接把低收入群体打入贫困陷阱，则更可能引起社会不稳定，因而由收入逆向下滑“棘轮效应”所带来的社会稳定风险会增加。

2. 收入差距水平高位徘徊

改革开放以来，我国居民收入差距在不断扩大，少数群众未能公平地分享经济改革和发展的成果。近些年来，居民间收入不平等持续徘徊在高位水平，尤其值得关注。改革开放初期，中国是一个平等主义盛行的国家，但从20世纪80年代初开始，全国的收入差距快速扩大。最新的统计结果显示，2017年全国居民收入的基尼系数为0.467，明显超出了国际警戒线0.4的水平。考虑到中国居民显著较高的储蓄率水平，过去40年收入水平的高速积累，已经让很多居民积累了较多的存量财富，居民存量财产的差距水平也要显著高于收入的差距水平；而且，未来由财产存量带来财产性收入的占比，也会日益提升，由此对收入差距的调控难度也将显著增加。

3. 收入分配秩序不规范问题

可以说，我国持续多年的高收入差距水平，再加上收入流动性的降低，已经给社会积累了一定的不稳定情绪，一旦再加上经济增长放缓对居民收入带来的冲击，这种社会矛盾就有可能被触发。另外，我国除了出现较高的收入差距之外，还存在着收入分配秩序不规范问题，如官员腐败、国有自然资源转为个人收入等各种收入分配秩序不规范问题，隐性收入、非法收入问题也比较突出，这也会进一步降低居民对高收入差距的容忍程度。在正常市场经济条件下，人们对守法合法辛勤劳动致富非常认可，真正排斥的是各种非法或不合理致富行为，但过去这些年发生的种种收入分配秩序失衡现象，不断冲击人们对收入差距扩大的容忍度。

11.1.2 外生因素引致的社会稳定风险在增加

1. 农村土地带来稳定兜底的作用在下降

在中国特色的城乡分割体系中，农民工几乎起到了经济发展的“蓄水池”作用，在经济发展水平好的时候，农民工纷纷离开土地进入城市劳动力市场，而当经济形势不好的时候，农民工或农村居民纵然在失业或找不到工作时，则仍然还有一个底线，那就是回到农村土地上，获得较低水平的生活保障。但是城市贫困居民一旦失业，则直接就陷入最底层而没有充分的自我保护机制。随着近年来城乡一体化的加速进行，越来越多农民抛弃土地进入城市，新生代农民工则更是缺乏与农村土地的纽带，对土地生存技能的熟练程度也在下降。在这种情况下，一旦城市经济出现放缓趋势，大量流动人口再也无法回到农村土地来获得必要的生存保障，只能滞留并聚集在城市，一定程度上也会增加社会不稳定。

2. 城市新二元对比更加直接

尽管城乡之间的收入差距在缩小，但农业转移人口与城市户籍人口之间，仍然存在较大的公共服务和社会保障差异，基本公共服务的常住人口全覆盖和均等化依然任重道远。农民工自身及其随迁家庭，都迫切需要被流入地的公共服务所覆盖，但现状并不能令人满意。无论从劳动合同签订率、各项社会保险参保率，还是从最基本的教育、医疗和住房保障来看，社会歧视、同工不同酬等问题依然存在，甚至在少数大城市还存在社会歧视、社会公平、社会融合等问题加剧的倾向。虽然新的二元结构正在形成并不断产生新变化，但新老居民之间的矛盾冲突更加直接。随着新生代农民工的比重不断提高，与老一代农民工相比，他们的受教育程度更高，在务工地就地消费的比例也更高，融入城市的愿望更强烈，权益观念和维权意识也更强。如果不及时调整社会管理体制和治理体系，新居民的需求诉求得不到充分反映与合理保障，城市中新的二元结构将带来更直接的矛盾冲突，劳资纠纷引发的群体性事件和集体罢工事件也有可能持续上升。

3. 外生性风险传导更加迅速

除收入分配领域自身外，社会领域以外的矛盾问题和风险，也呈现向社会稳定风险更加迅速的传导趋势。除了经济领域中经济下行和波动带来的潜在社会风险外，还有政治和文化领域的境外势力渗透和在境内鼓动、组织群体性事件，需要我们严加防范。近年来，西方中心主义的行为准则和生活方式，通过各种途径和方式影响着我国公民，借助新媒体有组织、有策划、持续性地传播诱导性信息，企图扰乱人们对改革开放成就的正面认识，引起在转型中的利益受损群体产生消极情绪（顾严，2016）。在 40 年市场化改革的过程中，确实出现了少数人得的多、其他人得的少的问题，甚至可能形成了一定的既得利益集团，收入差距水平也有明显扩大。因此，若外生力量与受损群体的不满一旦结合，政治领域的风险就容易传导到收入分配领域，导致社会不稳定事件发生。

11.2 收入分配改革未来展望

11.2.1 收入分配改革难度增加

1. 代际流动性下降

过去多年持续扩大的差距和已经较高的收入差距以及财富差距水平，造成了社会阶层流动性下降，特别是向上流动困难；在某种程度上，收入流动性出现下降，最底层居民难以改变其在收入分配格局中的地位，难以向更高的收入等级迁移。较大的收入差距使得居民在不同的收入等级之间流动变得困难，而流动性的降低进一步通过资本和财富的积累、阶层和行业之间的阻隔等导致收入分配状况的恶化，由此形成恶性循环，严重影响社会流动。而社会阶层的僵化和固化，使得富裕阶层与工薪阶层之间的矛盾更难调和，由此延伸，社会的相对强势和相对弱势群体之间容易形成类似的非理性倾向，比如医患纠纷、劳资矛盾等；当这种阶层流动性下降，并与经济社会持续转型的大背景相结合，就更容易造成社会心理失衡，增加潜在的不稳定风险。如果社会阶层流动出现固化，社会上下流动机制被终结，则会引起社会低收入群体的不公平感、不安全感。当这种感受积累到一定程度，就成为社会不稳定的潜在来源。

2. 资本强势回归

近年来关于资本强势而劳动相对弱势的问题，也越来越引起公众的关注，由此关于完善资本征税或开展新的财产税的呼声也较高，特别是资本侵蚀劳动、资本回报率持续上升、资本所有者的优势还进一步延伸到教育、社会和政治领域，因此必须认真面对近年来的资本强势问题。如资本的份额在上升、资本流动率在增强、资本回报率在提高，由此导致资本的控制力在增强。特别是，资本以各种形式成功地规避了政府与工会的监管，从而实现对劳动控制力的不断增强。尤其是在新经济以优化生产要素、更新业务体系、重构商业模式的美好景象下，传统的劳动力市场结构发生了巨大变化，就业领域、劳动用工方式都发生了改变，生产环节的资本替代劳动、机器替代工人、无人工厂不断出现，资强劳弱的趋势愈发明显。

3. 改革主体沉默、改革动力不足

随着资本日益强势的回归，社会就容易被分割成两个对立的利益集团，由此会带来背后社会思潮的日益混乱。近年来，经济学家就收入差距、财富分配、社会分层和流动等问题进行了激烈争论。在当前的美国，虽然就美国日益扩大的收入差距和减小的社会流动性方面，所有经济学家都达成了一致，但是在不平等扩大的成因和带来的结果方面，不同学者却出现了截然不同的观点。可以说，在制定规则的过程中，有些人的呼声明显要比别人的声音更响亮。穷人虽然有改变甚至扭转收入差距扩大的积极性，却没有能力也没有渠道实现这种改变；而少数先富起来的群体却更加没有激励去改变这一趋势。可以说，有特殊利益集团试图让规则按照有利于他们的方向设定，并常常以牺牲他人为代价来争取有利于自己的规则（约瑟夫·斯蒂格利茨，2014）。如果我们仔细审视过去 40 年持续扩大的收入不平等现象，收入分配领域靠口号改革的现象比较明显，改革主体沉默、改革力量不足、改革难度提升的趋势也显著增加。

11.2.2　全面改革重塑收入分配格局

收入是结果，但深层次原因则是产业、教育和社会保障等各种相关的政策。因此，要扩大中等收入者比重，必须要从经济社会的战略视角去看待，要从产业和就业结构的宏观视角去理解。中国过去长期实行低端的产业结构和廉价的工业产品，通过进出口帮助其他国家创造了大量的中产者，而自身仍然停留在产业和收入水平的低端，因此要改善收入分配结果，就必须从源头上提高教育质量、增加中高端就业比重、调整产业结构。只有这样，才能从根本上增强居民的就业和产业支撑，也才能有效提升中国经济竞争力。总体来看，当前我国居民收入保持中高速增长、居民收入差距进入到相对稳定阶段。在经济增速下滑和社会稳定风险增加的背景下，未来要促进居民增收，必须要从全面改革的视角来推动。

首先，对于低收入群体来说，要继续加大社会保障和就业等民生领域的支出，改革再分配政策中的不合理成分，增强累积性的再分配效应。努力增加对农村和落后地区的教育和医疗投入，进一步提高社会保障、医疗救助、社会保险等方面的保障力度，使得在“提低”方面具有坚实的财力保障。进一步增强对特殊困难群体的倾斜，完善最低生活保障标准动态调整机制，落实社会救助标准与物价上涨挂钩的联动机制，进一步落实和完善企业劳动保障守法诚信制度，加强劳动保障监察执法，加大对违法失信行为的惩戒力度。

其次，对于中产阶层来说，大部分经营者都是中等收入者，因此通过简政放权、支持小商小贩的就业条件和改善营商环境就非常必要；每次股市的大起大落，几乎都是对中等收入者的一次洗劫，房价过快增长则几乎把整个年轻一代从中等收入者拉入低收入阶层，因此必须要稳定宏观政策，抑制资产价格泡沫，防止资产价格的过度上涨给中等收入者带来损害；另外，教育、医疗和养老等高昂的生活成本在很大程度上侵蚀了中等收入者的生活水平，它严重制约了工薪阶层积累财富的能力，所以有关教育、医疗和养老等方面的政策也需要进一步改革，从而支持我国中等收入者比重的稳定快速增长。

再次，在调节高收入者方面，要在税收上有所调整，加大反腐败力度。特别是，未来要减少间接税比例（包括增值税、营业税和消费税），增加直接税比例及其再分配力度，开征财产税，对急剧扩大的财产差距进行调节。研究开征遗产赠与税，对极高财富的代际传递进行调控，严防下一代不劳而获就能轻松地成为社会财富精英。[1]同时，要继续完善国有企业高管“限薪”制度，健全与企业领导人分类管理相适应的差异化分配制度，严格控制高管薪酬水平。建立官员财产公示制度，完善收入和财产的监测机制，加大反腐败力度，并限制公权力对经济的干预，从而消除灰色收入的来源。

总体来看，要重塑收入分配格局，提升人民群众的获得感、幸福感、安全感，实现经济社会健康稳定发展，当前必须要突出政府在收入再分配中的作用，统筹推进初次、再次和三次分配作用，合理协调长期、中期和短期再分配政策，灵活运用政府、市场和社会几个手段，同步作用低收入、中等收入和高收入群体。要坚持在发展中保障和改善民生，在发展中补齐民生短

---

[1] 特别是，当前“富二代”问题日益成为社会存在的事实，穷人也日益缺乏向上层社会流动的通道，因此必须从遗产税、不动产转让税等角度对社会的财富传承进行强力调节，这对出台遗产税、房产税等政策提出了急切呼声。

板。坚持居民收入增长与经济发展同步、劳动报酬增长与劳动生产率提高同步，拓宽居民劳动收入和财产性收入渠道；全面建成覆盖全民、多层次的社会保障体系；通过政府再分配调节和推进基本公共服务均等化，缩小收入分配差距，让改革发展成果更多更公平惠及全体人民。

11.3　收入分配改革的总体思路

随着居民收入增速慢于经济增速的再次到来，收入差距水平维持高位、宏观居民收入占比过低、居民收入没有与经济增长同步的问题，再次成为政策所关心的核心问题。进一步看，在居民收入增速慢于经济增速的现实背景下，要实现居民收入与经济增长的同步，其根本着眼点在于要促进居民收入增长、降低收入差距水平。这需要进一步深化收入分配制度改革，调整收入分配政策部门职能，增强收入再分配政策的调节力度，在促进居民收入增收方面继续加码，在“调高、扩中、提低”方面持续发力，只有这样才能实现居民收入有保障、差距水平在缩小、居民收入与经济增长能同步的政策目标。

11.3.1　总体方向

在居民还没有完全合理分享经济发展成果的背景下，我国政府提出要发展包容性增长方式。在公平和共享的理念下，使更多的人群和地区同步增长，让经济增长的成果惠及更多的人，使经济发展的实惠更多地为广大的普通老百姓所享受，从而使他们的生活得到实质性的提高和改善。所以，“包容性增长”概念至少包含三层含义：一是要增长，即要保证持续和稳定的经济增长；二是增长要有包容性，即进一步采取居民有较强获得性的增长方式，让居民收入与经济增长保持同步；三是注重共享性增长，即在发展的过程中注重穷人偏向性，让弱势群体能更多地享有经济增长的成果。从这个角度来说，要促进居民收入与经济增长同步，也同样要在这一总体方向的指引下，采用包容性增长方式、注重居民获得感、侧重穷人偏向性，由此实现居民收入和经济水平的同步增长。

表 11.1 促进居民收入与经济增长同步的政策总体框架

	居民收入的初次分配	居民收入的再分配
总体方向	促进经济增长：由此带动居民收入增加	保障再分配：增加弱势群体倾斜力度
政策目标	经济稳定、持续、有效率、包容性增长	居民收入与经济增长同步，收入差距缩小
政策顺序	首先要稳定经济增长，其次要采用居民获得性强的增长方式	要在经济增长的前提下，增加对穷人的收入保护
政策思路	选择适度的经济发展模式：偏向于穷人的增长方式和共享式的发展模式	不能以牺牲经济增速为代价，在经济持续发展的前提下再分配
政策模式	直接干预居民收入增长的原因	间接干预居民收入差距的结果
政策原则	效率、公正	公正、均等
政策方式	市场机制	政府调控
政策手段	保证机会公平	调节结果差距
政策重点	侧重扩中：扩大中等收入者比重	着眼提低：提高低收入群体的收入水平
政策体系	创新政策：促进创业、中小企业发展 教育政策：人力资本投资政策 劳动政策：促进劳动力市场灵活性 资本政策：放松投资管制与行业准入 土地政策：增加供应和盘活土地市场	财政政策：财政转移支付政策 税收政策：差异化税率调节分配差距 社保政策：构建社会兜底和社会保障网 公共服务：促进流动人口公共服务体系 区域协调：平衡区域发展政策

资料来源：作者自己整理。

11.3.2 政策模式

要促进居民收入与经济增长的同步，在政策干预方面，其重点还在于保证居民增收和促进收入差距缩小，根本上还在于居民收入的平衡性增长。居民收入是由一系列经济行为所产生的结果，影响居民收入变化的因素大体上可以归结为两种类型，第一种是由于特定的社会经济发展模式所内生的收入分配结构；第二种是通过政府调控等手段对经济运行实施外在干预，从而导致利益分配格局的直接改变。前者试图改变导致居民收入差距的原因，而后者则通常试图干预居民收入差距的结果。对分配结果的直接干预，通常造成要素价格的扭曲，因此，通过发展模式的调整和市场机制的完善以促进居民增收，就成为居民收入与经济增长同步发展的根本着力点。

另外，从收入分配体制改革的角度来看，政府的调控行为一般从三个方面进行完善。一是为特定的经济发展模式和完善市场机制运行塑造良好的外部环境；二是增强教育医疗等人力资本投资相关的公共服务的可及性、公平性，为社会成员的机会均等提供切实保障；三是对税收和转移支付手段调节居民之间的收入差距。值得注意的是，人们对于收入分配体制改革中的政府调控行为，更多的是强调第三个方面的作用，而对于第一个方面，这一更为根本性的影响则通常关注不够。所以，在“十三五”时期，就必须兼顾稳定经济增长、改变经济发展模式、完善市场机制、增加政府倾斜力度，由此来促进居民收入和经济增长的同步发展。

11.3.3　政策顺序

近年来宏观经济下行态势确立，经济增速持续下滑，由 2012 年的 7.7%进一步下降到 2017 年的 6.9%。因此，要保持居民收入与经济增长的同步性，首先得要稳住经济增长，不能让经济增速过度下滑。所以，在“十三五”时期，政策的首要目标还是要保证经济的稳定增长，从刺激投资、提升进出口和扩大需求的角度，进一步提高总需求。同时，近期也要实施供给侧改革，从供需两侧同时发力，把创新驱动放在核心位置，围绕加快培育新动能、改造提升传统动能，以大众创业、万众创新带动产业转型升级，使更多新产业、新业态、新模式涌现出来，适应市场需要并带动更多就业。

其次，在实现经济增长总量目标的基础上，要更加注重居民获得性的增长方式，要改革过去通过人为压低工资、压低消费的方式来保持经济的竞争力，而必须在保障人民收入和福利不断提高的前提下不断发展。这里尤其需要选择适度的经济增长模式，通过市场化的定价模式、采用市场化的调控方式，改变经济发展过程中的技术结构，使之与我国社会中劳动力禀赋丰富的基本背景相一致，从而提高劳动力要素在生产过程中的回报、增加就业机会以提高劳动报酬在初次分配中的比重、居民收入在国民收入中的比重。

再次，在经济增长自动带动居民收入增加的市场化条件下，还必须注重政府调控方式来增加特定群体、特定居民的收入份额。市场机制与政府调控是影响不同经济主体利益分配的两种基本力量。我国过去收入差距不断扩张的状况，主要是市场机制和政府调控的使用中政府再分配较弱所导致的，因此对于未来的收入分配体制改革，必须要倾向性地增加政府调控和政府再分配力量的取向。

11.3.4 政策体系

1. 产业、收入政策对接

按照发达国家的发展经验，经济水平充分发展到一定程度时有助于居民收入差距的缩小，也就是说经济增长不仅能使居民的收入水平提高，从长远的角度来看，还有助于抑制收入差距的扩大。因此，今后一段时期内需要加快产业结构升级，大力促进高新技术产业和第三产业的发展，确立以高新技术产业为主要发展方向，使高新技术产业成为发展新的引擎。同时下大力气推进自主创新能力，使我国向创新型国家转变，积极发展特色产业，进一步形成具有核心竞争力的产业集群。经济的发展必然带来就业的增加，有利于居民就业和收入水平的提高，从而为收入差距的缩小奠定基础。

2. 长、中、短期宏观政策协调

促进居民收入增长和减少居民收入差距，需要区分长短期政策的效果。在长期来看，要完善劳动力市场，保护劳动者的合法权益；要继续资本市场的市场化改革，平衡资本和劳动之间的关系；同时，也要提高劳动者的人力资本，这是居民收入和经济增长同步的关键。而在短期来看，要重点出台各种再分配和保障政策。对于城镇人口来说，要关注城镇低收入人群的相对贫困和社会保障状况，合理调节垄断行业工资分配格局。对流动人口而言，要逐步给予长期居住的流动人口市民化待遇，在就业、居住和子女教育方面出台更加宽松的政策；合理调整中心城市产业结构，分流部分流动人口。对农村人口，要进一步扩大社会保障覆盖面，推进一体化、多层次、广覆盖的社会保障覆盖体系，提高最低生活保障力度，使这些人群能够享受到经济增长带来的好处。

3. 初次、再次、三次分配制度协调

无论是收入差距过大，还是收入分配不公，都存在初次分配和再分配两方面的问题。初次分配调整的关键是继续深化市场化改革。初次分配是市场机制配置资源的基本渠道，当前初次分配中的问题不是政府干预不足，而是市场体系和机制不完善。另外，政府在收入再分配过程中能够起到比在初次分配中更大的作用。收入差距能在多大程度上缩小，很大程度上取决于政府的再分配政策。如果再分配政策能够加大力度，能够把财政支出更多地向低收入人群倾斜，就有可能使得收入差距出现下降。最后，要加强慈善捐赠在三次分配中的作用，从而进一步补充初次和再次分配中的调节作用。

4. 中、高、低群体同时作用

要促进居民增收和减少收入差距，应该从三方面入手：要控制不合理的高收入、努力扩大中等收入群体比例、减少不合理的低收入和低保障问题。“调高”政策不应仅仅理解为限制高收入，而应是着眼于解决高收入中的不合理收入。所谓不合理高收入包括灰色收入和腐败收入，也包括垄断部门高收入，调高的重点应在这方面。“扩中”政策的重点在于要防范中等收入者掉入低收入群体、进一步增强中等收入者的作用贡献，从而以全面改革推动中等收入者比重扩大。“提低”政策的重点在于规范分配秩序、消除政策性歧视、建立城乡统一的户籍制度和流动人口普遍覆盖的社会保障和公共服务体系。

11.3.5　政策目标

政府调节再分配的目标，可以从居民收入增长、居民间收入分配和宏观收入分配格局三个方面进行任务分解。

1. 保证居民收入稳定增长

居民收入稳定增长是收入再分配制度改革的前提和基础。收入差距的缩小、收入分配结构的调整、收入分配秩序的规范和宏观收入分配格局的改变都要在居民收入稳定增长的基础上实现。收入分配改革不应当以收入增长停滞为代价。

2. 再分配差距显著缩小

在居民收入增长的基础上，缩小收入差距意味着低收入群体的收入增长速度应该比高收入群体更快，逐步实现一个更加平等、“橄榄型”的收入分配结构。从居民间收入分配的角度看，我国收入分配改革主要有两个目标，一个是居民收入增长，另一个是缩小收入差距。

3. 宏观再分配格局明显改善

从宏观收入分配格局上看，改革的目标包括提高居民收入在国民收入分配中的比重、提高劳动报酬在初次分配中的比重，以及提升社会保障和就业等民生支出占财政支出的比重。宏观收入分配格局的改变仍然需要以微观经济政策为基础，这需要进一步提高政府调控能力，实现宏观再分配格局的良性改善。

4. 大幅度减少收入分配不公

解决收入分配问题，不仅仅要关注收入差距过大的问题，更要关注收入分配中的不公问题。收入分配不公主要表现为户籍制度的逆向分配问题、垄断行业的高福利问题、灰色收入问题带来的收入分配不公问题，以及社会保障的差别待遇问题，包括国有企业、公务员与一般民企职工退休金的差别化问题等。这些收入分配不公问题也是社会反响强烈且容易引起社会不稳定的因素。因此，在收入再分配改革中，不仅仅要缩小收入差距，还要努力消除收入分配不公。

表 11.2 再分配政策的长期、中期和近期目标

	近期目标	中期目标	长期目标
阶段时期	2018—2020 年	2020—2035 年	2036—2050 年
收入水平	居民收入增速保持稳定	人民生活水平更为宽裕	改善居民收入来源结构
收入层次	让更多低收入群体成为中等收入者	中等收入群体比例明显提高	建设中等收入为主体的“橄榄型”社会
收入领域	进一步缩小城乡收入差距	区域差距显著缩小	社会流动性显著改善，实现机会公平
收入差距	遏制收入差距水平继续扩大	居民生活水平差距显著缩小	明显改变资本强势而劳动弱势的局面
收入结果	实现收入分配差距水平稳中有降	基本公共服务均等化基本实现	基本实现全体人民共同富裕

资料来源：作者整理。

11.3.6 指标设计

1. 增长指标

为了促进居民收入和经济增长的同步，在实施过程中不是通过降低某一个的增长率来达到同步，而是要提升某一个较低增长指标的增长率。因此说，在政策工具的选择中，必须要同步提升两者的增长率，而且保证两者之间的增长率不至于有很大差距。在“十三五”时期，我国经济增长率已经降低到 6.5%左右，为了实现到 2020 年人均收入翻番的目标，我国未来的经济增长目标还必须维持在 6.5%以上。同时，考虑到我国劳动报酬长期偏低、消费拉动长期动力不足的现实问题，设定居民收入增长率必须要高于经济增长率是非常必要的。

2. 同步指标

衡量居民收入和经济增长同步，并不是说要每一年两者都要保证相同的增长速度，在短期内还必须允许某个指标的合理浮动。在当前经济增速有较大波动的背景下，再加上居民收入的刚性增长特征，经济增速往往会显著高于或显著低于居民收入增速，因此短期内出现两者不同步的现象是正常的。真正需要关注的是，要在较长一段时间内，真正保证居民收入和经济增长的同步，尤其是要增强居民收入对经济增长成果的合理分享。过去我国劳动报酬占国民收入比重长期走低、居民收入在宏观分配中的占比也持续下降，这就导致我国分配结构的长期失衡。因此，在长期内必须要保证两者的基本一致。

3. 差距指标

在总体上，我们要保证居民收入与经济水平的同步增长，但同时要严防少数人收入快速增长而大多数人收入不增长的情况，一个由少数人带来的“收入被增长”和“两者被同步”并不是真正意义上的同步。换句话说，在保持居民收入和经济同步增长的同时，还必须保证大多数人收入的同步增长，即不同群体的收入差距不至于进一步扩大。这就要求高低收入组的比例不扩大、城乡居民间的收入差距会显著改善，而且地区和行业间的收入差距还有进一步缩小的倾向等。

4. 分配指标

要保证居民收入与经济增长的同步，除了市场上一次分配的差距不扩大外，还必须要求政府在促进居民收入差距进一步缩小方面有所作为，要求再分配政策后的收入差距水平要显著小于初次分配的收入差距水平。尤其是，在某些再分配政策存在明显逆向效果的背景下，提高有效再分配政策的调节效果、改革或缩小某些无效政策的调节效果就非常重要。所以，在促进居民收入与经济增长同步的政策体系中，必须对政府政策的再分配效果提出要求，否则达到的同步目标不仅无效，甚至存在本末倒置的可能。

5. 流动指标

保证居民收入增长和社会流动是所有收入分配政策的根本，要促进居民收入与经济水平的同步增长，也必须要关注社会不同成员间的收入流动性问题，必须要关注居民向社会更高层次流动的渠道问题。只有建立能上能下、居民收入增长顺畅、社会成员流动活跃的增长体制，居民收入与经济增长同步的最终目标才是真正有效率的。

表 11.3　促进居民收入与经济增长同步的指标体系

指标分类	指标名称		指标属性
增长指标	1	经济增长率在 6.5%以上	方向性
	2	居民收入增长率超过经济增长率	方向性
同步指标	1	短期内可以允许不同步	预期性
	2	长期内两者同步更重要	必要性
差距指标	1	高低收入组的比例不扩大	必要性
	2	城乡收入差距显著改善	预期性
	3	地区和行业差距有缩小	预期性
分配指标	1	收入差距基尼系数不扩大	方向性
	2	劳动报酬占比提高	必要性
	3	再分配比初次分配要有改善	必要性
流动指标	1	收入分位群体的流动性要提高	必要性
	2	资本劳动比不显著提高	必要性
	3	中等收入群体比重增加	预期性

资料来源：作者自己整理。

11.4　深化收入分配制度改革的配套措施

在经济新常态下，要调节居民收入分配的最主要政策方向，是稳定居民收入来源、增强居民消费能力、保障居民消费意愿，其根本目标是稳定扩大内需、发掘新的经济增长动力、托底经济增长，由此带来居民增收—消费扩大—经济增长—居民增收的良性循环，也就顺理实现居民增长和经济增长保持同步的目标。在这些目标框架下，还必须通过制定一系列的政策予以落实。具体来讲，促进居民增收和经济增长的政策方向主要有以下几点。

11.4.1　政策调节方向

1. 增加就业机会

在经济新常态下，就业应当作为缩小收入差距和消除贫困的基本政策。低收入人群以及贫困人口的收入水平低、收入增长缓慢，通常都是由于就业机会缺乏引起的。只有获得了就业机会，人们才有可能获得分享经济增长成果的可能。因此，应努力创造就业岗位和扩大就业面，把尽可能多的人口吸引到经济发展过程中，使尽可能多的人群分享经济增长的成果。在当前经济现状下，要增加就业，一方面要大力发展劳动力密集型产业。另一方面要促进中小企业的成长和发展，为鼓励创业提供良好的环境，加快发展第三产业，积极发展各种形式的非正规就业等。

2. 促进居民增收

总体来看，当前我国居民收入增速显著回落，在宏观经济环境严峻、经济存在下行压力背景下，居民增收面临很多不确定性，收入分配形势还存在很大的挑战。下一阶段，要把促进居民增收放在突出位置上，从就业稳定工资性收入、整顿资本市场拓宽财产性收入、推进双创带来经营性收入、提高转移支付增加居民转移性收入角度出发，坚定不移地推进居民收入的结构调整，从而为居民增收奠定基础。为此，建议在各级政府设立关于居民收入增长的非约束性指标，由此来引导各级政府提高对居民增收问题的重视，从而保证我国居民收入的稳定增长和收入分配形势的持续改善。

3. 增强劳动保护

在我国经济发展过程中，由于长期认为资本与技术是最主要的制约因素，因此在一些地方的政策实践中，倾向于压低劳动力成本以吸引投资、促进当地经济发展，这导致了劳动力收益受到损害，也不利于以劳动工资为主要生活来源的弱势群体的收入改善。因此，改善分配结构，需要加强对劳动力的保护，从政策上支持劳动者获取报酬的权益，逐步改变过度压低劳动力成本吸引投资、促进发展的政策取向。增强劳动保护，需要推动工资集体协商和工资支付保障制度建设，落实最低工资制度。现阶段已经形成工资集体协商、工资支付保障以及最低工资制度的基本框架，但仍缺乏有效的落实，因此需要由政府来推动实施。

4. 规范分配秩序

在初次分配领域，规范收入分配秩序的基本出发点是，通过保障机会均等，以市场机制为基础，实现各主体获得与贡献对应的报酬，从而实现合理的分配结果。规范分配秩序，要在垄断行业中逐步引入竞争机制，对垄断行业进行价格管制和收入分配管制，增强收入来源透明度，消除权力和腐败带来的分配不公问题。严格规范公共部门的工资外的货币收入和非货币收入，坚决惩处腐败行为，取缔和打击非法收入。在经济新常态背景下，由于制度、政策的不完善，通过侵吞公有财产和公共资源、偷税漏税、走私受贿、权钱交易、制售假冒伪劣等破坏市场秩序的非法行为，成为谋取暴利的手段，应强化法制监管，坚决取缔、打击。

5. 保障民生支出

在经济增长减速时期，政府财政收入必然会受到不同程度的影响，但政府却需要坚持不挤压民生支出的原则。同时，要加强弱势人群的能力建设，增加其就业机会、提供必要的教育补贴、医疗保障以及其他社会保护措施，增强他们参与市场活动的能力。家庭的经济状况将制约着家庭成员的人力资本形成，教育、医疗和培训是人力资本形成的重要途径，因此应当加大对教育、医疗以及培训等方面的公共支出，使得不同经济状态的家庭具有相当的人力资本投资机会，从而具有较为平等的市场参与机会。

6. 合理引导社会对收入增长预期

在经济下行压力持续加大的背景下，劳动就业和居民收入增长压力也持续提高，因此居民收入增速下降也会成为一种常态。如果经济增速显著下降，在居民收入与经济增长基本同步的背景下，那么居民收入增长自然也应向下有所调整。所以，在政策上就需要通过发布清晰的宏观目标和居民收入政策措施，释放明确的调控政策信号来引导和稳定社会预期，在经济快速下行期不能让社会对收入增长有过高的预期。在经济下行时期，政府需要引导居民把就业稳定作为首要目标，引导居民在就业稳定前提下的合理收入增长预期，同时居民也不必强求其收入始终稳定高于经济增速。

11.4.2 调高政策

从提高低收入和贫困人群的收入增长速度，扩大中等收入群体规模和调节高收入人群的收入出发，来推进收入分配制度改革，在 2020 年建立一套公平合理的收入分配制度。

1. 改革税收调节制度

税收是政府在再分配环节干预分配结果的基本手段，但这项政策在我国目前未能有效地调解分配差距。目前税收结构中倚重流转税，这在总体上不仅不利于差距的缩小，反而有加剧分配差距的可能。如现行的个人所得税采用了分类征收、代扣代缴的方式，其目的在于防止漏税，增加财政收入，但由于缺乏综合收入口径，难以有效调节分配差距。在我国现行的所得税制度下，总体税率相对较低，税负的累进性不明显。

为发挥所得税的分配调节作用，完善税收体制改革，构建促进收入公平分配的税制结构，从多层次、多角度、全方位搭建一个以个人所得税为主体，以其他税种为补充的多税种、立体、全过程的税收调节体系。个人所得税的制度设计应真正体现对低收入者的必要保护，对低收入者可考虑增加家庭赡养、家庭结构、子女教育等专项费用扣除项目，实现所得税制逐渐从分类征收向综合税制转变。同时，尽快开征财产税，结束财产保有层面的无税状态，从而建立起至少在收入和财产两个层面全方位调节贫富差距的直接税税制体系。完善财产税，努力创造条件开征物业税与遗产赠予税，通过累进税制来调节居民收入差距，这应当成为近期着手的工作重点。

2. 规范垄断行业高收入

要继续完善国有企业高管“限薪”制度，健全与企业领导人分类管理相适应的差异化薪酬分配制度，严格控制高管薪酬水平，缩小与政府公务员等公共部门的收入差距。要加快垄断行业内部分配制度改革，逐步放宽市场准入条件，构建垄断行业的有效竞争格局，使垄断行业职工工资收入水平逐步与劳动力市场价位接轨。而且要采取规范办法，将垄断收益的大部分收归国家财政，对留归企业的垄断收益，政府要严格监督管理。此外，还需要建立财产公示制度，完善收入和财产的监测机制，加大反腐败力度，并限制公权力对经济的干预，从而消除灰色收入的来源。

11.4.3　扩中政策

1. 增加中等收入者比重

尽管近些年居民财产收入增长较快，但占居民总收入的比重仍然较低。

为提高中等收入居民比重，就要创造条件提高广大居民的财产性收入，鼓励居民积累财产，扩大社会财富，培育中等收入阶层，逐渐形成“橄榄型”的收入分配结构。尤其是，需要拓宽居民直接投资渠道，加快金融产品和金融工具创新，提高居民的理财水平。同时，要改善金融服务，构建广大群众收入来源多元化、风险结构异质化、资产存量组合化的理财平台。而对于农村居民来说，还要赋予农民物权性质的土地产权，实现农地产权的商品化和货币化，促进土地流转并增加农村居民的财产性收入，从而在根本上扩大中等收入者比重。另外，每次股市的大起大落，几乎都是对中等收入者的一次洗劫，房价过快增长则几乎把整个年轻一代从中等收入者拉入到低收入阶层，因此必须要稳定宏观政策，抑制资产价格泡沫，从而防止资产价格的过度上涨给中等收入者带来损害。

2. 增加民生支出力度

在全球范围内，各国财政的职能都从经济建设转向公共服务和民生保障，其支出方向也都集中在农村公共服务、落后地区公共建设和区域间公共服务协调等，其目的在于通过政府的财政转移支付，来缩小较大的城乡、群体和地区间收入差异。从这个角度来说，我国财政的转移支付应当更多地瞄准基础教育、医疗卫生、社会救助等公共服务与社会保护。在政府的支出结构上，应当将收入再分配放在重要的位置上，财力适当向收入再分配倾斜，增加与民生紧密相关的各种支出，包括社会保险、社会救助、社会福利和慈善事业相衔接的社会保障体系等，尽可能多地安排对低收入人群、贫困人口的转移性支出，从而有效缩小收入分配差距。最后，要加快转移支付的立法进程，推进财政转移支付制度改革。依法调整当前的财政转移支付形式，统一转移支付标准。调整转移支付方式，从单一的纵向逐级转移方式向纵向全面覆盖式转移与横向转移并用方式转换，在我国建立规范的政府间转移支付制度，缩小税收返还和专项转移支付规模，扩大均等化转移支付规模。

11.4.4 提低政策

1. 完善社会保障体制

税收调节的主要目标是“调高”，而社会保障的主要目标是“保低”。不同人群的社会保障差异也会造成居民实际福利的不均等。完善社会保障制度应以“人人享有基本生活保障”为目标。现有的社会保障制度在保障低收入人群的基本生活方面具有非常显著的作用，有力地缓解了低收入人群的生活困难。在完善各项社会保障的实施机制，使之成为一项长期制度的同时，应改善公共服务的供应机制，保障低收入人群在下一代的机会均等。所以，要扩大社会保障的覆盖面，改变当前不同人群所享有的社会保障制度差异，扩大社会保障覆盖面，将更多的社会成员特别是中低收入者纳入社会保障体系，尽快把农民工、失地农民、灵活就业人员纳入社会保障体系中来。

同时，要提高农村保障标准，打破城乡二元社会保障结构，探索建立农民工养老保险和多种形式的农村养老保险制度，推进新型农村合作医疗制度，研究建立农村老龄人口生活补助制度，推动城乡社会保障制度的有轨衔接。增强社会保障覆盖群体内部受益的均等性，平衡不同群体间的社保待遇差距，从而缩小社会保障的城乡差距。继续推进和完善城市以养老、失业、医疗保险为重点的社会保障制度，健全最低生活保障体系。

2. 落实精准扶贫政策

鉴于贫困人口分布的变化，扶贫开发战略也需要进行重大调整，即由以前的区域瞄准和经济增长为主的开发式扶贫。对于不同的贫困群体，需要提出更加针对性的扶贫政策。特别是，由于一些极端低收入群体在预算硬约束的限制下，没有启动资金从而无法外出从事非农就业，所以没有机会来启动他们自己的收入增长过程，从而陷入贫困的恶性循环中去。这一部分人无法从积极的劳动力市场政策中获益，而只能通过在农村地区建立更完善的社会保障网络来彻底摆脱贫困。在减贫的步骤上，也必须重点突出这些容易掉入贫困线以下的群体。为了实现 2015 年以后减少 1 000 万以上贫困人口目标，近期的政策建议包括：第一，在 2017 年基础上，贫困开发资金的投入再增加 10%以上。第二，进一步加大对集中连片特殊困难地区开发扶贫投入力度，让农村居民收入增长的潜力得到更大程度的释放。第三，加强对贫困户的瞄准精度，注意应对经济增速放缓、财政收入绝对水平下降和农村贫困人口结构变动所产生的不利影响。

3. 清理农民工歧视政策

要逐步取消城乡隔离的户籍管理制度，积极探索建立农村劳动力进城就业的规范管理制度，建立专门为农民工提供服务的劳务市场，促进农村劳动力向非农产业合理有序地流动。强化劳动监察执法职能，严厉查处拖欠农民工工资和不按企业最低工资规定支付工资的行为。各级司法行政部门需要严格依照《法律援助条例》的规定，为农民工追讨工资的诉讼提供法律援助。另外，要允许企业和个人捐赠的扶贫资金在所得税前扣除，广泛吸纳各类社会资金参与农村扶贫开发，另外还要逐步建立农业灾害补偿机制和市场风险补偿机制。

参考文献

Acemoglu, D., 1997, "Matching, Heterogeneity, and the Evolution of Income Distribution", *Journal of Economic Growth*, 2 (1): 61—92.

Adelmen, I., and Sunding, D., 1987, "Economic Policy and Income Distribution in China", *Journal of Comparative Economics*, September.

Alesina, A., and D. Rodrik, 1994, "Distributive Politics and Economic Growth", *Quarterly Journal of Economics*, 109 (2): 465—490.

Alesina, A., and R. Perotti, 1996, "Income Distribution, Political Instability, and Investment", *European Economic Review*, 40 (6): 1203—1228.

Atkinson, A. B., F. Bourguignon, and C. Morrisson, 1991, *Empirical Studies of Earnings Mobility*, London: Harwood Academic Publishers.

Becker, S. O., and A. Ichino, 2002, "Estimation of Average Treatment Effects Based on Propensity Scores", *STATA Journal*, 2 (4): 358—377.

Blinder, A. S., 1973, "Wage Discrimination: Reduced Form and Structural Estimates", *Journal of Human Resources*, 8 (4): 436—455.

Brandt, L., and C. A. Holz, 2006, "Spatial Price Differences in China: Estimates and Implications", *Economic Development and Cultural Change*, 55 (1): 43—86.

Brenner, Mark, 2001, "Re-examining the Distribution of Wealth in Rural China." in *China's Retreat from Equality: Income Distribution and Economic Transformation*, edited by Carl Riskin, Renwei Zhao, and Shi Li, Armonk, New York: M. E. Sharpe: 248.

Brown, R. S., M. Moon, and B. S. Zoloth, 1980, "Incorporating Occupational Attainment in Studies of Male-Female Earnings Differentials", *Journal of Human Resources*, 15: 3—28.

Cai, Fang, and Yang Du, 2011, "Wages Increase, Wages Convergence, and Lewis Turning Point in China", *China Economic Review*, 22 (4): 601—610.

Chen, Shaohua, and Martin Ravallion, 2004, "How Have the World's Poorest Fared since the Early 1980s", *World Bank Research Observer*, 19 (2): 141—169.

Dehejia, Rajeev H., 2005, "Practical Propensity Score Matching: A Reply to Smith and Todd", *Journal of Econometrics*, 125: 355—364.

Démurger, Sylvie, Martin Fournier, Shi Li, and Zhong Wei, 2006, "Economic Liberalization With Rising Segmentation In China's Urban Labor Market", *Asian Economic Papers*, 5 (3): 58—101.

Deninger, Klaus, and Lyn Squire, 1996, "New Ways of Looking at Old Issues: Inequality and Growth", *Journal of Development Economics*: 57.

Dick, 1974, "Authoritarian Versus Non-authoritarian Approaches To Economic Development", *Journal of Political Economy*, 82 (4): 817—827.

Dollar, D., and A. Kraay, 2002, "Growth is Good for the Poor", *Journal of Economic Growth*, Vol.7, Issue 3: 195—225.

Dowling, John Malcolm, and D. Soo, 1983, "Income Distribution and Economic Growth in Developing Asian Countries", November.

Fields, G. S., 2003, "Accounting for Income Inequality and Its Change: A New Method, with Application to the Distribution of Earnings in the United States", Emerald Group Publishing Limited, 1—38.

Fiona, A. E. Coulter, Frank A. Cowell, and Stephen P. Jenkins, 1992, "Equivalence Scale Relativities and the Extent of Inequality and Poverty", *The*

Economic Journal.

Gan, Li, 2017, "Income Inequality and Insufficient Consumption in China", presentation at The 6th Annual JRCPPF Conference "Escalating Risks: China's Economy, Society and Financial System," Princeton University, February 16—17, http://jrc.princeton.edu/sites/jrc/files/gan_li_ac_2017.pdf.

Glazerman, S., D. Levy, and D. Myers, 2003, *Non Experimental Replications of Social Experiments: A Systematic Review*, Princeton, NJ: Mathematica Policy Research, Inc.

Golan, J., T. Sicular, and N. Umapathi, 2015, *Unconditional Cash Transfers in China: An Analysis of the Rural Minimum Living Standard Guarantee Program*, World Bank Policy Research Working Paper 7374.

Gustafsson, B., and Haiyuan Wan, 2018, "*Wage Growth and Wage Inequality in Urban China: 1988—2013*", UNU-WIDER working paper, October.

Gustafsson, B., and Shi Li., 2003, "Income Inequality within and across Counties in Rural China 1988 and 1995", *Journal of Development Economics*, 69 (1): 179—204.

Gustafsson, Bjorn, Shi Li, and Terry Sicular, 2008, *Income Inequality And Public Policy In China*, Cambridge University Press.

Heckman, James J., and Edward Vytlacil, 2001, "Policy-Relevant Treatment Effects", *American Economic Review*, May, Vol.91, No.2: 107—111.

Jann, B., 2008, "The Blinder-Oaxaca Decomposition for Linear Regression Models", *STATA Journal*, 8 (4): 453—479.

Kanbur, Ravi, Yue Wang, and Xiaobo Zhang, 2017, "The Great Chinese Inequality Turnaround", IZA Discussion Papers 10635.

Khan, A. R., and Carl Riskin, 1998, "Income and Inequality in China," *China Quarterly*, June.

Khan, A. R., and Carl Riskin, 2005, "China's Household Income and Its Distribution, 1995 and 2002," *China Quarterly*, June.

Knight, John, and Lina Song, 1999, *The Rural-Urban Divide*, *Economic*

Disparities and Interactions in China, Oxford University Press.

Knight, John, Shi Li, and Haiyuan Wan, 2017, "The Increasing Inequality of Wealth in China 2002—2013", Oxford University working paper, February.

Kristjansson, A. S., 2011, "Income Redistribution in Iceland: Development and European Comparisons", *European Journal of Social Security*, 13 (4): 392—423.

Lerman, R. I., and S. Yitzhaki, 1985, "Income Inequality Effects by Income Source: A New Approach and Applications to the United States", *Review of Economics and Statistics*, 67: 151—156.

Leuven, Edwin, and Barbara Sianesi, 2003, "PSMATCH2: Stata Module to Perform Full Mahalanobis and Propensity Score Matching, Common Support Graphing, and Covariate Imbalance Testing", Retrieved April 11, 2008, http://ideas.repec.org/c/boc/bocode/s432001.html.

Li, Shi, and Haiyuan Wan, 2015, "Evolution of Wealth Inequality In China", *China Economic Journal*, 8 (3): 264—287.

Li, Shi, and John Knight, 1996, "Educational Attainment and Rural-Urban Divide in China", *Oxford Bulletin of Economics and Statistics*, Feb.

Li, Shi, and Terry Sicular, 2014, "The Distribution of Household Income In China: Inequality, Poverty And Policies", *The China Quarterly*, 217 (March): 1—41.

Li, Shi, Haiyuan Wan, and Qinghai Li, 2018, "Top Incomes in China: Data Collection and the Impact on Income Inequality", UNU-WIDER working paper, October.

Li, Shi, Hiroshi Sato, and Terry Sicular, 2013, *Rising Inequality In China: Challenges to a Harmonious Society*, Cambridge University Press: 54.

Lu, Yilong, 2003, *Hukou System: Control and Social Inequality*, Beijing: ShangWu Press.

Lu, Yilong, 2004, *Beyond hukou—The Interpretation of Household Registration System in China*, Beijing: Social Science Press in China.

Morduch, Jonathan, and Terry Sicular, 2002, "Rethinking Inequality

Decomposition With Evidence From Rural China", *The Economic Journal*, Volume 112：93—106.

Murphy, K. M., A. Shleifer, and R. W. Vishny, 1989, "Income Distribution, Market Size, And Industrialization", *Quarterly Journal of Economics*, 104 (3)：537—564.

Naughton, B., 2007, *The Chinese Economy：Transitions and Growth*, Cambridge Mass and London：MIT Press.

Oaxaca, R., 1973, "Male-Female Wage Differentials in Urban Labor Markets", *International Economic Review*, 14 (3)：693—709.

Ohtake, Fumio and Makoto Saito, 1998, "Population Aging And Consumption Inequality In Japan", *Review of Income and Wealth*, 44 (3)：361—381.

Perotti, R., 1993, "Political Equilibrium, Income Distribution and Growth", *Review of Economic Studies*, 60 (4)：755—776.

Perotti, R., 1996, "Growth, Income Distribution, and Democracy：What the Data Say", *Journal of Economic Growth*, 1 (2)：149—187.

Piketty, T., L. Yang, and G. Zucman, 2017, "Capital Accumulation, Private Property and Rising Inequality in China, 1978—2015", NBER Working Papers.

Psacharopoulos, 1985, "Returns to Education：A Further Intemational Update and Implications", *Journal of Human Resources*：585—599.

Rao, V. M., 1969, "Two Decompositions of Concentration Ratio", *Journal of the Royal Statistical Society*, 132 (3)：418—425.

Ravallion, Martin, and Shaohua Chen, 2007, "China's Uneven Progress against Poverty", *Journal of Development Economics*, Vol.82 (1)：1—42.

Sato, Hiroshi, Shi Li, and Ximing Yue, 2008, "The Redistributive Impact of Taxation in Rural China, 1995—2002：An Empirical Study Using The 1995—2002 CHIP Surveys", In Gustafsson, Bjorn, Shi Li and Terry Siculareds, *Income Inequality and Public Policy In China*, Cambridge University Press.

Shorrocks, A., 1978, "Income Inequality and Income Mobility", *Journal of Economic Theory*, 19 (2): 376—393.

Shorrocks, A. F., 1980, "The Class of Additively Decomposable Inequality Measures", *Econometrica*, 48 (3): 613—625.

Shorrocks, A. F., 1982, "Inequality Decomposition by Factor Components", *Econometrica*, 50 (1): 193—211.

Shorrocks, Anthony F., 1999, "Decomposition Procedures For Distributional Analysis: A Unified Framework Based on the Shaply Value", Unpublished Manuscript, Department of Economics, University of Essex.

Sicular, Terry, Ximing Yue, Gustafsson Björn, and Shi Li, 2007, "The Urban-Rural Income Gap and Inequality in China", *Review of Income and Wealth*. Vol.53, Issue 1: 93—126.

Sicular, T., X. Yue, B. Gustafsson, and S. Li, 2010, "*How Large is China's Rural-Urban Income Gap*", In M. K. Whyte, Ed., One Country, *Two Societies: Rural-Urban Inequality in contemporary China*, Cambridge, Ma: Harvard University Press: 85—104.

Simon, Kuznets, 1955, "Economic Growth and Income Inequality", *The American Economic Review*, Vol.45, No.1: 1—28.

Solinger, D., 1999, "Contesting Citizenship in Urban China: Peasant Migrants, the State, and the Logic of the Market", University of California Press, Berkeley.

Song, Jin, Terry Sicular, and Ximing Yue, 2011, "Appendix Ⅱ: The 2002 and 2007 CHIP Surveys: Sampling, Weights, and Combining the Urban, Rural and Migrant Samples", University of Western Ontario CIBC Working Paper, October 2011.

Stark, O., J. E. Taylor, and S. Yitzhaki, 1986, "Remittances And Inequality", *Economic Journal*, 96: 722—740.

State Council, 1986, "Household Registration Rule", *in China Population Yearbook 1985*, Social Science Press, Beijing.

Vandemoortele, Jan, 2013, "Inequality and Gresham's Law—The Bad Drives Out the Good", Background Paper Prepared For The UN Country Team

In China.

Vandenberghe, V., and S. Robin, 2004, "Evaluating the Effectiveness of Private Education across Countries: A Comparison of Methods", *Labour Economics*. Volume 11, Issue 4: 487—506.

Wan, Guanghua, 2004, "Accounting For Income Inequality in Rural China: A Regression-Based Approach", *Journal of Comparative Economics*, Volume 32: 348—363.

World Bank, 1997, *Sharing Rising Incomes: Disparities in China*, The World Bank, Washington D. C.

Wu, Xiaogang, and Donald J. Treiman, 2004, "The Household Registration System and Social Stratification in China 1955—1996", *Demography*, 41.

Xie, Yu, and Xiang Zhou, 2014, "Income Inequality In Today's China", *Proceedings of the National Academy of Science*, 111 (19): 6928—6933.

Yang, Dennis Tao, 1999, "Urban-Biased Policies and Rising Income Inequality in China", *American Economic Review*, May: 306—310.

Yang, Yunyan, 2003, "Migration in China: Scale Estimate and Intensity Analysis", *Social Science in China*, No.6: 97—107.

北京师范大学收入分配研究院:《收入分配相关理论研究及国际比较》,研究报告,2012 年 5 月。

蔡昉、杨涛:《城乡收入差距的政治经济学》,《中国社会科学》2000 年第 4 期。

蔡萌、岳希明:《我国居民收入不平等的主要原因:市场还是政府政策》,《财经研究》2016 年第 4 期,第 4—14 页。

蔡萌、岳希明:《中国社会保障支出的收入分配效应研究》,《经济社会体制比较》2018 年第 1 期,第 36—44 页。

陈吉平、张也弛:《税收对收入分配影响的国际比较》,载万海远、李实、孟凡强等:《中国税收制度的收入分配效应》,社会科学文献出版社 2018 年版。

甘肃省收入分配改革课题组:《深化收入分配制度改革的配套措施研究》,课题报告,2014 年 6 月。

古斯塔夫森、李实、史泰丽、岳希明：《中国收入不平等及其地区差距》，载李实、史泰丽、别雍·古斯塔夫森等：《中国居民收入分配研究Ⅲ》，北京师范大学出版社2008年版。

顾严：《经济新常态下的收入差距与社会稳定》，工作论文，2016年12月。

关博：《破除制度梗阻，发挥好社会保障收入再分配功能》，工作论文，2017年12月。

郭奔胜：《解决收入分配问题须警惕三大认识误区》，《瞭望新闻周刊》2010年第6期。

国家发改委就业分配司、北京师范大学中国收入分配研究院：《居民收入分配年度报告》，社会科学文献出版社2016年版。

国家发改委就业分配司、北京师范大学中国收入分配研究院：《居民收入分配年度报告》，社会科学文献出版社2017年版。

国家统计局：《2003—2016年全国居民人均可支配收入基尼系数》，http://www.stats.gov.cn/ztjc/zdtjgz/yblh/zysj/201710/t20171010_1540710.html。

国家统计局农村调查总队课题组：《城乡居民收入差距研究》，《经济研究》1994年第12期。

国家统计局住户调查办公室：《中国住户调查年鉴》，中国统计出版社2017年版。

杰弗里·M.伍德里奇：《计量经济学导论》，中国人民大学出版社2010年版。

卡恩、格里芬、李思勤、赵人伟：《中国居民户的收入及其分配》，载赵人伟、基斯·格里芬等：《中国居民收入分配研究》，中国社会科学出版社1994年版。

卡恩、李思勤：《中国的收入和不均等——1988年至1995年住户收入构成、分配和变化》载赵人伟、李实、李思勤主编：《中国居民收入分配再研究》，中国财政经济出版社1999年版。

赖德胜等：《中国劳动力市场报告2012》，北京师范大学出版社2012年版。

李帆、万海远：《完善收入分配调控的跨部门协同机制》，《行政管理改革》2015 年第 4 期，第 46—50 页。

李培林、朱迪：《努力形成橄榄型分配格局》，《中国社会科学》2015 年第 1 期。

李实：《当前中国的收入分配状况》，《学术界》2018 年第 3 期，第 5—19 页。

李实、罗楚亮、史泰丽：《中国的收入不平等和贫困问题》，载李实、佐藤宏、史泰丽主编：《中国收入差距变动分析》，人民出版社 2013 年版。

李实、罗楚亮：《中国城乡居民收入差距的重新估计》，《北京大学学报（哲学社会科学版）》2007 年第 2 期，第 111—120 页。

李实、罗楚亮：《中国收入差距究竟有多大?》，《经济研究》2011 年第 4 期，第 68—79 页。

李实：《让社会财富分配更加公平》，《中国教育报》2007 年 11 月 20 日。

李实、史泰丽、古斯塔夫森：《中国居民收入分配研究Ⅲ》，北京师范大学出版社 2008 年版。

李实、宋锦、刘小川：《中国城镇职工性别工资差距的演变》，《管理世界》2014 年第 3 期。

李实、万海远：《提高我国基尼系数估算的可信度》，《经济学动态》2013 年第 2 期。

李实、吴珊珊、邢春冰：《中国城镇地区的工资增长和工资差距：基于 CHIP 1995—2013 的实证分析》，载李实、岳希明、史泰丽、佐藤宏编：《中国收入分配格局的最新变化Ⅴ》，中国财政经济出版社 2017 年版。

李实、杨穗：《中国城市低保政策对收入分配和贫困的影响作用》，《中国人口科学》2009 年第 5 期，第 19—27 页。

李实、岳希明：《中国个人收入差距的最新变化》，《财经》2004 年第 4 期。

李实、赵人伟、高霞：《中国离退休人员收入分配中的横向与纵向失衡分析》，《金融研究》2013 年第 2 期。

李实：《中国个人收入分配研究回顾与展望》，《经济学季刊》2003 年第 2 卷第 2 期。

李实、朱梦冰、詹鹏：《中国社会保障制度的再分配效应》，《中国社会保障评论》2017 年第 11 期。

李实、佐藤宏、史泰丽：《中国收入差距变动分析——中国居民收入分配研究Ⅳ》，人民出版社 2013 年版。

林毅夫、蔡昉、李周：《中国的奇迹：发展战略与经济改革》，上海人民出版社 1999 年版。

刘志伟：《收入分配不公平程度测度方法综述》，《统计与信息论坛》2003 年 9 月。

龙莹、谢静文：《城乡内部收入不平等与收入极化的对比分析：1988—2010 年》，《商业研究》2015 年第 5 期，第 47—53 页。

陆益龙：《超越户口——解读中国户籍制度》，中国社会科学出版社 2004 年版。

罗楚亮：《城乡居民收入差距的动态演变：1988—2002 年》，《财经研究》2006 年第 9 期，第 103—112 页。

罗楚亮：《城乡收入差距的变化及其对全国收入差距的影响》，《劳动经济研究》2017 年第 5 期，第 21—47 页。

罗楚亮、史泰丽、李实：《中国收入不平等的总体状况（2007—2013 年）》，载李实、岳希明、史泰丽、佐藤宏编：《中国收入分配格局的最新变化——中国居民收入分配研究Ⅴ》，中国财政经济出版社 2017 年版。

马建堂就 2012 年国民经济运行情况答记者问，http://www.stats.gov.cn/tjdt/gjtjjdt/t20130118_402867315.htm。

民政部：《社会服务统计季报（2014 年第 4 季度）》，http://files2.mca.gov.cn/cws/201501/20150129172531166.htm。

聂海峰、岳希明：《间接税归宿对城乡居民收入分配影响研究》，《经济学（季刊）》2012 年第 12 期。

彭建梅：《2014 年度中国慈善捐助报告》，中国社会出版社 2015 年版。

蒲宇飞等：《深化收入分配制度改革的配套措施研究》，内部资料，2014 年 11 月。

曲兆鹏、赵忠：《老龄化对我国农村消费和收入不平等的影响》，《经济研究》2008 年第 12 期。

山西财经学院、山西省城市社会经济调查队：《山西城乡居民收入差距的实证分析》，《中国农村观察》1998 年第 1 期。

邵雪松、杨燕红：《社会保障支出的国际比较研究》，《厦门特区学校党报》2011 年第 2 期。

史泰丽、岳希明、古斯塔夫森、李实：《中国城乡之间收入差距分析》，载李实、史泰丽、古斯塔夫森等：《中国居民收入分配研究Ⅲ》，北京师范大学出版社 2008 年版，第 120—166 页。

宋晓梧：《地方政府公司化研究》，中国财富出版社 2014 年版。

苏海南：《我国收入分配改革回顾与当前形势及展望》，内部资料，2018 年 4 月。

田效先：《企业所得税的经济增长效应研究》，东北财经大学出版社 2016 年版。

万海远、李实、孟凡强等：《中国税收制度的收入分配效应》，社会科学文献出版社 2018 年版。

万海远、李实：《社会关系网与中国农村收入不平等》，载李实主编：《中国收入分配研究报告》，社会科学文献出版社 2013 年版。

万海远：《社会保障调节收入差距效应的国际比较》，载宋晓梧主编：《“十三五”时期我国社会保障制度重大问题研究》，中国劳动社会保障出版社 2016 年版。

万海远：《收入不平等与公共政策》，社会科学文献出版社 2017 年版。

万海远、袁畅：《收入差距的国际比较》，载国家发改委就业司和北师大收入分配研究院：《中国居民收入分配年度报告》，社会文献科学出版社 2015 年版。

汪昊：《“营改增”减税的收入分配效应》，《财政研究》2016 年第 10 期。

汪利娜、魏众：《城镇住宅福利规模与收入分配》，载赵人伟、李实、卡尔·李思勤主编《中国居民收入分配再研究》，中国财政经济出版社 1999 年版。

王冉：《住户调查一体化改革中的居民收入统计》，载许宪春：《中国收入分配统计问题研究》，北京大学出版社 2015 年版，第 19—32 页。

王薇：《居民收入不平等指数分解研究》，《商业研究》2013 年第 5 期。

魏后凯：《中国乡镇企业发展与区域差异》，《中国农村经济》1997年第7期。

吴开亚、张力：《发展主义政府与城市落户门槛：户籍制度改革的反思》，《社会学研究》2010年第6期，第58—85页。

西南财经大学中国家庭金融调查与研究中心：《中国家庭收入不平等报告》，研究报告，2012年12月。

谢宇等：《中国民生发展报告2014》，北京大学出版社2014年版。

徐舒、朱南苗：《异质性要素回报、随机冲击与残差收入不平等》，《经济研究》2011年第8期。

许宪春：《中国收入分配统计问题研究》，北京大学出版社2015年版。

阳义南、连玉君：《中国社会代际流动性的动态解析》，《管理世界》2015年第4期。

杨穗、李实：《中国城镇家庭的收入流动性》，《中国人口科学》2016年第5期。

杨伟民：《全面深化改革的行动纲领——解读〈中共中央关于全面深化改革若干重大问题的决定〉》，2014年5月。

杨修娜、万海远、李实：《我国中等收入者界定述评》，北京师范大学收入分配研究院，2018年2月。

杨耀武、杨澄宇：《中国基尼系数是否真地下降了？——基于微观数据的基尼系数区间估计》，《经济研究》2015年第3期，第75—86页。

尹恒、李实、邓曲恒：《中国城镇个人收入流动性研究》，《经济研究》2016年第10期。

约瑟夫·斯蒂格利茨：《中国面临的主要社会风险及解决方案》，为中国发展高层论坛准备的背景论文，2014年3月。

岳希明，Terry Sicular：《自有住房折算租金估计方法、过程和结果》，载李实等：《中国收入分配格局的最新变化Ⅴ》，人民出版社2017年版。

岳希明、蔡萌：《中国财政政策的再分配效应》，工作论文，2018年5月。

岳希明、陈保同：《我国居民收入不平等的原因——市场因素和政府政策哪个更重要》，工作论文，2015年11月。

岳希明、李实：《对西南财大基尼系数的再质疑》，《华尔街日报》，

http://www.cn.wsj.com/gb/20130205/opn092607.asp，2013 年 b。

岳希明、李实、史泰丽：《垄断行业高收入问题探讨》，《中国社会科学》2010 年第 3 期。

岳希明、李实：《我们更应该相信谁的基尼系数》，《华尔街日报》，http://www.cn.wsj.com/gb/20130124/opn120117.asp，2013 年 a。

岳希明、史泰丽、蔡萌：《CHIP 权重构建（2007—2013 年）》，载李实、岳希明、史泰丽、佐藤宏等：《中国收入分配格局的最新变化——中国居民收入分配研究Ⅴ》，中国财政经济出版社 2017 年版，第 679—708 页。

赵人伟、格里芬：《中国居民收入分配研究》，中国社会科学出版社 1994 年版。

赵人伟、李实、李思勤：《中国居民收入分配再研究》，中国财政经济出版社 1999 年版。

赵耀辉、李实：《中国城镇职工实物收入下降的原因分析》，《经济学（季刊）》2002 年第 2 期。

郑功成：《中国社会保障改革：机遇、挑战与取向》，《国家行政学院学报》2014 年第 6 期，第 24—32 页。

周明海：《收入不平等的要素来源分解》，《劳动经济研究》2015 年第 2 期，第 95—123 页。

佐藤宏、李实、岳希明：《中国农村税赋的再分配效应——世纪之交农村税费改革的评估》，载李实、史泰丽、古斯塔夫森主编：《中国居民收入分配研究Ⅲ》，北京师范大学出版社 2008 年版。

图书在版编目(CIP)数据

中国收入分配演变40年/李实,万海远著.—上海:
格致出版社:上海人民出版社,2018.12
(中国改革开放40年研究丛书)
ISBN 978-7-5432-2945-7

Ⅰ.①中… Ⅱ.①李… ②万… Ⅲ.①收入分配-经
济体制改革-研究-中国 Ⅳ.①F124.7

中国版本图书馆CIP数据核字(2018)第285315号

责任编辑 郑竹青 钱敏
封面设计 人马艺术设计·储平

中国改革开放40年研究丛书
中国收入分配演变40年
李实 万海远 著

出 版 格致出版社
上海人民出版社
(200001 上海福建中路193号)
发 行 上海人民出版社发行中心
印 刷 常熟市新骅印刷有限公司
开 本 720×1000 1/16
印 张 18.5
插 页 3
字 数 282,000
版 次 2018年12月第1版
印 次 2018年12月第1次印刷
ISBN 978-7-5432-2945-7/F·1178
定 价 69.00元